親こそがソーシャルキャピタル
プレイセンターにおける協働が紡ぎだすもの

An Investigation of the Effect of Co-operative
Parent Playcentre Participation on the
Accumulation of Social Capital in Japan and New Zealand

佐藤純子

大学教育出版

はじめに

1. 子育てのいま

　近年、わが国では、密室育児や親の子育て能力の低下、児童虐待問題など子育てをめぐる社会問題がさまざまな場面において議論されるようになっている。従来、地域コミュティや家庭には、成員同士の相互扶助があり、そこに解決機能が付随していた。しかし、地域社会や家族形態が変質すると、そうした機能が崩壊し、個々の人間を私事化し、孤立化する傾向を強めていった。

　特に現代では、子育て期にある親にとって地縁や血縁によるネットワークが得にくい環境となっており、そのため、多くの親が育児ストレスや子育ての負担感を経験するようになった。さらに、専業主婦による児童虐待も大きな社会問題となっている。このような諸問題の解決策が求められている。

2. ソーシャルキャピタルへの期待

　そこで、本書では、研究史の整理から始めることにしたい（序編）。これまでの子育てに関するネットワークの研究では、子育てのサポート資源として、親族ネットワークが重視され、その密度や量によって親たちの子育て状況に対する影響を検証するという立場からの分析が主流であった。これらの研究の到達点は、以下の諸点である。すなわち、①親族サポートにおける支援提供者の属性は、妻方親族が中心である、②子育てをめぐる精神的負担は、親族だけでなく非親族からの支援によっても軽減する、③サポートを多く持つ親は、親族・非親族に限らず多くの資源を持つ傾向にある、④多様化する家庭へのサポートネットワーク事業として、育児ストレスが高いとされる専業主婦世帯に対する子育て支援事業の強化とその必要性、⑤近年の研究になると、パートナーである夫によるサポートの重要性が示されている。

　しかしながら、①以上の子育て支援事業やネットワーク研究では、夫婦である両親、特に妻である母親をサポートの受け手として捉えているため、②支援

する者が親たちの子育て負担を軽減し、その環境を改善していこうとする一方向の支援となっているケースが多い。つまり、子どもの親を子育て支援サービスの客体として扱っているということになる。③そのため、親たちの負担軽減ばかりに主眼が置かれ、親自身の子育てに対する主体性の獲得や親が親として成長できるような育成面での支援はほとんど実施されてこなかった。④それゆえ、子育て支援事業の再整備と親たちに対する見方を変える必要がある。つまり、親こそが豊かな資源を持つ、ソーシャルキャピタルそのものだと捉え直すことが重要となってくる。

3. 本章の位置付け

　上記の問題意識にもとづき本書では、①ニュージーランドの親たちが始動した協働保育活動であるプレイセンターに着目し、②親の参加によって創出されるソーシャルキャピタルとその効果について日本とニュージーランドの事例分析を通じて検証する。③それを通して、地域コミュニティの活性化や親たちの子育て力養成、成員相互のネットワーク強化の方策を導出している（第Ⅰ編および第Ⅱ編）。

　つまり、子育ての当事者である親たちがプレイセンターにおいて協働することは、メンバーとなる成員間の互酬性を高め、親がお互いを人的・物理的資源として活用し合うソーシャルキャピタルを創出する機会となる。本書では、その過程を解明している。この点が本書における独創性である。

　さらに、プレイセンター活動を通じて親たちが蓄積したソーシャルキャピタルには、わが国の子育て支援の文脈のなかで、価値のある資源となり、今後の子育て支援策として応用できる可能性があることを提示していく（終編）。

親こそがソーシャルキャピタル
―プレイセンターにおける協働が紡ぎだすもの―

目　次

はじめに …………………………………………………………… i

序　章　研究課題・方法 ………………………………………… 1
　　第1節　問題意識　1
　　第2節　研究課題　4
　　第3節　研究方法　7
　　第4節　本書の構成　9

序編　研究史

第1章　研究史における本書の位置 ……………………………… 16
　　第1節　「子育ての社会化」に関する研究　16
　　第2節　「社会的ネットワーク」に関する研究　19
　　　　（1）「子育てネットワーク」研究　19
　　　　（2）「ソーシャルキャピタル」研究　22
　　第3節　「プレイセンター」研究　27
　　第4節　小括　30

第Ⅰ編　ニュージーランド・プレイセンター運動の胎動と展開

第2章　ニュージーランドにおけるプレイセンター運動 ……… 36
　　第1節　問題の所在　36
　　第2節　ニュージーランドにおけるプレイセンター運動の概況
　　　　　　　　　　　　　　　　　　　　　　　　　　　　37
　　　　（1）幼児教育政策史におけるプレイセンターの位置

　　　　　　　　　　　　　　　　　　　　　　目　　次　v

　　　　　　　　　　づけ　*37*
　　　　　（2）　行政改革前の育児政策と母親観　*44*
　　　　　（3）　行政改革以降の育児政策と母親観　*47*
第3節　プレイセンターの組織概要　*51*
第4節　分析の枠組みと作業仮説　*55*
第5節　調査の概要　*57*
　　　　　（1）　調査の目的　*57*
　　　　　（2）　研究対象と調査方法　*58*
第6節　事例研究　*59*
　　　　　（1）　プレイセンター活動の歴史的背景　*59*
　　　　　（2）　行政改革後におけるプレイセンター運動　*62*
　　　　　（3）　調査対象者の概要　*67*
　　　　　（4）　主要都市のプレイセンター　*69*
　　　　　（5）　地方都市のプレイセンター　*86*
　　　　　（6）　プレイセンターの参加者像　*96*
第7節　類型別の特徴と比較研究　*98*
　　　　　（1）　プレイセンター参加への意味づけ　*98*
　　　　　（2）　親に対する教育効果　*99*
　　　　　（3）　参加者とコミュニティにおけるネットワーク形成
　　　　　　　　に関する影響　*100*
第8節　小括　*101*
　　　　　（1）　プレイセンターを選択するということ　*101*
　　　　　（2）　地域性と学習意欲　*101*
　　　　　（3）　参加者の確保　*102*
　　　　　（4）　親たちの学習効果　*103*
　　　　　（5）　プレイセンターは親のキャリアとなるのか　*104*
　　　　　（6）　親たちの子育てネットワーク　*105*
第9節　結論　*108*

第Ⅱ編　日本・子育て支援施策モデルとしてのプレイセンター活動

第3章　日本におけるプレイセンター活動の実践 …………… 116
第1節　問題の所在　*116*
第2節　日本の少子化対策と子育て支援　*118*
　（1）少子化対策とは　*118*
　（2）少子化対策における子育て支援の課題　*131*
第3節　日本プレイセンター協会の概要　*134*
第4節　日本におけるプレイセンター活動　*140*
　（1）問題の所在　*140*
　（2）調査の目的　*142*
　（3）研究対象と調査方法　*144*
　（4）分析の枠組みと作業仮説　*148*
第5節　市民先導型の事例：「プレイセンター・ピカソ」　*149*
　（1）市民先導型を代表する「プレイセンター・ピカソ」の略歴　*149*
　（2）「プレイセンター・ピカソ」の活動内容　*152*
　（3）「プレイセンター・ピカソ」に通う動機づけ　*155*
　（4）親に対する教育効果　*167*
　（5）参加者とコミュニティにおけるネットワーク形成に関する影響　*176*
　（6）「プレイセンター・ピカソ」の参加者像　*184*
第6節　行政先導型の事例：「恵庭市プレイセンター」　*187*
　（1）行政先導型プレイセンターのさきがけ：「恵庭市プレイセンター」の略歴　*187*
　（2）「恵庭市プレイセンター」の活動内容　*191*
　（3）「恵庭市プレイセンター」に通う動機づけ　*194*
　（4）親に対する教育効果　*199*

　　　　　　（5）参加者とコミュニティにおけるネットワーク形成
　　　　　　　　に関する影響　*207*
　　　　　（6）「恵庭市プレイセンター」の参加者像　*214*
　　第7節　類型別の特徴と比較研究　*217*
　　　　　（1）行政と民間主体によるプレイセンター参加への意
　　　　　　　味構成　*218*
　　　　　（2）活動実績による親たちの学習に対する成果　*220*
　　　　　（3）参加者とコミュニティにおけるネットワーク形成
　　　　　　　に関する影響　*222*
　　第8節　小括　*223*

終編　総　括

第4章　プレイセンター参加者の日本・ニュージーランド比較…　*230*
　　第1節　比較1：参加の動機づけ　*231*
　　　　　（1）共通点　*232*
　　　　　（2）ニュージーランド特有の参加理由　*232*
　　　　　（3）日本特有の参加理由　*233*
　　第2節　比較2：親の教育効果　*236*
　　　　　（1）共通点　*236*
　　　　　（2）ニュージーランド特有の教育効果　*239*
　　　　　（3）日本特有の教育効果　*240*
　　第3節　比較3：地域コミュニティのネットワーク形成について
　　　　　　　　　　　　　　　　　　　　　　　　　　　241
　　　　　（1）共通点　*241*
　　　　　（2）ニュージーランド特有のコミュニティに関する語り
　　　　　　　　　　　　　　　　　　　　　　　　　　　243

　　　　　　　（3）日本特有のコミュニティに関する語り　*245*
　　第4節　小括　*246*
　　　　　　　（1）ニュージーランドの参加者　*246*
　　　　　　　（2）日本の参加者　*247*
　　第5節　結論　*248*

終　章　ソーシャルキャピタル蓄積におけるプレイセンターの役割
　　　　……………………………………………………………………… *250*
　　第1節　要約　*250*
　　第2節　まとめと考察：プレイセンターとはいかなる場所か
　　　　　　　　　　　　　　　　　　　　　　　　　　　　　253
　　　　　　　（1）社会のなかで子育てをする場　*253*
　　　　　　　（2）親も子も共に成長する子育て支援の場　*254*
　　　　　　　（3）コミュニティへの帰属意識を育て、貢献する場　*255*
　　第3節　日本におけるプレイセンター活動の社会的意義と課題
　　　　　　　　　　　　　　　　　　　　　　　　　　　　　256
　　第4節　今後の研究課題・提言　*258*
　　　　　　　（1）課題　*258*
　　　　　　　（2）提言　*260*
　　　　　　　（3）結論　*261*

おわりに ………………………………………………………………… *263*

参考文献リスト ………………………………………………………… *268*

【図表・資料一覧】

図1-2-1　パーソナルネットワークの拡がり
図2-2-1　ニュージーランドの保育補助金システム
図2-2-2　幼児教育への参加者の推移（1990-2008）
表2-2-3　子育てに従事する専業主婦の推移
表2-2-4　MckinlayによるMotherhoodの4類型
図2-2-5　ニュージーランド・男女年齢別労働力曲線
表2-3-1　プレイセンターの組織概要
図2-3-2　プレイセンターの三要素
資料2-3-3　学習テキスト
図2-6-1　女性の年齢階級別労働力率の推移（1951-2001・ニュージーランド）
図2-6-2　ニュージーランドの幼児教育・学校教育のシステム図
表2-6-3　調査対象者プロフィール
表2-6-4　地方都市のアンケート調査対象者プロフィール（Wプレイセンター現役）
表2-6-5　自由記述によるプレイセンター活動への動機づけ
表2-6-6　自由記述による地域との関わり
表2-7-1　インタビュー調査における参加者の特徴
表3-2-1　新エンゼルプラン目標数値一覧表
表3-2-2　新エンゼルプランの進捗状況表
表3-2-3　次世代育成支援対策推進法の骨子
図3-2-4　次世代育成支援対策推進法のイメージ図
表3-2-5　子ども・子育て応援プランにおける4つの重点課題
表3-2-6　子ども・子育て応援プランの目標数値2005-2009年度
図3-2-7　「子ども・子育てビジョン」における子育て支援の方向性
図3-2-8　自分の時間で子育て期に並行して行いたいこと
表3-3-1　日本プレイセンター協会の活動年表
表3-4-1　「プレイセンター・ピカソ」調査対象者プロフィール
表3-4-2　「恵庭市プレイセンター」調査対象者プロフィール
表3-5-1　「プレイセンター・ピカソ」の歩み
表3-5-2　日本版学習テキストの構成内容
図3-5-3　「プレイセンター・ピカソ」の活動
表3-6-1　「恵庭市プレイセンター」の歩み

表 3-6-2　恵庭市子育て支援事業の利用状況
図 3-6-3　「恵庭市プレイセンター」の活動
表 3-7-1　インタビュー調査における参加者の声
表 4-1-1　プレイセンター参加者の参加に至る動機についての比較
表 4-1-2　参加に至る動機・ニュージーランド
表 4-1-3　参加に至る動機・日本
表 4-2-1　プレイセンター参加者の教育効果に関する比較
表 4-2-2　参加者への教育効果・ニュージーランド
表 4-2-3　参加者への教育効果・日本
表 4-3-1　地域コミュニティ・ネットワーク形成に関わる参加者の経験
表 4-3-2　コミュニティにおける参加者・ニュージーランド
表 4-3-3　コミュニティにおける参加者・日本

親こそがソーシャルキャピタル
―プレイセンターにおける協働が紡ぎだすもの―

序　章

研究課題・方法

第 1 節　問 題 意 識

　本研究の問題意識は、近年、わが国でみられる子育て世帯の孤立化に対して、これまで講じられてきた子育て支援策が、サービス提供型の事業が中心であったために、親たちの本来持っている子育て力を奪っているのではないかという問いにあった。そこで、この問いの答えを求め、ニュージーランドのプレイセンター活動に着目した。本書では、子育ての当事者である親たちが相互に子育て支援をすることは、親の子育て力を高め、地域に貢献するソーシャルキャピタルとなるのかを検証している。
　わが国の最初の少子化対策は、エンゼルプラン（正式名は、「今後の子育て支援のための施策の基本的方向について」）と呼ばれ、1994 年に策定されている。ここでの中心課題は、共働き世帯に対する保育政策であり、保育所の拡充を進めていくなかで、子どもを持ちたい人が安心して子どもを持てる社会にしていくことが目指された。また、その後の「新・エンゼルプラン」においても同じように保育拡充策が進められてきた。こうした政策の背景には、女性が無償でケア役割を担う「日本型福祉社会」が限界を迎えたことがある。つまり、女性が母親役割だけでなく、就労と両立させながら子どもを生み育てる社会をつくることこそが社会にとってもプラスに働くという子育て観が広がってきたということである（横山：2002）。
　しかしながら、子育てに対する不安感や負担感は、共働き世帯よりも専業主

婦世帯に高いことが浮き彫りとなり（牧野：1982、2005）、これまでの施策の見直しが進められるようになった。そのため、2003年に施行となった「次世代育成支援対策推進法」では、「専業主婦世帯への子育て支援」や「地域における子育て支援」についても取り組むことが明言されている。以上のような経緯から、それまで、「職業生活と家庭生活の両立支援」が中心であった子育て支援が、この法律を契機に、すべての子育て世帯を対象とする政策へと転換していった。

つまり、母親が専業で子育てをすることが一般化し、血縁や地縁のない子育て世帯が増加することで（落合：1994、井上：2005）、「孤育て」や「密室育児」などの社会問題が露呈してきた。天童（2004）は、このような子育て環境を是正する対策として、母親自身が「孤立」した子育て環境のなかで、自らの生き方へのジレンマと向き合いながら、育児を介して相互につながりあうネットワークを形成するといった「育児戦略」を持つことが重要であると指摘している。

「子育てネットワーク」を形成していくことの必要性については、1980年代以降の「育児ネットワーク」研究が挙げられる。そこでは、母親の持つネットワークの実態が明らかにされた（落合：1989、関井ほか：1991、久保：2001）。これらの調査では、子育てに関するネットワークは、当事者間よりも親族ネットワークに頼る傾向が示されており、特に母方の親族に顕著であった。しかし、地域によっては、親族ネットワークが全く期待できない状況にあることから、昨今では、地域成員や子育ての当事者である親同士のつながりこそが、コミュニティの活性化に貢献するというソーシャルキャピタル研究に注目が集まっている（野沢：2006、2009、金子：2007、筒井：2007、松田：2008）。

現在、日本の子育て支援では、地域の子育て支援事業として「地域子育て支援センター」[1]や「つどいの広場事業」[2]が中心となり活動が展開されている。さらに、児童館[3]や民間組織を含め多様な子育て支援事業が広がり、子育て中の親子が気軽に集える場がより一層増えている。中谷（2009）は、親子の単発事業が多かった従来の子育て支援事業に対し、いつでも気軽に集える常設

の親子の場所ができたことを高く評価しており、日本の子育て支援がようやく「問題対処型」から「問題予防型」へと進展したと述べている。

しかしながら、親子が集う場所だけ、つまりインフラだけが整えばそれで子育てに対するストレッサーが減少し、子育てをめぐる諸問題が解決するとは限らない。森田（2001）は、「子育ての社会化」を推進していくことが、子どもにとっても親にとってもよりよい生活環境を提供することにつながっていくとした上で、子育てを介した親子の集いの場所があったとしても、基礎的な子育ての方法がわからないとする親も多く存在していると指摘している。

ところが、これまでの子育て支援関連の事業を見てみると、親子の遊び場を提供したり、イベントの開催をしたり、相談業務を実施したりするなど、行政からのトップダウン型のものがほとんどであった。つまり、そこでは当事者である親たちが何を求め、どのように自らの子育てと向き合っていけばよいかの議論がなされていないため、親たちの主体性を育むような事業展開になってはいない。こうしたことから、今後は、子育て支援における支援者と親の立場を整理し、親が子育てを通じて成長していける「Parenting」（日本では、親業や親教育と理解されることが多いが、本来の意味は親が親として子どもをケアし、養育する営みを示す）を支える仕組み作りが必要になってくる。

ニュージーランドでは、1941年に始まった「プレイセンター」と呼ばれる当事者同士の子育て支援活動がある。プレイセンターでは、「親を教育者」とみなし、参加する親たちが、子どもや施設運営の知識および技術を学んでいる[4]。ここでの活動方針は、プレイセンターの理念である「家族が一緒に成長する」ということに基づいて定められており、親たちは、プレイセンターにおける子育ての互助活動を通じて、自分に対する自信や仲間への信頼感を養っている。また、こうした互酬性は、参加するものだけに還元するのではなく、地域コミュニティに対する貢献にもつながっている（Powell et al.: 2005）。

つまり、親たちがプレイセンターに参加することで、彼らの潜在能力を開花させ、子育て当事者間のみならず、地域コミュニティにとって有益なソーシャルキャピタルを創出している。そこで、本書では、親をサービスの客体と扱うのではなく、親自身も子育て支援の重要な担い手となりうることを示すため

に、日本とニュージーランドのプレイセンター参加者を比較分析しながら、日本におけるプレイセンター活動の可能性を探ることとした。

第2節　研究課題

　本書における研究課題は、今日、わが国で求められている親主体の子育て支援事業を展開していくために、プレイセンターに参加する親たちの参加効果を検討することによって、親を子育てサービスの提供者として活用する有意味性を論証することにある。

　以下では、上記に示した課題に基づき、日本における親の協働保育活動[5]であるプレイセンターが新たな子育て支援策の展開への一試案となることを示したい。そこで、本書では、プレイセンターに参加する親たちをソーシャルキャピタル論の視点から分析していく立場をとっている。

　日本におけるプレイセンター活動は、約10年と歴史が浅く、国による認可組織には至っていない。ニュージーランドでもかつては、国の認可が得られていなかったが、現在は、保育所や幼稚園に次ぐ幼児教育機関として認知されている。したがって、まだまだ認知度の低い日本のプレイセンターを現地のプレイセンターと比較し研究することには限界がある。そこで本書では、以下で示す3つの段階に絞り、親たちへの実証的な事例研究を試みた。これによって、参加する親たちの特徴や変化を明らかにし、子育て期の親たちが置かれた実態を把握する。

　第1段階は、研究史から本書の意義を示すことを試みる。Powellら（2005）は、プレイセンターに参加する親たちの相互扶助機能に着目し、子育て中の市民による地域ボランティア活動が、参加する個人だけでなく、地域社会にとって肯定的に働くというソーシャルキャピタルの視点から親たちの参加効果を分析している。Putnam（2000）の定義に従うのであれば、ソーシャルキャピタルとは、社会的信頼や互酬性の規範、ネットワークといった関係性からなる社会資本を指す。そこで、本書では、このようなソーシャルキャピタル論が、日

本の子育て中の親たちにも当てはまる理論となるのかを検証していく。つまり、Powell らの先行研究に対し、わが国のプレイセンター参加者である親たちが地域コミュニティにとってのソーシャルキャピタルとなり、子育て支援の担い手として活動しうるのかを検討するということである。先に示した Powell らの調査では、就労やキャリア、市民意識といったレベルまでカバーした分析となっている。しかし、本書では、子育て当事者による相互育児支援の可能性を探ることを目的としている性格上、以下の視点に絞り課題に取り組むことにする。

① 参加する親の「個人的な効果」を分析する。親たちがプレイセンターに参加することによって親個人の価値観やライフスタイル、生活態度に対して影響がみられるのかを明確化していく。
② 参加する親の「教育効果」を分析する。親たちがプレイセンター活動や学習会といったフォーマル・インフォーマルな学習経験を通じて、子どもの遊び、子どもの発達経路、子育て法、親としての役割についての理解を深めたかどうか明確化を試みる。
③ 参加する家族間の「ネットワーク形成」について分析をする。プレイセンターを通じて参加する家庭がお互いを社会的資源とみなし、活用しあっているのかを明確化する。また、それらの資源が、地域コミュニティでのネットワーク拡大に貢献をしているのか検証していく。

先行研究を見てみると、日本における子育て期のソーシャルキャピタル研究は、ほとんど存在していない。むしろ、子育てネットワーク研究との混在がみられる。本書では、子育てネットワークをソーシャルキャピタルの下部研究として位置づけることで、この分野の曖昧さを解消していく。また、ソーシャルキャピタルの概念が新しいということから、まずは、育児を社会的に開いていくことの意義を示すために「子育ての社会化」に関する研究を整理したうえで、子育ての当事者が準拠する集団や個人とのつながりを示すネットワーク研究について確認していくことにする。こうした作業を通じて、「ソーシャルキャピタル」を規定するために、親たちのプレイセンターに対する活動の論理

を引き出していく。

　次の段階として、「プレイセンター参加者」である親と子どものうち、教育者としての活動貢献が期待される親たちの実態を、実証的に把握することを試みる。まずは、プレイセンターの先駆者であるニュージーランドの活動を整理していく。つまり、ニュージーランドの幼児教育界におけるプレイセンターの位置づけ、参加者にとっての活動意義を親たちに照準をあてながら分析していく。

　ニュージーランドにおいても「プレイセンターに参加する親」を対象にした調査は、ほとんどみられず、子どもやプレイセンターの活動法に依拠するものが多い。そこで、本書では、参加する親に着目し、その親たちが紡ぎだす関係性であるソーシャルキャピタルに注目し、唯一の先行研究であるPowellらの知見を援用しながら分析を進めていく。事例は、Powellらの研究に倣い、ニュージーランドの主要都市と地方都市で活動中の親たちとし、類型別に整理しながら分析を行っている。

　第3段階は、上記で示したプレイセンターに参加する親たちの実証的な研究の日本編としたい。日本におけるプレイセンター研究は、ニュージーランドよりもさらに少ない。また、プレイセンターに参加する親を対象とする実証的な研究については、日本では未だ着手されていない。そこで、ニュージーランドの事例研究と同じ視点から、日本の大都市圏（以下、主要都市と呼ぶ）と郊外の都市（以下、地方都市と呼ぶ）のプレイセンターを抽出し、プレイセンターへの親参加がもたらすソーシャルキャピタルの実態を類型化しながら検証していく。

　こうした作業を通じて、最終的に解明していくのは、親たちのプレイセンターに対する論理である。先行研究においては、プレイセンターにおいて親が子どもと寄り添うことの意義は解明されているものの、参加する大人同士のつながりとそこから生じる互酬性についてはほとんど示されていない。また、日本の子育て支援に至っては、親の子育てにかかる負担を代替するといった議論が中心であり、親同士の相互扶助に立脚した研究はなされてこなかった。

　以上のことから、従来、わが国において子育て支援のモデルとして採られて

きた支援者と受益者の役割分業について再検討を試みる。その上で、地域成員や親同士が相互補完的に貢献し合う関係性の構築がわが国の子育て支援策においても必要な視点となることを、プレイセンター活動の事例を通じて提示していきたい。

第3節　研究方法

　本書では、日本における子育て支援の方法論としてニュージーランドのプレイセンター活動が参考になることを示すために、プレイセンターに参加する親たちを対象としたソーシャルキャピタル効果を分析している。調査の方法は、主にインタビューによる聴き取り調査とし、必要に応じて小規模なアンケート調査を行った。本書では、ニュージーランドと日本のプレイセンターに参加する親たちを主な調査対象者としている。ニュージーランドの調査対象者では、Powellらが2004年〜2005年に実施した調査における調査対象と同じく、主要都市と地方都市のプレイセンターに参加する者を選定した。しかし、本研究では、筆者が単独で行ったため、Powellらが行った大学研究チームによる大掛かりな調査には至っていない。

　対象者に対するインタビューは、主として2004年10月から2006年2月に筆者が単独でニュージーランドに移り住んで調査を行った。その後、2007年から2010年まで毎年1〜2回、約1週間〜1カ月程現地に滞在し補充調査を実施している。現地では、プレイセンターに参加歴をもつ者、19名に調査を実施した。このうち、7名は、1960年代から1990年代にプレイセンターに参加していた親であるが、今回は、日本の事例や先行研究との比較研究を目的としているため、過去の参加者は別稿で扱うこととし、調査対象から外した。残り12名の活動地域区分は、主要都市（オークランド・ウエリントンなどの人口35万人以上の都市）が9名、地方都市（ギズボーン、人口4万人の中小都市）が3名とした。また、地方都市の参加者からのインタビュー協力者がなかなか得られなかったため、筆者が無作為に配布した小規模な無記名式アンケー

ト調査の回答者11名（すべて地方都市の参加者）についても分析対象としている。

　一方、日本のプレイセンター活動は、ニュージーランドのプレイセンターのように政府の認可幼児教育機関として一般化されていないため、民間主体、NPO主体、行政主体、半官半民などと多様な方法と運営スタイルをとらざるを得ない状況にある。さらに、その数も全国で10程度と少ないことから、ニュージーランドとの比較研究には限界がある。そこで、主要都市のプレイセンターとして、東京地区に初めてできた東京国分寺市の「プレイセンター・ピカソ」を対象とした。また、地方都市の事例としては、行政初の試みである「恵庭市プレイセンター」を抽出した。

　主要都市の「プレイセンター・ピカソ」には、2002年より週1回から月1回程度、2004年まで定期的に通い調査を行っている。さらに、ニュージーランドから帰国した2006年からも2010年に至るまで毎年3～4回程度、セッションに参加し補充調査を継続している。「プレイセンター・ピカソ」では、主にセッション[6]中に11名（親8名・有資格者のスーパーバイザー[7]3名）に対し参加者の承諾を得てインタビューを行った。同じように、地方都市の恵庭市プレイセンターに対しては、セッション中とセッション終了後に15名（親13名・有資格者のスーパーバイザー2名）に対してインタビュー調査を実施した。また、「恵庭市プレイセンター」については、2008年の立ち上げ段階から携わり、それ以降も毎年2回、北海道に赴き、現地に3～4日間滞在し調査をしている。

　以上の分析においては、Powellらマッセイ大学らの研究チームが取り組んだ『The Effect of Adult Playcentre Participation on the Creation of Social Capital in Local Communities』の手法を援用し、作業仮説を以下のように設定した。つまり、「子育て当事者である親が、主体的に子育て支援の場を運営していくことは、ソーシャルキャピタルを創出することにつながる」という仮説である。また、松田（2008）が提示する「中庸なネットワークの有効性」についても本調査のネットワーク分析の項目で参考にした。

　さらに、対面式のインタビュー調査対象者以外にも、参加者の家族や参加

している子どもたち、ニュージーランド・プレイセンター連盟（NZPF）の幹部役員や対象となるプレイセンターが所属する各プレイセンター協会の職員、日本プレイセンター協会のスタッフなど、多くの関係者に協力をいただいている。

調査は、筆者が単独で2004年〜2010年に実施し、以下の3つの課題に取り組んでいる。

①人的効果
　プレイセンターへの参加や学習経験による個人の意識と生活態度に対する影響およびエンパワーメント効果の考察。
②教育効果
　プレイセンターが提供するフォーマル・インフォーマルな学習経験による親たちへの影響。具体的には、子どもの発達や遊びに対する理解や育児戦略、親の役割変化についての考察。
③地域における子育てネットワーク形成
　プレイセンターで構築したネットワークによって、それぞれの地域や、個人生活および人間関係に有益な社会的資源が還元するかの考察。

これらの視点から分析するために、本書では、参加する親の参加動機や子育て環境、家族構成、社会状況、親に対する学習効果、プレイセンターの成員同士の関係性についての綿密な聴き取り調査を実施した。

第4節　本書の構成

本書は、6章から構成される。まず、序章では、本書の問題意識、研究課題、研究方法を明示している。

序編では、「子育ての社会化」や「子育てネットワーク」など本書で扱うソー

シャルキャピタル論に関する研究史ともに、「プレイセンター研究」を以下のようにレビューしていく。

(1) 最初に、現代日本の子育て状況を見た場合に、「子どもの社会化」とともに「親の社会化」が必要とされることを明示したい。

(2) 続いて、国内における「子育てネットワーク」研究史、およびネットワークを資源として論じる「ソーシャルキャピタル論」の研究史についてレビューする。ソーシャルキャピタルについての研究は、海外において先行して行われ、日本においては2000年以降、経済学・社会福祉学・社会学の分野で盛んに研究が行われている。序編では、これら先行研究の論点を整理し、研究史を検討していくことを通じて、地域社会における市民の連帯や絆、ネットワークが重要であることを指摘していく。

(3) さらに、このような作業をしてゆきながら、子育て支援分野の先行研究では、親自身が活動主体となり連携するという視点が不足していることを明示したい。

(4) 最後に、本書における独創性である親の立場を示したい。つまり、「子育てネットワーク」の担い手を親族や地域社会の人々だけにフォーカスするのではなく、当事者である親たちについても言及している点である。

(5) 本書においては、「プレイセンター研究」の先行研究を概観しながら、プレイセンター活動の活動意義を明らかにしたい。そして、それを踏まえ、親たちのプレイセンターでの活動実践がソーシャルキャピタルの蓄積に貢献することを証明してゆきたい。

第Ⅰ編では、ニュージーランドのプレイセンターを対象とした実証研究を行っている。

(1) まず、ニュージーランドの大まかな社会状況と戦後の幼児教育分野における制度の展開を示していく。

(2) また、各調査地のプレイセンターについては、それらの活動史を辿るとともに、それぞれのセンターが保有する特徴や文化についても明らか

にする。
(3) その上で、参加する親たちにとって、プレイセンターがどのような意味を持つのか、「当事者の論理」に基づいて分析を行っていくことにする。

　第Ⅱ編は、日本のプレイセンターを対象とした実証研究を行っている。
(1) まず、日本における家族政策の出発点が少子化の影響をうけた政策であることを指摘する。その上で、少子化対策のもとに施行された子育て支援の展開史を述べていく。
(2) 特に、現代では、地域コミュニティにおける親同士のつながりが希薄化していることを指摘したい。
(3) 次に、上記の子育て環境を受け、プレイセンターのような相互扶助の取組みが日本において必要となっていることを述べていく。
(4) その後、事例研究として、日本のプレイセンターに参加する親に対するインタビュー調査と参与観察調査を実施していく。
(5) 既述のとおり、日本においては、プレイセンターの活動実績が、まだ11年と浅く、その活動が広く認知されていない。そのため、プレイセンターの実践者は、それぞれが可能とする運営主体のもと活動を行っている。本書では、日本におけるプレイセンター活動の草分け的存在である、民間主体のプレイセンター・ピカソと行政が主体で行っている恵庭市プレイセンターを事例対象として抽出している。
(6) 第Ⅰ編においても、第Ⅱ編と同様にして、参加する親たちがプレイセンター活動に対して抱く意味を「当事者の論理」に基づいて引き出していく。

　終編では、第2章と第3章の調査研究で得た知見を踏まえてまとめを行っている。
(1) 日本とニュージーランドのプレイセンターに参加する親たちの比較分析を試みている。

(2) こうした作業を通じて、プレイセンターに参加する親たちの実態を明らかにしていく。

終章では、本書で明らかになった知見を総括し、日本とニュージーランドの参加者たちの文化的相違やそれぞれの国民性の差異に留意しつつ、日本におけるプレイセンター活動の可能性と今後の課題を示したい。

[注]
1) 地域子育て支援センターは、主に保育所に併設されている公的機関で、地域全体で子育て支援を行うための中核となる施設のこと。事業内容は、①育児不安等についての相談指導、②子育てサークル等の育成・支援、③特別保育事業等の積極的実施・普及促進の努力、④ベビーシッターなど地域の保育資源の情報提供等、⑤家庭的保育を行う者への支援となっており、専門の資格をもった保育士などが担当することも多い。全国に約3,200カ所ある。
2) 主に乳幼児（0～3歳）をもつ子育て中の親が気軽に集い、うち解けた雰囲気の中で語り合うことで、精神的な安心感をもたらし、問題解決への糸口となる機会を提供することを目的に実施されている事業のこと。事業内容は、①子育て親子の交流、集いの場を提供すること、②子育てアドバイザーが、子育て・悩み相談に応じること、③地域の子育て関連情報を、集まってきた親子に提供すること、④子育ておよび子育て支援に関する講習を実施することとなっている。実施方法は、①実施場所は、主に公共施設内のスペース、商店街の空き店舗、公民館、学校の余裕教室、子育て支援のための拠点施設、マンション・アパートの一室など、②事業の実施は、拠点となる常設の場を設け、週3日、1日5時間以上開設することを原則とする、③茶菓子代などは、利用者から実費を徴収することができる。全国に約1,900カ所ある。
3) 児童館とは、「児童福祉法」第40条に規定する児童厚生施設のひとつで、子どもに健全な遊びを与えて、その健康を増進するとともに、情操をゆたかにすることを目的とする児童福祉施設のこと。遊びを通じての集団的・個別的指導、健康の増進、放課後児童の育成・指導、母親クラブ等の地域組織活動の育成・助長、年長児童の育成・指導、子育て家庭への相談等を行っている。対象は、0歳から18歳までのすべての児童とし、全国に約4,700カ所ある。
4) ニュージーランドにおいて、プレイセンター活動が始まったのは1944年のことである。この当時は、幼児教育機関の施設数だけでなく、専門職として働く保育者の数も不足していたことから、親が仲間と学びあいながら保育者としての役割を果たすプレイセンターが開始されるようになっていった。初期のころは、プレイセンター発足人の1人であるSomersetが講師として各プレイセンターを巡回指導し、親たちの（保育者）養成に取り組んだ。その後

も、プレイセンターでの学習会は、プレイセンターの特徴のひとつとして継続され、現在に至っている。また、政府からは、子どもに対する幼児教育の補助金だけでなく、成人教育であるという理由から親の学習会に対しても補助金が交付されている。現在、学習会には、6コースあり、国家資格認定機関（NZQA）によって認められた資格となっている。他方、日本の活動においても、学習会は実施されている。実施回数や学習内容は、各プレイセンターの実施しやすい方法で取り組まれている。

5) 山縣（2000）は、子育て支援の最終的な目標を子育て家庭や地域成員、子育て資源を含む公私の社会資源が互いに協働しつつ、成長しあうことであるとしている。協働とは、同じ目的のもとに、ともに協力して働くことが一般的な解釈であり、山縣の指摘のとおり、子育て支援サービスの目指すべき方向性が、利用者の主体性や参画であるとするならば、親が保育者となるプレイセンター活動は、協働保育活動そのものを意味していると考えられる。そのため本書では、プレイセンター活動を協働保育活動として位置づけている。

6) 親たちによる分野別コーナー遊びの提供と子どもたちがそれらの環境の中で自主自由遊びをする通常の活動をプレイセンターでは、セッションと呼んでいる。ニュージーランドでは、1セッションを午前中の2時間半としているところが多い。日本の場合は、午前10時からの2時間とするセンターがほとんどである。

7) ニュージーランドのプレイセンターでは、学習段階である6つのコースのうち、コース3までを修了すると、プレイセンターにおいて主任クラスの保育者として認知され、スーパーバイザーと呼ばれる（地方によってスーパーバイザーと呼ばないところもある）。スーパーバイザーの役割は、その日の活動の責任者として保育を行い、学習経験の浅い親たちをサポートすることであり、活動全体の監督者としてみなされている。一方、日本では、子育て期にある親が主体的に学習に取り組むという土壌がないため、2000年から日本プレイセンター協会が中心となって、プレイセンターの活動を担うスーパーバイザーの養成講座を実施している。将来的には、プレイセンター内においてもスーパーバイザー養成講座が実施されることが望ましいであろう。日本のスーパーバイザー取得者の属性は、中高年の女性が多く、保育士や幼稚園教諭など子育て支援現場で働く者も多い。最近では、親たちの受講も増え、10名程度の現役スーパーバイザーが誕生している。

序編

研究史

第1章

研究史における本書の位置

　本章では、まず日本における子育て支援の実態を示しつつ、親を社会化し、当事者同士のネットワークを構築することで地域社会の活性化にどれほど重要な役割を果たすかを明らかにする。次に、その視点に立って家族研究における「子育ての社会化」や「社会的ネットワーク」の研究史を辿っていく。さらに、「プレイセンター研究」についてもレビューしていく。

　本書では、特に「ソーシャルキャピタル論」の視点を重要なキー・タームと考えているが、この研究分野は、さまざまな分野の学者が議論を展開していることから、非常に包括的であり、把握しにくい研究分野となっている。そのため、わが国の家族社会学のパラダイム展開に則り、育児や子育てをめぐる「ネットワーク研究」から波及した「ソーシャルキャピタル研究」として概観することとした。

第1節　「子育ての社会化」に関する研究

　人間は、自然のなかに生まれるのではなく、社会集団のなかに生まれるのであり、個人に加えられる社会的な働きかけに影響を受けながら生活している（馬場：1962, 24-25）。このようなことから、「社会化」というタームは、個人が他者や集団という社会との相互作用のなかで、価値や知識、技能、規範、行動様式を内面化し、その集団の成員として期待される役割に従い自己を適応させていく過程であると定義することができる（日高：1973、渡辺：1980、

1988、2000a)。こうした解釈に基づくとすれば、家庭における子どもの社会化は、子育ての主体である親が子どもにとっての社会化を促す最初のエージェントとして機能することになるであろう（牧野：1980、渡辺：2000b）。アメリカの社会学者であるParsonsは、人間のパーソナリィーは「生まれる」ものではなく、社会化過程を経て「作られる」ものであり、家族はその「工場」であるとしている（Parsons: 2001）。つまり、子どもにとっての社会化が効果的に行われるためには、大人が自己のパーソナリィーに社会の文化を内在化し、子どもとともにひとつの制度化された社会体系を作りあげていくことが必要であろう。人間の社会化は、家庭内だけで作られるものではない。あらゆる集団のなかで社会化が成立するのである。しかし、「基礎的な社会化」が行われるのは、やはり家庭であろう（馬場：1962、牧野：1980）。

　現代の家庭においては、子どもにとっての社会化を担当する人間は、母親が中心である。Ariesによれば、こうした理論は、近代家族が誕生することによって、子どもという存在が発見され、養育責任者として母親が特化していくなかで生じたという（Aries: 1980）。つまり、戦後の家族形態の変容に伴い、社会化のエージェントとして母親役割が強調されていったということになる。

　家族社会学や教育社会学の分野においては、これまで「子育ての社会化」についての研究が多くなされてきた。その先駆けとして、家族における社会化の研究を体系的に行ったのは、Parsonsであり、その功績は大きい。わが国でもパーソンズ理論の演繹を試みた社会化に関する論文も多くみられている（馬場：1952、山村：1964、松原：1969、野々山：1976、渡辺：1980、1988）。Parsonsは、アメリカの核家族モデルとして父親役割を道具的、母親役割を表現的と識別しており、子どもが社会化していく過程のなかでの子どもと親との関係性について着目している（Parsons: 2001）。すなわち、子どもの社会化の責任がその子どもの両親である夫婦に排他的に集中するようになったのである（野々山：1976）。山村（1964）は、子どもの社会化の問題を、文化のレベルで把握するために非行少年と親との関わりについて考察しており、親の役割の重要性を説いている。このようにして、現代社会では、子どもを社会化するための責任者として親が捉えられており、その役割期待も大きくなっている。

日高（1973）は、親の社会化役割には、3つの側面があるとして、以下のように指摘している。その役割とは、①親がわが子をどのような子どもに育てるかの目的を持ち、その実現のために意識的・方法的に働きかける主体としての役割、②子どもが行動様式、価値観を学ぶために必要なモデルとしての親役割、③社会化過程への基礎となる子どもへの愛情を充足する親としての役割である（日高：1973）。

確かに、日高が指摘したとおり近代家族にとっての社会化の過程は、ソーシャライザー（socializer）としての親と、ソーシャライジー（socializee）としての子どもとの間で起こっている。しかしながら、その過程を規定する要因は、社会経済的背景とよばれる社会環境要因によってもたらされているのだ（渡辺：2000b）。さらに、この社会化の過程は、社会化の担い手である親から受け手である子どもへの一方向（one way process）なものではなく、それぞれを能動的な交渉者（active negotiator）とする両方向的な相互過程を示している（渡辺：1980）。さらに、渡辺（1980）は、社会化論に要請されるもうひとつの視点として、フロイト理論の影響から社会化における分析の焦点が、乳・幼・児童期に限定されてきたが、社会化とは、個人のライフサイクル全体にわたる過程として把握されるべきであると指摘している。

わが国における「子育ての社会化」は、女性の社会進出が急速に発展し、共働きが増加することにあわせて、その家庭に代わって社会機関が子どもを養護・教育をするという論点ですすめられてきた。その上で、「子育ての社会化」の典型としての保育所が、女性の社会進出に不可欠のものとして普遍化していったのである（中村：2000、146）。しかし、望月・木村（1980）は「子育ての社会化」とは、家庭に代わって社会機関が育児をするのではなく、家庭の育児を支え、より充実したものにするためのものであると捉えている。

こうした視点に立つのであれば、「子育ての社会化」は、子どもが保育施設や社会集団に適応していく過程だけを意味するのではなく、子育ての責任主体となる親自身が地域社会の中で子育てを通じて成長していく過程（以下、エンパワーメントとする）をも指し示すのではないだろうか。かつては、子どもの社会化は地域共同体の関心事であり、その配慮により自然に行われてきたが、

現代では、幼少期の社会化は個々の家庭内で処理される問題となり、成長した後の社会化も個人の選択によって決定されるようになっている（馬場：1962、28-29）。つまり、このことは、子どもたちを社会化するための機能を親が持ち合わせていなければ家庭が成り立ちにくい傾向にあることを意味している。

牧野（1980、186）は、こうした現代家族の特質を以下の3点にまとめている。

① 現代家族が小規模化することによる家族構造の単純化。
② 雇用労働者生体の増加、および家庭における父親不在と母親への教育機能の集中化。
③ 家庭内における生産機能と生産労働を通じた子どもへの教育機会の喪失。

牧野の指摘からも、現代の家族形態では、母親が単独で子育てを担い、子どもを社会化していくことが構造的に困難であることが理解できる。近年、ますます雇用労働者世帯が増加するなかで、「子育ての社会化」のエージェントとしての保育および教育機関の数は、とどまることなく増え続けている。しかし、望月・木村（1980）が述べるように「子育ての社会化」とは、家庭の養育力を支える社会からのサポートであるとするならば、ただ単に保育施設の数を増やしていくのではなく、親たちの養育機能向上にむけた具体的な方法論を提示していくことが望ましい。

第2節 「社会的ネットワーク」に関する研究

(1)「子育てネットワーク」研究

家族社会学におけるネットワークの研究では、家族を小集団とする集団論的な視点から、個人をとりまくネットワークこそが家族であるとする視点へとパラダイムシフトがなされてきた（森岡：1998）。つまり、産業社会は地域コミュ

ニティの弛緩と親族ネットワークの拡散や弱体化をもたらすだけでなく、地域の教育力をも弱めていった（渡辺：2000a）。その結果、集団から個人への移行が、家族の連帯性や成員同士の紐帯を脆弱化させたのである。落合（1994）は、小集団としての家族が1970年代を契機に限界を迎えたことを指摘し、子育てネットワークの変動を受けた新たな子育てのあり方とそのネットワークの再編をしていくことが必要であると主張している。つまり、1970年代までは、多産少死の時代に生まれた世代が家族を形成していたため、きょうだいを始めとする親族ネットワークに子育てが支えられていた。しかし、それ以降は、少産少死の時代に入り、子育てネットワークの様相が異なってきている。そのため、現在の家族の連帯性は、野沢（2009）が指摘するように、個人に埋め込まれたネットワークによって支えられているということになる。

既に落合（1994）が述べているように、子育てネットワークの再編が求められているのであれば、その構成員や中身についても議論していくことが必要になるであろう。その糸口としては、社会学の分野で蓄積されてきた、社会的ネットワークの研究が参考になろう。社会的ネットワークというのは、対人関係から得られる支援であり、個人の周辺にどれくらい良好な関係（パーソナル・ネットワーク）が存在するか、またその関係によってどのような心理状態が支えられるのかという概念を示している（稲葉：2004）。それゆえ、社会に存在すネットワークは、個人を結ぶ紐帯と連鎖しているといえる（図1-2-1）。

子育てネットワークは、子育てを支える人々の関係であり、社会的ネットワークの一部だとされている（松田：2008）。わが国では、1989年に落合が、「育児援助ネットワーク」の研究を実施している。落合は、「育児援助ネットワーク」を親族と非親族にわけ、そのサポート内容を、子どもの世話や遊び相手を代替する「手段的援助」と育児の相談を受けたり、助言を行う「情緒的サポート」に分けて分析を行っている。その結果、親族ネットワークと非親族ネットワークは、代替的な関係にあり、都市部の母親は郡部ほど子育ての孤立化が進んでおらず、親たちの必要性に応じた地域活動が活発になされていると指摘している。続いて、関井ら（1991）、久保（2001）、井上（2005）の研究では、働く母親の子育てネットワークの検証がなされている。

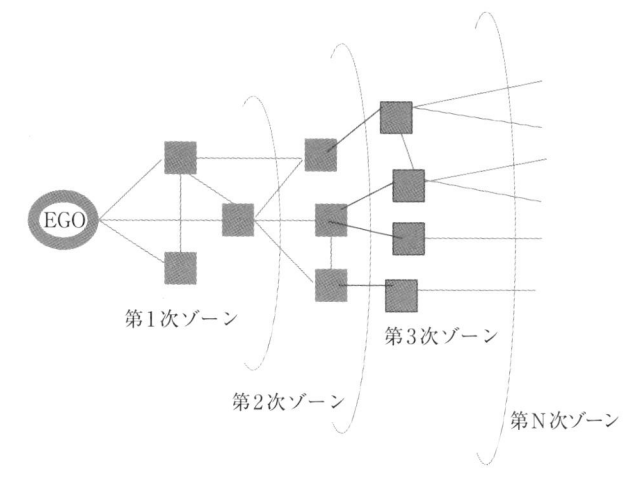

図1-2-1　パーソナルネットワークの拡がり
出所：Boissevain, J. 1974, 岩上真珠・池岡義孝訳（1986）『友達の友達：ネットワーク、操作者、コアリッション』未來社、「第二章　ネットワーク―相互作用と構造」p.48 を参照。

　関井らの調査は、サポートの内容を「手段的」「情報的」「情緒的」に分類して分析されているところが特徴的であり、手段的サポートは、親族からが活用されやすく、それとは相対的に情報的、情緒的サポートは、非親族から活用されやすいことが示されている。また、非伝統的な性別役割分業意識を持つ母親ほど、友人のネットワークが広いことが明らかになっている。しかし、関井らの調査では、落合が指摘した、親族ネットワークと非親族ネットワークの代替関係は証明されなかった。
　野沢（2001）は、都市部の核家族世帯を対象に、個人がどのような特性のネットワークをもった場合に、家族の連帯が強まるのかを検証した。その結果、家族の成員がそれぞれに援助的な非親族ネットワークを広げると家族の連帯と競合や代替することなく、むしろその機能を強めることを明らかにした。また、父親が脱地縁・脱血縁的で職場中心のネットワークを広げている場合には、夫婦間や親子間の連帯が弱いことを示している。
　一方、久保（2001）は、関井らと同様にして、働く母親のネットワークを分析しているが、上記に示した先行研究で扱っている「夫」について、その役

割は援助者ではなく、共同責任者であるとして分析項目から除外している。久保は、親族と遠居にある母親ほど、非親族の援助が低く、同居や近居になるほど、友人らの援助が高いことを示している。つまり、久保の分析によると、親族ネットワークと、非親族ネットワークは代替関係にあるのではなく、正の相関関係にあるということである。

さらに、井上（2005）の研究は、子育てネットワークの歴史的な変化を辿りながら、落合（1989）が明らかにした親族と非親族のおのおののネットワークにおける代替関係を再検討した。井上が示した知見によると、親族ネットワークと非親族ネットワークはともに戦後から現在に至るまで増大する傾向にあり、野沢（2001）が補足したようにコーホート（年齢や性別などの共通な属性を持つ人口群を示す）を限定すれば、親族と非親族のネットワークに代替効果があることが解明された。また、野沢と同じく、夫のサポートが多い妻ほど、親族、非親族のネットワークに対して正の効果があることを指摘している。

これらの先行研究から、親族ネットワークと非親族ネットワークは、地域やコーホートを限定すれば代替関係にあり、親族サポートが多い親ほど、非親族によるサポートが受けやすい状況になることがわかった。このことは、サポートの豊富な母親がいる一方で、孤立無援の状態で子育てをしている母親が存在していることを示している。松田（2002）は、現代社会のインフォーマルなネットワークは、「自由な連帯」として、意志的かつ積極的に親が構築していくものであり（関井ら：1991、井上：2005）、その能力や機会が乏しい親はそのネットワークから除外されてしまう傾向にあると主張している。このようなネットワーク格差を生じさせないためにも、親族ネットワークだけに頼ることのない、親同士のネットワークを地域の中に構築していくことが必要となってくる。

(2)「ソーシャルキャピタル」研究

ソーシャルキャピタルとは、上記で示してきた社会的ネットワーク、つまり、人と人との関係性から派生される、他者に対する信頼感や規範意識、互酬性などを意味している。ソーシャルキャピタル（社会関係資本）論の研究は、

社会学だけでなく経済学などさまざまな研究領域で行われており、その定義は曖昧である。この手法を用いた研究では、Putnam の研究がよく知られている。Putnam（1993）は、イタリア地方政府の公共政策パフォーマンスを比較分析し、市民的な参加の多いネットワークでは、互酬性の規範や相互信頼が強靭となり、その結果、社会の効率性が高まるとしている。こうした市民が蓄積する資源こそ、Putnam が指摘するソーシャルキャピタルであり、地域社会の成員にとっての共有材となる。

　その後、Putnam は、イタリアでの研究をベースとし、アメリカにおいてもソーシャルキャピタルの研究に着手した。著書である『*Bowling Alone*』(2000)では、ボーリングチームに属さず、孤独にボーリングをする現代アメリカ人の姿が描かれ、アメリカにおけるソーシャルキャピタルの衰退がコミュニティの崩壊を招いたと指摘している。

　だが、その一方で、ソーシャルキャピタルとは、市民間の狭義な資本を意味するのではなく、そこに所属する民族的、文化的グループ、地域社会、国全体を指し示しており、それらの存在こそが社会変革をしていく上で、重要な貢献を果たしているのだとする広義の解釈もある（Halpern: 2005）。

　また、Coleman（1990）は、韓国学生のサークル活動を通じたネットワーク機能やデトロイトからイェルサイムに引っ越したことで獲得した安全な子育て環境を確保した母親、インフォーマルな関係性の中で成立するダイヤモンド商人の例示から、ソーシャルキャピタルを個人の持つ関係性であるとし、その関係から得られる恩恵として説明している。

　以上のように、ソーシャルキャピタルの定義については、複数の立場がとられており明確な合意がなされていない（Lin: 2001）ものの、一般的には、Putnam（1993）の定義した、「市民の協働活動の活発化が、市民相互の信頼や規範、互酬性を生み出し、社会全体の効率性を高めることに寄与している」と理解されることが多い。しかし、既述のとおり、Halpern（2005）は、Putnam が指摘するコミュニティ内だけの議論としてソーシャルキャピタルを扱うのではなく、より広域な視点を持つことが重要であると述べている。つまり、ミクロ的な個人ネットワークの視点から国家や民族を超えたマクロ的な社

会システムへと対象を広げ、その相互作用を分析することが必要であると主張している。

　さらに、ソーシャルキャピタルの研究には、対象のスケールだけではなく、その密度を扱った研究もある。Granovetter の研究（1973）では、日常生活でそれほど接点のない「弱い紐帯」による関係性が、親密な関係性である「強い紐帯」よりも個人にとってプラスに働くとの指摘がなされている。Putnam は、こうした Granovetter の分類を受け、ソーシャルキャピタルを質的な類型にわけている。その中でも基本的な2つのパターンとされるのが、「結合型（Bonding）」と「橋渡し型（Bridging）」である。「結合型」の場合は、特定の集団内部での人と人との関係性を強固にし、内部組織での結束、お互いの信頼感、協力体制の構築や価値規範の共有がスムーズに行える。その一方で、「橋渡し型」は、多様な組織から集まる人や集団を結びつけるため、拘束力や絆はそれほど強くないものの、横断的な関係性のなかから創出される効果が期待できる。つまり、「結合型」のソーシャルキャピタルは、家族や親しい友人との個人的な強い結束に特徴づけられ、内部志向的であるといえる。そのため、「結束型」の要素が強いと、集団外に対して閉鎖的に働いてしまう。逆に、「橋渡し型」のソーシャルキャピタルは、知り合いや友人の友人といった者とのつながりや結束の弱い関係を特徴とし、外部志向的だとされる。後者の場合、相互の関係性は濃密ではないが、共同体の団結や集合行為の維持には有効に働くとしており、Putnam は、Granovetter の「弱い紐帯」の強さを支持している。

　いずれにしても、市民の関与が盛んなネットワークでは、その互酬性が促進されることがわかっている。もしも、ソーシャルキャピタルの視点を子育ての分野にも応用できるとするならば、親を中心とした市民によって創出されたソーシャルキャピタルは、子育てのネットワークを強化し、地域にとって有益な市民活動となる可能性を有している。親が子育て支援の担い手として活動していくためには、まずは、親自身の心理状態を改善したり、子どもの豊かな発育を支えるための「子育て基盤」を整備していくことが求められるであろう。そして、その基盤をもとに、強固な組織ではなく、より緩やかなソーシャル

キャピタルを構築していくことが現実的である（松田：2010）。松田（2009）は、Granovetter が提示した「強い紐帯」と「弱い紐帯」だけではなく、それらの合致効果をもたらす「中庸なネットワーク」こそが、子育て期のネットワークにとって相応しい姿であると指摘している。

　本書においても、子育て期の親たちが持つ関係性を「強くもなく」「弱くもない」紐帯として維持することが、親たちにとって最も活用しやすいネットワークであると考えている。

　以下では、国内におけるソーシャルキャピタルの研究について概観していく。わが国で一般的となるソーシャルキャピタル定義としては、「人々に親密財を提供するつながり」と説明されることが多い（筒井：2008）。そのような親密財が潤沢であれば、親同士の連帯を高め、子育てを通じたネットワークづくりや相互の助け合いを容易にするというのだ。しかし、こうした議論に対し、前田（2004）は、母親役割を通じて構成された一元的なネットワークは、子どもに関わる問題に対しては有効だが、母親自身の問題に対しては、そのサポート体制が十分に整っていないため、結果的には、母親の対人的ストレーン（不安やストレス・緊張など心身に対する負担感を示す）を引き出してしまうと指摘している。確かに、前田の主張も一理あるが、ストレーンがあるからといって、支援者が援助の手を差し伸べるだけでは、親自身の発展や成長の機会はなくなってしまうだろう。

　渡辺（2000a）は、地域の大人たちが、子どもにとっての親役割（すなわち社会的オジ・オバ）を担うこと、つまり地域におけるマルティプル・ペアレンティング（multiple parenting）が重要であると指摘している。つまり、かつての共同体では、こうした役割を、親同士で担っていたことから、現代の親たちに対しても、地域にいる「すべての子どもに対する親」として自覚する意識を根づかせる必要がある。もちろん、対人ストレーンについては、ある程度覚悟しなければならないであろうが、それらのストレーンを乗り越えてこそ、親自身がエンパワーメントされるのであり、他者との関係性が構築されていくのである。

　森田（1998）の定義に従えば、エンパワーメントとは、われわれ一人ひと

りが潜在的に持つパワーや個性をお互いの関係のなかから発揮しあうことである。もしも、親たちが、地域のなかで支え・支えられる関係性を持つことで、お互いをエンパワーメントしあうことができるとするならば、これらの経験は彼らに子育ての豊かさや楽しさを実感させる機会を与えるであろう。なぜなら、子育てに伴う負担感やストレスというものは、その負担感を肩代わりするだけでは解決できないものであり、互酬的な関係性の中で緩和されていくものであるからだ。

　中谷（2009）は、育児ストレスの一時的な解消や親子の時間潰しとなりがちなわが国の子育て支援事業を鑑み、それらのあり方が、親の自立性を阻害しているのではないかと指摘している。つまり、親たちがサービスを消費していく支援ではなく、内発的に発展できるような子育て支援が目指されるべきだと提案している。現在、わが国の子育て支援現場の課題は、支援者である者たちと親たちがサービスする側とサービスされる側とに二極化していることであり、支援現場では、親たちの膨らみ続けるニーズに対応しきれずに、支援者たちが疲弊していることが示されている（垣内・東社協保育士会：2007）。もちろん、子育て支援における支援者たちの尽力と協力は多大であり、それらの援助をなしにして、現在の子育て環境は成り立っていかないだろう。

　しかしながら、「子どもの権利に関する条約」18条の1[1]にも明記されているように、「児童の養育および発達についての第一義的な責任」が親たちにあることを、われわれ国民一人ひとりが再認識する必要がある。また、支援する側についても、その資源には、限りがあることを親たちに示しながら、親たちがいかに自らの子育てを全うできるかについて議論していくことが不可欠となってくる。原田（2002）は、公的な子育て支援が親たちの主体性をつぶす結果となっており、支援者が親の黒子に徹することが大切であると指摘している。つまり、子育ての当事者である、親たちが協働し、ネットワークでつながっていくことを側面から支えることこそが、子育て支援の本来の目的であるといえるのではないだろうか。

第3節 「プレイセンター」研究

　わが国のプレイセンター活動は、2000年頃より開始されている。このように、プレイセンターの歴史が浅いわが国においては、その先行研究が少ないことは明らかである。ニュージーランド幼児教育全般を理解するには、ニュージーランドの幼児教育史を研究する松川由紀子の研究が参考になろう。松川（1998、2000、2004）の研究では、ニュージーランドにおける幼児教育の変遷が詳細に記され、そこでは、プレイセンターに関する記述も多くなされている。松川（1998）は、1941年以降ニュージーランドで始まったプレイセンターについて、子育てを支え合うユニークな保育機関として紹介し、プレイセンター運動が始まった社会的経緯を概観している。

　プレイセンターに焦点をおいた研究では、池本の研究（池本：1999、2001、2003a、2003b、2003c）がある。池本（2001）は、親たちの教育権やケア権を尊重するプレイセンター独自の教育思想が日本の保育制度に参考になると述べている。また、具体的なニュージーランドの活動実践については、さまざまな事例研究によって日本への紹介がなされている（七木田：2003、佐藤：2006a、2006b、2009）。

　日本国内における独自のプレイセンター事業としては、池本（2001）、久保田ら（2005）が手掛けた日本版の学習テキスト開発が挙げられる。日本におけるプレイセンターの活動実績も徐々に蓄積されるようになり（久保田：2001、佐藤：2005、2009a）、その後は、ニュージーランドと日本の参加者に対する比較研究についても着手された（佐藤：2007）。現在では、行政を含めた多様な運営主体によるプレイセンター活動の取組みが始まっていることから、その研究動向は、ニュージーランドのプレイセンターをそのままの形で輸入するのではなく、いかにして日本の子育て現場に応用できるかについての研究へと移行している（日本プレイセンター協会：2009、大滝ら：2009）。

　さらに現在では、プレイセンターに関する研究が、幼児教育の分野以外でも進められるようになっている。その一部として、社会福祉学や宗教学の視点

からプレイセンターの公益性に着目した研究が挙げられる。広井（2006）は、持続可能な福祉社会を作るには、「個人」をその土台となる「コミュニティ」「自然」「スピリチャリティ」へとつなぐ作業が重要であるとし、かつてコミュニティの中心であった神社境内を拠点にした地域住民による協働保育として「プレイセンター・ピカソ」の試みを評価している。また、藤本（2009）も広井と同様の視点から、神社における「プレイセンター・ピカソ」の活動を社会貢献との関連性から考察している。

他方、建築や都市計画の分野でもプレイセンター研究が始まっている。この分野の先行研究では、それまで幼稚園や保育所、公園などを対象とした、子どもの遊び環境づくりに関するものが多く、在宅親子に特化した安全で安心できる居場所づくりについての研究は進んでこなかった。上野（2009）は、上記の視点から、子育て環境を創造する親たちの協働活動として「プレイセンター・ピカソ」を取りあげ、地域の親子のための空間や居場所としてのプレイセンターが健全な地域づくりにもつながっているのだと指摘している。

ニュージーランドにおけるプレイセンター研究も概観しておくことにしよう。ニュージーランドは、プレイセンターの発祥の地であるが、プレイセンターに関する研究は少なく、博士論文や修士論文など出版されていないものが多い（Jordan: 1993, Gibbons: 2004）。

ニュージーランドの幼児教育史や保育制度については、Helen May の『Politics In The Playground』の業績が大きい。May（2001）は、プレイセンター運動について歴史的・社会的背景を踏まえて詳細に記述し、以下の2つの目的である①専業主婦となった戦後のニュージーランドの母親に休息を与える、②女性を教育し、社会的な存在として認めることを果たすための運動であったと説明している。

プレイセンターの参加者を対象にした研究は、プレイセンターに参加する2歳半の子どもに対するニーズ調査の研究（Podmore: 1991）、5歳児のプレイセンター参加後の発達効果の研究（Wylie & Hendriks: 1996）やボランティア組織としてのプレイセンターの可能性についての研究（The New Zealand Federation of Volunteer Organization: 2004）、ウィルトン・プレイセンター

についての定点調査が挙げられる (Wijk et al.: 2006)。

　また近年では、研究対象が子どもだけでなく、参加する親についてもなされるようになってきた。調査対象を親とした初期の研究には、プレイセンターの理念のひとつである「最初の教師としての親」に着目した調査が挙げられる。この分野では、McDonald (1982) が修士論文をまとめた『*Working and Learning: A participationary project on parent-helping in the New Zealand playcentre*』が最も初期の研究となっている。McDonaldは、1970年代後半にプレイセンターに参加していた親たちの当番役割 (Parent-Helpers) [2] の実態とその効果を明らかにしている。しかしながら、そこでは、教育者として親を扱うものの、親の教育者としての成長については十分な説明がなされていない。

　Manning (2008) は、プレイセンターに参加する親たちを調査し、子どもの教育現場となるプレイセンターに親がどのように関与し始め、どのように退会していくのかその過程を分析している。また、その後の研究でも、先の研究を受けて、教育者としての振る舞いや実践経験が、親自身のプレイセンターに対する所属感を高め、チーム全体への関係性に影響を与えていることを実証している。その結果、プレイセンターの親たちのリーダシップや教育者としての動きが、他の親たちに伝播し、保育カリキュラムの遂行を円滑にする作用をもたらすと指摘している (Manning & Loveridge: 2009)。

　親役割の重大さという点では、現在、ソーシャルキャピタルの視点からの研究に注目が集まっている。特に、資源としての親に注目した実証的な業績として、Powell ら (2005) の『*The Effect of Adult Playcentre Participation on the Creation of Social Capital in the Local Communities*』が挙げられる。ソーシャルキャピタル（日本では、社会関係資本とも訳される）に関する研究は、近年、ニュージーランドの福祉、教育、経済分野において盛んであり、その点では、わが国においても共通している。先に示したPowellらの研究 (2005) は、プレイセンターの親たちのソーシャルキャピタル性に着目しており、参加する親たちが、地域コミュニティにおけるソーシャルキャピタルの蓄積に貢献することを実証している。

　本書では、ニュージーランドの研究を援用しながら、これまで日本の子育て

支援現場において採用されてこなかった、親をソーシャルキャピタルの資源として活用する視点を取り入れ、その可能性を示していきたい。

第4節 小　　括

　本章では、「子育ての社会化」や「社会的ネットワーク」「ソーシャルキャピタル」をめぐる研究について検討してきた。さらに、本書の研究対象である「プレイセンター」について、これまでの研究をレビューしてきた。その結果、以下のようなことがいえる。

① 戦後、子どもを社会化するエージェントとして両親である夫婦、特に母親にその遂行役割が集中していたことが把握されている。しかし、現代では、多様化する家族形態のなかで、その役割を母親が単独で担うことが困難となっており、地域社会がエージェント機能を果たすことが必要であると示されている。
② 子育て世帯に対する社会的ネットワークをテーマとする家族研究には、親たちの子育てを物質的、心理的に支援・援助する資源としての血縁・地縁ネットワークを分析対象とした成果が多くみられる。
③ 子育てにおけるネットワークは、強い紐帯でもなく、弱い紐帯でもない緩やかな（Loose）ネットワークが有効であるとの実証がなされている。
③ 地域社会における人と人との関係性が希薄化し、コミュニティにおける成員の相互扶助機能は衰退している。そのため、人々は、生活の不安や地域社会の崩壊を経験することになった。地域崩壊を救済し、人々が安心して生活するためには、ソーシャルキャピタルの創出と蓄積が有効であるとの主張がなされている。
④ 子育ての困難性が生じた社会的条件をもとに地縁や血縁を中心とした「子育てネットワーク」および「ソーシャルキャピタル」としてプレイセンターが重要視されている。

⑤　プレイセンターでは、親を教育者としてみなし、当事者同士の学び合いを通じて保育者として施設運営を行っていることが把握されている。また、このような親による協働保育活動が幼稚園や保育所と等しく、政府認可機関となっていることもその特徴として示されている。

　以上のように、わが国では、母親が単独で子育てをすることは、構造的に困難であることが先行研究によって指摘され、子育て世帯に対するなんらかの社会的サポートが必要であることが説明されている。昨今では、密室育児や育児ストレスなどの専業主婦世帯の子育てをめぐる社会問題への議論も盛んとなっており、これらの問題を解決するために母親への子育てコストを家庭内や家庭外の子育て支援によって軽減していくことが有効であると把握されている。しかし、そこでは、親自身をネットワークにおける支援者として捉えられていない。そのため、親が仲間をサポートし、お互いの資源を活用しながら成長しあうという視点に欠けている。本書では、ニュージーランドで70年以上前に開始されたプレイセンターを事例として扱っており、そこでは、子育て当事者である親たちが協働しながら保育を行っている。プレイセンターの活動経験による効果は、①親同士をつなげる効果、②お互いを資源とする相互扶助機能の発揮、③地域コミュニティの活性化、⑤親自身のエンパワーメントがあるとニュージーランドの先行研究（Powell et al.: 2005）では明示されている。しかしながら、わが国では、親を支援の受益者として捉えることが多く、このことは既にも述べたとおりである。そのため、親がネットワークの作り手であることを意識した家族研究の蓄積はほとんどない。本書で採用したこれらの視点は、本書の独創性となっており、今後、家族社会学における子育てネットワークのあり方と親の位置づけを再検討する際の材料としていきたい。

　本書では、以下のような研究課題を提示し、これらの課題に取り組むことにした。その上で、日本の子育て支援に有効な施策のひとつとして、プレイセンター活動を提案したいと考えている。

①　親たちが形成する当事者間の子育てネットワークは、親やその家庭に

とってどのような効果をもたらすのか。
② 親が主体的に行う子育て活動は、どのような環境が整うと実行されやすくなるのか。
③ 多様な子育て支援施設のなかで、プレイセンターを選択する主要なアクターは何であるか。
④ 親たちが子育て法や組織運営を学習する機会を得る経験は、親の意識変革や養育態度の変化と深く結びついているのか。
⑤ 親たちがプレイセンターの活動を通じてソーシャルキャピタルを創出するのであれば、それらの資源はコミュニティの活性化に対しても寄与するのか。
⑥ さらに、上記の項目は、ニュージーランドの親たちと比較して異なるのであろうか。

本書では、これらの研究課題を解明しながら、プレイセンターの活動効果を検証する。具体的には、①親のプレイセンター関与によって、親自身の個人的な成長が期待できること、②子育て支援活動を実践するには、地域における積極的なコミュニケーションの活性化（すなわちネットワーク化）が必要であること（渡辺：2000a）を明示していきたい。

これまでのわが国のネットワーク研究では、親たちの持つ人間関係とそこで得る物質的、あるいは心理的効果についての研究が多かった。そのため、ネットワークの豊さがもたらす親自身の成長や地域コミュニティとの関連性についての分析がなされてこなかった。そこで、本書では、親同士が紡ぎだすことによって蓄積される社会的ネットワークとその効果について着目することとした。

今後、わが国において、新たな子育て支援策が検討されるならば、親たちを支援活動の中核者として扱うとともに、ソーシャルキャピタルの一資源として位置づけていくことが重要となることを提案していきたい。

[注]

1) 「子どもの権利に関する条約」とは、1989年11月20日、第44回国際連合総会において採択された。この条約は、子どもの人権の尊重および確保の視点から必要となる具体的な事項を規定した。

〈18条1〉 締約国は、児童の養育及び発育について父母が協働の責任を有するという原則についての認識を確保するために最善の努力を払う。父母又は場合により法廷保護者は、児童の養育及び発育についての第一義的な責任を有する。児童の最善の利益は、これらの子の基本的な関心事項とするものとする（高橋：2002）。

2) プレイセンターには、専門の保育者がいないため、親たちの当番制によって運営が支えられている。したがって、親たちは、プレイセンター内で親向けの学習コースを受講しながらプレイセンターにおける組職運営のノウハウや子育て法を学び、保育者としての知識と技能を身につけていく。当番は、通常、曜日ごとのグループに分かれて実施されている。また、当番の配分は、各曜日とも教育レベルの高い者と低い者とを組み合わすよう規定されている。この比率は、ニュージーランドの場合、政府認可機関としての最低基準を順守したものとなっている。日本の場合は、各プレイセンターによって当番のあり方が異なるが、ほとんどのセンターでは、親たちが持ち回りで会場の設営や遊びの提供、事務処理などを分担している。

第Ⅰ編

ニュージーランド・プレイセンター運動の胎動と展開

第2章 ニュージーランドにおけるプレイセンター運動

第1節　問題の所在

　本章の目的は、プレイセンターの発祥の地であるニュージーランドにおいて、親たちがプレイセンターに関与することによって蓄積されるとするソーシャルキャピタルの実態を実証的に把握することである。

　ニュージーランドにおけるプレイセンターの試みは、戦時中に始まっている。プレイセンターの当初の目的としては、育児援助が少なく、子育てのストレスを抱える親たちに、自由な時間と子育ての仲間を提供することにあった。さらに、「親は子どもにとっての教育者である」という視点から、親に対する教育機会もあわせて付与していくことであった。その結果、プレイセンターを媒介に、母親を中心とした親たちの子育てに対する負担感が軽減され、親自身が成長していくというエンパワーメント効果がみられるようになった。つまり、プレイセンターが、コミュニティの人材育成機関となり、相互扶助効果のある地域の人的資源を創出してきたのである。

　以下、第2節では、ニュージーランドの幼児教育や育児をめぐる政策や価値観の変遷について説明する。第3節では、プレイセンターの概要を述べ、第4節、5節では、本書で用いる作業仮説および調査方法について示していく。続く、第6節では、ニュージーランドのプレイセンターに参加する親たちを対象とした調査をもとにプレイセンターの持つソーシャルキャピタル性についての分析を試みている。そして、第7節では、類型化した親たちの特徴を分析し、

結論へと導いていく。

第2節　ニュージーランドにおけるプレイセンター運動の概況

（1）　幼児教育政策史[1]におけるプレイセンターの位置づけ
1）　プレイセンター萌芽期

　ニュージーランドにおける幼児教育の原点は、1889年に始まった無償幼稚園である[2]。しかし、この無償幼稚園は、その後、全国的に普及することはなかった。1900年代に入っても、無償幼稚園は大都市中心部にしか設置されなかったのである。具体的な数値を示すとすれば、1930年の段階で全国にわずか32ヵ所の無償幼稚園が設置されたにすぎなかった。また、そこでの利用対象者は、貧困家庭の子どもたちに限定されており、家庭に代わってしつけをするという慈恵的要素の濃いものであった。

　その後、1940年代に入ると、第二次世界大戦に参戦する父親が増えていった。そのため、必然的に子育ての負担が母親に集中するようになった。こうした状況を受け、母親に対する子育ての負担を軽減しながら、同時に子どもたちがよりよい環境の中で、遊び、学べる場所は作れないだろうかといった考えが中流階級の母親たちの間に広まっていった。

　1937年、オーストラリアで行われた国際会議に出席予定であったイギリス人であるSusan Isacsがニュージーランドのオークランドに立ち寄り講演会を行った。彼女は、その時の講演会で「平和な世界を築くためには、乳幼児期からの教育活動を実施することが重要である」と訴えた。このスピーチが契機となり、ニュージーランドの人々、特に新しい教育体系を求めていた中流家庭の母親たちは、幼児教育の重要性を認識していった。以上のように、Isacsなどの新教育運動家の影響や時代の要請を受け、ついにニュージーランドにプレイセンターの原型が誕生したのである。そこでの主な活動者は、中産階級の母親であり、1941年には、保育の協働運営という形でプレイセンター活動が開始された。

プレイセンター設立理念にあたっては、2つの潮流があったといわれている。第一は、Gwen Somerset による成人教育の視点からの動きである。Somerset は、1938年に開所した彼女自身の保育所で、問題行動を起こす子どもの母親2人に出会った。彼女は、こうした母親たちと接触するなかで、幼児教育と成人教育の統合が、家族内の種々の問題を解決する糸口になるのではないかとの結論に至ったという（Somerset: 1972、23）。

　第二の動きは、Beatrice Beeby によるものである。プレイセンターの初代会長となった Beeby は、戦時中、孤立無援の状態で子育てをする母親たちを集め、互いに育児を支えあう共同保育システムを作ることにより、母親の育児負担を軽減できるのではないかと考えた。そして、イギリスで行われていた、「母親たちが乳幼児の世話を交代で行い、センター運営を行う方法」をプレイセンターに取り入れてみようと発起人たちに提案した。

　こうした Somerset と Beeby の2つの視点が、プレイセンターの理念として掲げられ、現在でもプレイセンターにおける考え方として支持されている。ニュージーランド国内最初のプレイセンターは、1941年4月2日に St. Mary 教会の跡地に開設されたウエリントンの Karori Playcentre である。

　その2年後の1943年には、政府からもプレイセンターが幼児教育施設のひとつであるとして認められるようになり、補助金が付与されることとなった。プレイセンター発足時の特徴は、相互育児支援および子育てからの一時的な解放、子どもに対する自由遊びの実施であった。しかし、1944年になると、Somerset が当初から提言していた親のための学習コース[3]が本格的に始動されるようになった。この当時は、幼児教育の施設数だけでなく、専門職として働く保育者の数も不足していたことから、親が保育者としての役割を果たすプレイセンター運動が人々に受容されていった。初期のころは、Somerset が講師として各プレイセンターを巡回指導し、保育責任者としてのスーパーバイザーを育成していった。このようにして、プレイセンター運動の初期の参加者たちは、親と子どもの関係性を重要視するとともに、親が子どもの傍らで学習しながら子どもの遊び環境を提供していくことこそ、子どもにとって最善な子育て法であることを一般の親たちに諭していった（七木田：2003、319）。

2) プレイセンター開葉期

　発足初期のプレイセンターでは、個々のセンターが独自の運営を行ってきたが、1948年になると、プレイセンター連盟（プレイセンター統括機関）が発足し、国による認可幼児教育機関へと成長を果たしている（Densem: 1980）。そのことに伴い、認可に必要な最低基準をみたすため、親たちの教育レベルを上げていくことが必須となった。

　そこで、プレイセンターでは、親たちに対する統一の教育プログラムを用意し、受講した親のレベルに応じてスーパーバイザーの資格認定をしていくシステムへと改変した。だが、政府がこの当時力を入れていたのは、幼稚園教育であった。そのため、幼稚園優遇政策としての①幼稚園教諭への全額給与の支払い、②保育者養成学校の学生への奨学金制度の実施、③園舎の開設補助が開始されていった。こうした政府の積極的な助成は、無償幼稚園への追い風となり、幼稚園教育がニュージーランドの中核的な就学前サービスとして展開することとなった。

　それでも、幼稚園だけでは幼児教育の供給が追いつかなかったため、その後ニュージーランドの国内において、幼稚園以外の幼児教育がさまざまな形で提供されるようになっていった。プレイセンターもそのひとつとして、戦時下の幼児教育の施設数を補うかのごとく、中流家庭を中心にして草の根的に広がっていった。このような背景から、ニュージーランド国内では、戦中から戦後にかけて幼児教育機関の数が急速に増加した。

　政府は、施設ごとに教育格差が生じないようにと、1959年に、幼稚園規則、翌1960年には、保育所規則を制定した。しかしながら、これらの基準が定められたとしても、施設間格差はなかなか縮まることがなかった。なぜなら、この頃の保育所は、規則が制定されたとしても、幼稚園のように一連の助成金が付与されなかったからである。また、保育所規則においては、保育者の明確な規定が明記されなかった。こうした理由から、1960年代の保育所における保育環境は、無償幼稚園と比較すると、かなり低い水準に置かれていた。そのため、保育所の利用者は、政府の予想をかなり下回る数値で推移していた。

　以上のように、戦後の幼児教育は、無償幼稚園とプレイセンターが主力とな

り、その補完としての保育所という位置づけが成立していた。

3）プレイセンター啓蒙期

1970年中葉から1980年代にかけては、政策的に既婚女性の就労が推進され、保育所の開設が徐々に進んでいった。同時に、保護者からは、保育の質を懸念する声が高まり、「保育所における質の向上と教育の重要性」を求める運動が起こった。しかし、プレイセンターについては、そのような社会状況下においても影響されることなく、その数を増やしていった。さらに、1974年からは、プレイセンターに対する政府からの資金的援助が強化され、子どもに対する助成金だけでなく、施設の建物に対する補助金の支給も開始されるようになった。その後、1977年には、プレイセンターにおける親の学習コースについても成人教育として認められるようになり、親たちは無償でプレイセンターでの教育が受けられるようになった。続いて、1979年には、政府による年間の管理交付金としての助成も加算され、プレイセンターの運営費が潤沢を帯びるようになっていった。

4）プレイセンター調整期

1980年代中葉になると、政府は政策の矛先を変え、就労する女性への支援として、保育所の増設と補助金の増額を敢行した。そのため、プレイセンターの利用者が減少へと転じるようになっていった。1986年になると、それまで教育省管轄の幼稚園、社会福祉省管轄の保育所と二元化されていたものが、すべての幼児教育が教育省の管轄へと一元化された。1987年には、大規模な幼児教育改革が施行され、先住民であるマオリ人や環太平洋諸島のマイノリティーと呼ばれる子どもたちにも平等な教育機会を与えようとする気運が高まっていった。

1989年には、新しい政策「Before Five」へと改正がなされ、幼児教育サービス間の不平等を払拭し、政府の指針に沿うすべての幼児教育機関に対し、一律の補助金を付与する旨が明記されるようになった[4]。保育者資格の基準設定や幼児教育機関における統一規則集が完成したのも、ちょうどこの頃のことである。そのため、プレイセンターでは、補助金の獲得がさらに厳しくなっただけではなく、学習コースにおける親たちの教育レベルについても審議されるよ

うになっていった。その結果、1991年に、NZQA[5]と呼ばれる国家資格評価機構がプレイセンターの資格を管理していくことになった。そのため、プレイセンターで実施している親の学習コースを保育者養成カレッジと同等のレベルに近づけるように教育内容の標準化が図られた。さらに、国レベルでも、幼保一元化の動きが強化され、1986年に一元化が成立すると、1996年にはそれに付随する幼児教育統一カリキュラムとして「Te Whariki（以後テ・ファリキと記す）」[6]が制定された。

5）プレイセンター実践期

近年の施策では、2001年に教育省が発表した幼児教育10年戦略プラン「Pathways to the Future」が挙げられる。この就学前教育計画は、2002年から2012年の10年間を実施年度とした。そこでの中心課題としては、①幼児教育サービスへの参加率向上、②保育の質を高めるための支援、③政府・保育者・親との協働関係「Community of Learners」を構築することの3点が挙げられている[7]。

具体的な施策のひとつは、2012年までに、幼児教育に携わるすべての保育者を、Diploma資格（3年制または、4年制の保育者養成コース修了時に付与される資格のこと）所持者へと段階的に切り替えていくことである。さらには、マイノリティーである先住民のマオリ人や環太平洋諸島等の子どもたちが、これまで以上に保育サービスへ参加できるよう、子どもと同じ文化的背景を持つ保育者を、施設に1人は加配していくと公約している[8]。

近年では、働く母親のさらなる増加により、日本と同様にしてニュージーランドでも保育所入所の乳幼児が急増している。2005年現在、ニュージーランドで1歳未満の子どもを持つ母親のうち39％、1歳以上4歳未満では58％の母親が何らかの仕事に従事していた。こうした傾向は、幼児教育サービスへの利用者拡大に大きく寄与しており、いずれかの幼児教育機関に参加する子どもの数は、1983年の6万4,000人から2004年の18万5,000人へと増えている[9]。この数値は、前年比の2.5％増となっている。しかし、こうした利用者数の拡大は、単に共働き世帯が増えたからではなく、子どもの教育権を尊重する世論の高まりが影響している。しかし、政府は、現在でも「Do it yourself（自分

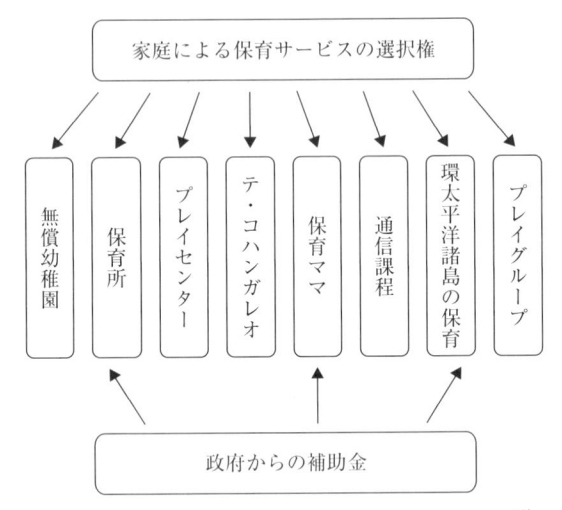

図2-2-1　ニュージーランドの保育補助金システム[10]

のことは、自分で)」を実践する親先導型（Parent-led）の幼児教育を、教師先導型（Teacher-led）の幼児教育サービスと同様に支援している。そのため、ニュージーランドにおける幼児教育や保育サービスは多岐にわたり、その内訳は、無償幼稚園、保育所、プレイセンター、テ・コハンガレオ、Home-based Care（保育ママ）、プレイグループ（育児サークル）、通信課程、環太平洋諸島の子女が通う教育施設などとなっている（図2-2-1）。

　2008年の年次報告書では、ニュージーランドの幼児教育サービスの総数は、4,649カ所であり、そのうち認可施設は、3,881カ所であった（Ministry of Education: 2008）[11]。この数値は、総数で170カ所の増加であり、うち131カ所が政府の認可施設であったことから、政府が積極的に施設数を拡大していることがわかる。既述のとおり、いずれかの幼児教育機関に参加する子どもの数は、年々増加傾向にあり、この20年間で約3倍となっていることは統計結果を見ても明確である。教育省が公表した2004年度の統計から、年齢別参加率を割り出してみると、0歳児16％、1歳児41％、2歳児66％、3歳児95％となっており、0歳児から4歳児の平均で64％の乳幼児が幼児教育や保育サービスを受けていることが示されている（Statistics New Zealand: 2005）。一方、

平成17年度の少子化社会白書によると、日本の0歳児から4歳児の幼児教育サービスへの参加率は、41％であった[12]。このことからもニュージーランドの乳幼児が、日本の乳幼児よりも多く、幼児教育施設に参加していることが明らかになっている。

さらに、ニュージーランド国内の施設別参加者の内訳を2008年度の数字で追ってみると、保育所52％、幼稚園16％、プレイセンターおよびテ・コハンガレオ12％、保育ママ6％という参加配分となっている（Ministry of Education: 2008）。1990年の数値と比較では、保育所28％、プレイセンター24％、テ・コハンガレオ23％、幼稚園22％、保育ママ1％であり、この当時は、保育ママ（Home-based Care）を除く、各機関でほぼ均等に参加者が分布していたことがわかる（図2-2-2）。しかしながら、1994年頃を境に、保育所への参加率が急激に高まり、プレイセンターへの参加率が少しずつ減少傾向にある（Ministry of Education: 2005）[13]。

それでもなお、ニュージーランドは、日本と同様、先進国のなかでは専業主婦の割合が高い国である。表2-2-3にも示したとおり、ニュージーランドにおいて、「子育てを理由に専業主婦を選んだ母親」の割合は、25-34歳のコー

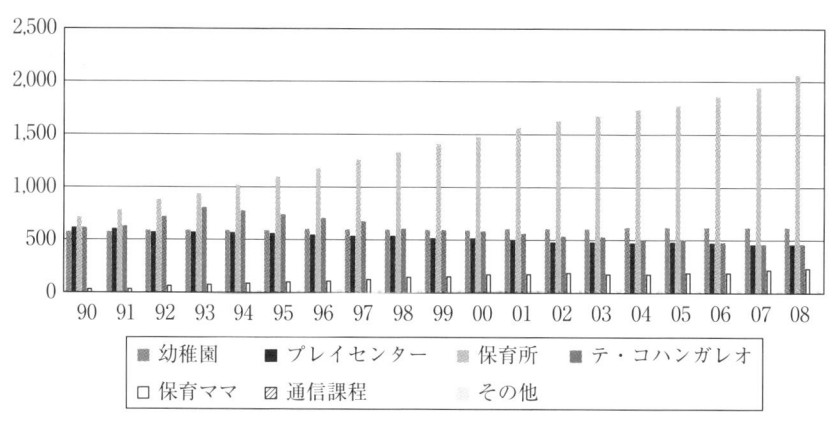

図2-2-2　幼児教育への参加者の推移（1990-2008）
出所：Statistics New Zealand 2004, *Number of Early Childhood Enrolments by type of Service* 1990-2004.

表2-2-3　子育てに従事する専業主婦の推移

年齢	各年度・3月末の推移（％）			
	2000	2001	2002	2003
15-24	22	21	19.8	17.2
25-34	73.5	72.1	69.1	69.9
35-44	68.5	68.1	65.1	64
45-54	23.5	25	29.3	22
55-64	6	5.8	7.5	7.6

出所：Statistics New Zealand 2004, *Labour Market statistics 2003*[14]

ホートを例に取ると約70％の水準にある（表2-2-3）。これらの専業主婦層がプレイセンターにおける主たる活動者となっている。

　政府は目下、就労支援と在宅支援の両方を支援すると公約しているが、どちらかといえば、前者の方が政策的に有利に進んでいるといえる。2007年からは、さらなる既婚女性の就労促進と、子どもに対する教育機会の提供を目的に、「20 Hours ECE funding」と呼ばれる20時間無料保育制度の実施に踏み込んでいる[15]。この制度は、政府が認定した認可の幼児教育機関において、子どもが3歳に達していれば週3回、計20時間（1日にすると6時間程度が上限）の保育サービスが無償で受けられるというものである。こうした制度は、教師先導型（Teacher-led）の施設に利用者が流れる傾向を招き、導入後は、プレイセンター参加者を減らす結果となっている。それでも、一部からは、専門家による教育が絶対であるという価値観を国民に与えかねないと懸念の声が広がっている[16]。70年以上もの歴史あるプレイセンター活動であるが、今後政府が就労支援を中心に政策展開を継続していくならば、プレイセンターの永続的な発展は未知数であろう。

（2）行政改革前の育児政策と母親観

　ニュージーランド社会では、祖国イギリスからの伝統を受け「母親が家庭で子どもの世話をする」という考え方が古くからあり、1970年代までの主流な子育て法となっていた。もちろん、戦前のニュージーランドにおいても無償幼稚園は存在しており、保育施設はあった。しかし、それらは、全国に30園

ほどしかなく、そこに通園できたのは経済的に恵まれない家庭の子どもであった。裕福な階層は、子守りを雇っていたため自分の子どもを無償幼稚園に通わせるという発想を持ち合わせていなかった。むしろ、貧困層の子どもたちのために無償幼稚園運動を担う立場にあったといえる。しかし、1940年代初頭になると多くの父親が参戦し家庭を離れるようになったため、その状況に変化が現れた。つまり、ニュージーランド国内では、労働者不足を補うために女性の労働力が必要とされるようになったのである。その結果、中層階級で慣習となっていた使用人の雇用が実質上、困難となり、母親自らが家庭で子育てを担うようになった。

　1940年代から1950年代にかけての既婚女性に対するニュージーランド社会での支配的な考えは、妻であり母として献身的に家族のために働くことであった（May: 1992、17）。McKinlay（1983）の分類によると、1940年代から1960年代までの母親像は「サービスの担い手としての母親」となる（表2-2-4）。つまり、マイホームや家電製品が普及し始め、新たな生活スタイルが確立する環境変化があったにもかかわらず、家族重視の傾向は弱まることなく、母親は子どもの教育係として期待されていた。ニュージーランドの大衆女性誌

表2-2-4　MckinlayによるMotherhoodの4類型

年代	定義	説明
1940年以前	Motherhood as Social Identity（社会的存在としての母親像）	家庭の中で、伝統的な母親役割が期待される。1人の女性としてのアイデンティはなく、母親としての個人が重視される。
1940～1960年代	Motherhood as Service（サービスの担い手としての母親像）	子どものニーズにサービスしながら母役割を経験していく。 → Playcentre movements 1941
1970年代	Motherhood as Life Experience（選択肢としての母親像）	親も子も個々が自立した存在であり、自分自身の選択によって人生を設計できる主体者である。
1980年代～	Motherhood in the Hospital Environment（人的環境としての母親像）	親は、子どもにとっての教育や保育における環境の一部である。

（筆者作成）

である『The New Zealand Woman's Weekly』[17]でも、子どもや家族のために一番良い方法・製品を知ってなければいけないというレトリックが随所で現れ、「賢い」母親像が強調されていた（原田：2003、122-123）。

　母親の重要性を説くイデオロギーが強かった1960年代においては、従うべき実質的な子育ての方法論が明確にされていなかったことから、多くの母親が子育てに対するストレスを抱えていた（原田：2003、124）。そのため、「賢い」母親像のイメージを崩さないまま子育ての責任が担え、かつ、その負担が軽減できる場所としてプレイセンターが広く受け入れられた（佐藤：2007、64）。だが、ここで子育てからの解放という側面を全面に出せば社会的に反発を招くことが予測されたため、プレイセンター運動では、乳幼児に対する社会性発達と親への啓蒙活動という側面が強調された（松川：1988、44）。こうして、無償幼稚園とは異なる教育方針である自由遊びと親教育の実施を理念とするプレイセンターがニュージーランドの新たな幼児教育の一体系として広がり1970年には全盛期を迎えることとなった。

　1973年の統計では、就学前幼児である3・4歳児（ニュージーランドでは、小学校入学は5歳が一般的）のうち、約半数（5万6,672人）が、何らかの幼児教育機関に参加しており、中心的な幼児教育は、幼稚園もしくは、プレイセンターであった（松川：1998、72）。この当時は、幼児教育および保育施設における管轄省庁が二元化されていた。幼稚園とプレイセンターは、教育省の管轄であったが、保育所は、社会福祉省の管轄下に置かれていた。しかし、保育所の場合は、国からの助成がほとんどなく、保育の質は低かった。ニュージーランドにおいて、保育所の発展が遅れた背景には、乳幼児の保育は母親の責任であるという考えが強かったため、保育所は家庭で保育ができない場合の「福祉政策」として考えられていたことにある（松川：1998、74）。

　前掲したMckinlayの定義に従えば、1970年代の母親像は「選択肢としての母親」である。そのため、伝統的な母親規範が残る一方で、経済的な要因から就労する既婚女性が増加していった。しかしながら、実際に1960年代から1970年代にかけての既婚女性の就労率を支えていたのは、パートタイマーの存在であった。なぜなら、この時代の女性たちにとってのパート労働は、家

事・育児の責任を果たせると同時に家計の補助的な収入の獲得源であり、理想的な女性の働き方とみなされていたからである（Davies & Jackson: 1993、43）。つまり、既婚女性の就労として社会的に公認されたのは、パートタイムか、子どもが学齢期を迎えてからのことであり、終日保育を利用しながらフルタイムで働くことは非難の対象とされていたのである（McPherson: 2006、13）。この頃のニュージーランドでは、他の先進国と同様にして女性解放運動が起きるなど女性をめぐる社会状況に変化が見え始めていたが、実際に、子育ての社会的なサポートが重要視されるようになったのは80年代に入ってからのことであった。

以上のように、1980年に至るまでの主な幼児教育機関は、国からの全面的なバックアップのもとに運営がなされていた無償幼稚園と親が保育者として運営に携わるプレイセンターであった。他方、保育所と呼ばれる施設では、この当時、政府からの援助がほとんどなく、助成金も少なかった。そのため、施設間格差とともに、子ども間の格差、つまり教育の受けられる子どもとそうでない子どもを生みだす結果を招いた。こうした幼児教育をめぐる格差問題が、保育サービスの不足問題とあわせて、教育改革や保育運動を起こす引き金となったのである。

（3）行政改革以降の育児政策と母親観

1980年代から1990年代のニュージーランドは「改革の時代」と呼ばれ、市場原理に基づく経済・行財政改革が断行された（鈴木：2008）。具体的には、公的部門の縮小および民営化、税制度や社会保障制度の見直し、規制緩和、自由競争、受益者負担、弱者保護など多分野にわたる総合的な行政改革が行われた。就学前の乳幼児をめぐる分野では、①幼保一元化、②幼児教育統一カリキュラム「テ・ファリキ」の制定、③疑似バウチャー制度（図2-2-1）による公平な補助金システムの確立、④保育者における認可資格基準の設定（NZQA認可）、⑤ERO（教育評価局）[18]による教育サービスの評価など斬新な保育・教育改革を実施していった。

こうした動きは、母親が社会で働き、公然と保育所に子どもを預けることを

認める傾向をさらに補強していった。この時代の母親像を、Mckinlayは、「人的環境としての母親」と定義している。つまり、母親は、子どもの環境の一部分であって、それぞれが相互に影響し合う独立した存在であることを示している（1983: 290-292）。Bruinは、1980年代後半からニュージーランドで行われてきた福祉国家の再構築は、ニュージーランド女性の生活と社会保障に大きな衝撃を与えたと述べている。つまり、女性は、男性よりも福祉国家の"危機"に影響を受けやすく、政府がこの危機への対処として行政サービスを家庭や市場に移す場合、女性である母親が制度の被用者および受給者として適合していくことが求められた（Bruin: 1993、161-162）。こうした状態は、女性と国家間に相互の依存関係を作りだした。つまり、女性の経済的自立は、労働市場への参加者としての地位と福祉国家の受給者としての地位に強く結びついているということである。

　以上のように、ニュージーランドでは、行政改革後、社会保障の担い手が国から地域社会へと移行していった。特に無償労働に対する既婚女性への期待が高まったため、フルタイム労働者はそれほど増えなかった。むしろ、短時間労働と家事労働の両立を可能とするパートタイム労働者の増加が加速した。つまり、国は、母親と賃金労働者の両方を可能とする社会を作ることで、国家に対する福祉の依存度を減らそうとしたのである（Bruin: 1993、169）。実際、1991年に成立した「雇用契約法」では、契約が個人ベースであったため、労働条件を不透明にさせていた。そのため、女性の多くが、無償労働に携わることになり、所得保障がジェンダーに中立でないことから、女性が有償労働に入ることを困難にし、女性のパートタイム労働者率を高める要因となった（古郡：1999、6-12）。

　ニュージーランドでは、1986年、保育所の管轄が社会福祉省から教育省へと移行し、すべての幼児教育機関が教育省のもとに一元化した。その後、1988年になると「ピコット報告（Picot Report）」が発表され、そこでの提言に基づいて教育改革が進められていった。そして、この年、新たな教育カリキュラムが完成し、その規定をもとに保育者養成が始まった。幼保一元化が成立した際の課題としては、以下の2点、①公的な性格の強い幼稚園と保育所やプレイ

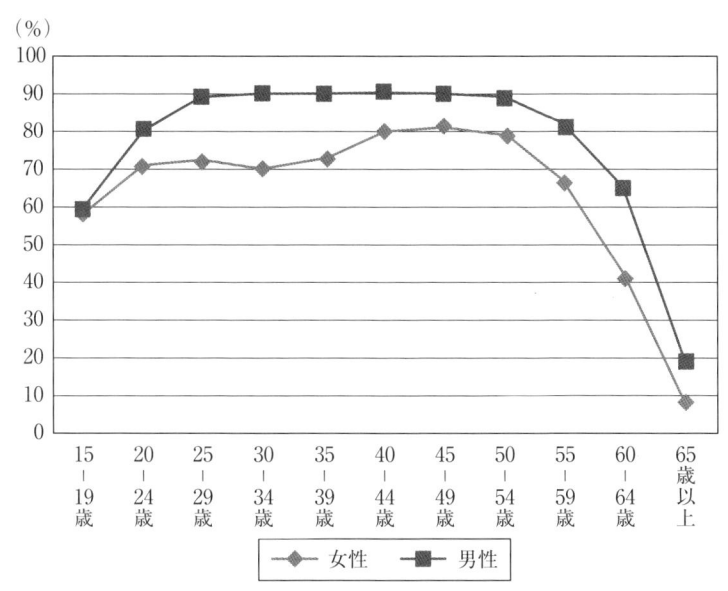

図 2-2-5　ニュージーランド・男女年齢別労働力曲線
出所：Statistics New Zealand 2003, p.17.

センターなどの他の機関との間に生じている教育格差の是正、②幼児教育全体の質の確保と向上の問題が指摘された（鈴木：2008、162）。

そのため、翌89年には、教育法（Education Act）が成立し、就学前から高等教育までを包括的に扱う法律が施行されるようになった。さらに、1990年代初頭には、女性の就労支援を促進するかたわら、公平な補助金システムの確立、就学前教育カリキュラムの作成など幼児教育の向上に向けた政策の強化が進み教育改革が始まった。その結果、民間経営の保育所が急増した。こうした、教育改革の急展開に対し、国の経済力強化に重点を置いていることや教育が市場の商品のように扱われていることにショックを受けた関係者も少なくなかったという（池本：1998、146）。しかし、国は政策の方向性を変えなかった。むしろ、人間育成における幼児期の大切さを強く訴えようと、幼児教育機関別による子どもの発達調査『Competent Children at 5』（1996）などを行っていった。このように、実証的な証拠を示すための研究が続けられたことで、

世論のコンセンサスを獲得するに至った（May: 2004）[19]。具体的には、保育の質を高め、子どもに対してよりよい教育環境を提供するには、保育者の給与レベル、有資格者の比率、施設規模、保育者と子どもの割合が左右すると示されている（鈴木：2008）[19]。政府は、このような実証的な研究の成果を背景とし、政策づくりに着手していった。そして、ニュージーランド社会における幼児教育の重要性を強調していった。

　1999年に政権が労働党に交代すると、規制緩和、市場原理に基づく行政改革に対する政策の見直しがなされた（鈴木：2008、161）。現在、施行されている幼児教育改革戦略10年プラン（Pathways to the Future：未来への道筋と訳す。実施年は、2002年から2012年をまで）では、保育者の完全有資格化の他にも週20時間無料保育プログラムを政策の目玉としており、全未就学児に対する教育の機会が均等になされるようなプロジェクトを進めている。こうした政策が作られる根底には、OECDが『Starting Strong：Early Childhood Education and Care』（2002）[20]のなかで指摘するように、ニュージーランドでは、子どもを「一人の市民」として捉えるという子ども観を保持していることが挙げられる。つまり、子ども一人ひとりの「教育を受ける権利」を尊重していくことが政策を支えるプロパガンダとなっているのだ。

　以上では、ニュージーランドの幼児教育をめぐる諸政策の展開について、さらに母親が社会的にどのような存在であったのかを概観してきた。ニュージーランドでは、1980年代後半から1990年代初頭にかけての行政改革により、女性の社会進出が促進した。そのため、それ以前と比較し、子育てに対する社会的な支援が受けやすくなった。それでも、女性が自らの人生を選択する際には、労働市場の偏在、家族主義的な保育観や介護観、保育施設の不足、高額な保育料といった諸問題が依然として残されている。

　次節では、プレイセンターの組織についてさらに詳しく言及していくことにしよう。

第3節　プレイセンターの組織概要

　ニュージーランドでは、多様な幼児教育サービスが存在すると前節で述べてきたが、とりわけユニークな保育活動として「プレイセンター」が挙げられる。プレイセンターは、地域の学校区にひとつの割合で設立されており、現在保育所、幼稚園に次ぐ、第三の利用者数を誇る政府認可の幼児教育機関となっている。プレイセンターについて数字を示すと、2010年現在、ニュージーランド33地域の統括組織のもと、489カ所のプレイセンターに1万1,014世帯の1万6,087人の子どもたちが通園している[21]。

　プレイセンターの理念は、"Families growing together" であり、直訳すると、「家族が一緒に成長する」となる。つまり、プレイセンターでは、子どもの人生における最初の教師として親を捉え（Parents As First Teachers）、活動を通じて家族が成長していくことが目指されている「親主体の幼児教育機

表2-3-1　プレイセンターの組織概要

対象	0歳から就学前（基本的には、5歳の誕生日より小学校入学）の子どもとその親。
保育形態	保育士や幼稚園教諭といった保育の専門家はおらず、親が学習コースを受け保育者（最初の教師としての親）として成長することを目標とする。
親の学習コース	コース1からコース6までの教育プログラムを実施しており、受講者それぞれのレベルに応じた資格が付与される。 これらの資格を基にして大学への編入や、再就職に役立てるケースが多い。
保育者：子ども	大人1人につきの子どもの数は、概ね3〜5人まで。2歳半までは、必ず親同伴。 多くのセンターでは、親（保育者）と子どもの比率が、1：3の割合となっている。
費用	センターによって異なる（NZ $10〜NZ $50／学期程度）。
管理運営	教育省管轄、親（保護者）たちによる自主運営。
開催期	4学期制（年末のクリスマスホリデーの他、学期の間は2週間のスクールホリデーがあり、その間は、プレイセンターは休園）。

（筆者作成）

関」を指す。

　プレイセンターでは、保育士のような専門家に子どもを託児してもらうのではなく、親自らが保育に携わり、運営もしていく。保育や組織運営に関する知識と技術は、親への学習コースを通じて親が習得していく。そのため、政府は、プレイセンターを幼児教育機関としてでなく、生涯学習機関としても認可しており、親教育プログラムに対しても補助金を交付している。このような親教育の機会は、他国でもさまざまな形で実践されている。例えば、カナダのNobody Perfect[22]やイギリスのEarly Excellence CentreにおけるTraining Programme、アメリカのParents as TeachersやBecoming Parents Program、ニュージーランドのPAFT（Parent Educator with the Parents As First Teachers）Programmeなどの事業では、妊産婦ケア、乳幼児世帯への家庭訪問、親の就労支援、親スキルの育成講座や子どもに対する保健医療の実施、低所得者地域世帯を中心とした生活支援や教育プログラムの展開がなされている。しかしながら、政府認可の幼児教育機関において、親が教師役を担い、他の親に育児学などを教授していくプレイセンター型の成人教育は、他の諸外国ではほとんど採用されていない（Manning & Loveridge: 2009、156）。

　プレイセンターでは、親が学習を通じて得た知識やスキルをもとに、保育者として子どもの保育や教育を担当している。活動する親たちは、子どもに対する自由遊びの場を保障するため、協働しながら概ね16分野にわたる遊びのコーナーを設置し運営を担っている[23]。子どもたちは、多様で質の高い遊びの中から、自由に遊びを選択しながら、創造性や自主性を育んでおり、この「自主自由遊び」はプレイセンターの重要な哲学として尊重されている。

　以上に示したとおり、プレイセンターは、子どもにとって親を含む大人や同年齢の仲間と交流できる安心した遊び場であり、また親

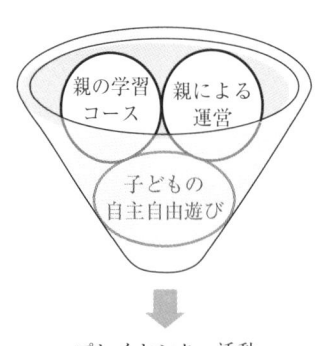

図2-3-2　プレイセンターの三要素
（筆者作成）

にとっては、子育てを通じた仲間づくりの場であり、学びの場となっている（図2-3-2）。

　ここで、親に対する教育プログラムについてもう少し詳しく説明することにする。プレイセンターでは、各地のプレイセンター協会が提供する親教育プログラムに参加することが義務づけられている[24]。プレイセンターには、スーパーバイザーと呼ばれる主任保育者がいるが、そのスーパーバイザーといった責務のある仕事も親自身やOG・OBが担っている。つまり、親の学習コースの進行に応じて段階的に保育の見習い格から熟練格へと移行していくシステムをとっているのだ。そして、参加するすべての親たちは、施設の運営や子どもの保育を当番制で分担している。そのため、子どもへの教育法や組織運営のノウハウは、学習を通じて習得することが求められている[25]。

　プレイセンターで実施している学習コースの内容は、子育てや幼児教育に対する知識や技術に加え、子どもや他の親たちとの協働作業を行うために必要なスキルを養成する講座で構成されている。学習プログラムは、2009年現在、6段階に分かれており、ほとんどのプレイセンターでコース1と呼ばれている入門コースが必修受講となっている。コースの内訳は、「コース1：プレイセンターを知る」「コース2：プレイセンターの方法」「コース3：プレイセンターの運営」「コース4：プレイセンターの実践」「コース5：プレイセンターの編成」「コース6：プレイセンターの認定資格取得」となっている。全コースを修了するには、約6年の期間がかかるため、受講者の熱意や努力、さらに家族の協力が必要であるといわれており、最終段階への到達率はそれほど高くない。しかしながら、国家による認可資格であることから、プレイセンターでの学習を契機に、取得した資格の単位を交換し、大学に再入学したり、編入するケースはよくみられている。また、幼児教育分野だけではなく、それ以外の分野でもプレイセンターの学びが活かされており、大学の研究職や政治活動に携わる親も多く存在している。ニュージーランドのシップリー元首相も、プレイセンターで活動を行ったひとりの親であり、そこでの経験がその後の政治活動やキャリア形成に大いに役立ったという（池本：2003、115・2006、24）。

　プレイセンターが提供する学習コースの全課程を修了すると、Playcentre

資料2-3-3 学習テキスト

Education Diploma の資格が付与されている。この Diploma 資格は、数年前まで大学卒と同等の資格として認証されていたが、最近では、プレイセンター独自の Diploma として単位の一部を外部の教育機関で交換できるような移行措置へと変化した。こうした動きは、教育省が大学における保育者養成課程の基準を高めたことに起因している。

コースの学習スタイルは、受講者による参加型のものが多く、グループディスカッション、ワークショップ（ファシリテーター有）、参与観察、課題提出などといったもので構成されている。また、成績評価や提出期限[26]はなく、子育て期であっても親それぞれの生活にあわせて学習が進められるような配慮がなされている。このようにして、プレイセンターでは、保育士を雇わず、親が学習コースを受講することで保育者となり、スーパーバイザーへと成長していく。

プレイセンターでは、たとえ、スーパーバイザーに昇格したとしても、一般の親との間に職務上のヒエラルキーが形成されているわけではない。例えば、都市部のセンターなどでは、高いコースレベルの親に対してスーパーバイザーという呼び方をせず、参加するすべての親を活動のリーダーとする「グループ・スーパービジョン体制」を採用しているセンターが多い。また、地方都市のセンターを中心として「スーパーバイザー体制」を採用しているプレイセンターも多く存在しているが、そこでは、指導者と生徒といった上下関係は存在しない。むしろ、スーパーバイザーも学習者のひとりとして学びながら、一般の親たちが学びやすいような配慮をするなど、教育環境の整備に努めている。

これまで述べてきたように、プレイセンターにおける学習は、子どもの発達に対する理解や保育スキルの向上といった狭義の学習だけではなく、施設運営やコミュニティワークなど広義の学習も含まれていることから成人教育の要素が強い学習であるといえる。そのため、学習する一人ひとりの親が、それぞれ

の能力に応じたエンパワーメント効果を経験している。そして、このような成果は、当該地域はもちろんのこと、ニュージーランド全体における教育の質の向上にも寄与している。つまり、学習した親たちのスキルや知識の活用は、地域の貴重な人的資源として、地域の活性化に貢献することになる。

以上のことから、プレイセンターで学習・運営し、日々成長していく親たちが、市場経済システムの広がりによって分断した地域における人々のつながりを、再びつなぎなおす役割を担っている可能性は高いといえよう。

第4節　分析の枠組みと作業仮説

本書の分析には、ソーシャルキャピタル論という包括的な定義を採用した。具体的には、事例研究から得られる「子育て期における親の教育参加」の有効性をソーシャルキャピタル論の観点から論じていく。その上で、地域と個人の紐帯形成とそれによる互酬性の高まりが期待できるという作業仮説を実証する。

ニュージーランドにおける先行研究では、プレイセンターに親や保護者である大人が参加することによって、①社会的、経済的な効果と学習資源の質の向上と量の蓄積、②協働的で民主的な親による運営がもたらす社会的紐帯の形成、③幼児・保育部門における親先導型教育への貢献があると示されている（Powell et al.: 2005）。これらの視点を踏まえ、プレイセンターへの参加効果を把握するために、本調査では、地域コミュニティにおけるソーシャルキャピタルの蓄積に関わる、親たちの活動実態について概念化していく。そこで、Powell率いるマッセイ大学研究班の分析手法を援用しながら、以下に示す、①個人的変化、②教育者としての人材育成、③ネットワークの構築の3つの側面から作業仮説を検証することによりプレイセンターへの親参加の効果と意義について解釈していく。

①個人的変化

　プレイセンターへの参加や学習経験が個人の意識や生活態度に対する効果的な影響を及ぼすだけでなく、参加者自身の潜在能力がエンパワーメントされていく。

②教育者としての人材育成

　プレイセンターにおける組織運営の機会や他者への助言者となるインフォーマルな学習経験は、参加者の向上意識を高め、学習会への参加意欲を促進する。さらに、形式的に実施されている学習会や学習によって付与される認定資格が参加者の家庭生活やその後の職務に肯定的な影響を与えていく。

③ネットワークの構築

　プレイセンターという組織に関わることによって、参加する大人たち、または家族にとっての社会的なネットワークが形成される。また、構築されたネットワークを個人が利用することによって、それぞれの生活や人間関係に有益な社会的資源が還元される。そのことは、地域コミュニティにとっての資源にもなっている。

　つまり、本章の研究では、プレイセンターへの親たちの参加経験が、地域コミュニティにおけるソーシャルキャピタルの蓄積に寄与する性質をもつという仮説をもとに分析を試みている。具体的な調査内容としては、参加者へのインタビュー調査やアンケート調査および参与観察を実施している。これらの調査通じて、プレイセンター活動に潜在するソーシャルキャピタルの要素を彼らの意識のなかから掘り起こす作業に取り組んでいく。

第5節　調査の概要

（1）調査の目的

　本調査は、2004年10月から2009年3月にかけて、調査対象となった複数のプレイセンターを訪問し参与観察およびインタビュー調査、アンケート調査を実施したものである。プレイセンターが幼児教育の現場であるという性質上、子どもの教育を受ける権利を尊重し、プレイセンター内でのインタビュー調査は極力避け、個人の自宅や職場、レストランなどで行った。また、スケジュールの関係で、対面によるインタビューが実施できなかった対象者については、電話やメールを介して調査を行っている。

　本調査の目的は、プレイセンターへの参加を通じた親たちのソーシャルキャピタル性を検証することである。調査対象者は、ニュージーランドのプレイセンターに通う親たちとした。さらにPowellらの先行研究に倣い、その地域性に配慮しながら論理を展開している。そのため、本調査においても、オークランドやウエリントンのような大都市とともに、ギズボーン[27]などの地方都市においても調査を敢行している。

　なお、都市と郊外について定義については以下のようにする。ニュージーランドの法律によると、人口3万人以上の町を都市（City）と定義している（『*Statistics New Zealand*』：2006b）。この定義に従うとすれば、ニュージーランドには、合計16の都市が存在することになる。しかしながら、ニュージーランドの人々は、オークランド、ウエリントン、クライストチャーチ、またはダニーデンのような主要中心地ではない都市を首都郊外や田舎の地域として「プロビンシャル」と呼んでいる（Rechards, 2005）。つまりは、郊外の地域を示している。したがって、本章では、主要都市をオークランド、ウエリントン、クライストチャーチ、ダニーデンの4都市とし、その他の都市を地方都市と呼ぶことにする。

　前節でも詳しく述べたように、ニュージーランド社会では、家庭による子育てが、1970年代までの主流な子育て法となっていた。戦前の幼児教育は、外

部化されておらず、無償幼稚園は存在していたものの、それらは、生活困窮者の子どもが通う福祉施設であった。裕福な階層は、子守りを雇っていたため、家庭外での教育実践はほとんど存在していなかった。しかし、1940年代初頭になると、第二次世界大戦への戦力として父親が家庭不在となり、育児負担は母親の手に集中していった。さらに、国内の労働者不足を補うために女性の労働力が必要とされるようになった。その結果、中層階級では家事・子守りを行う使用人を雇うことが困難となり、母親が家庭で子育てを担うようになった。つまり、家庭による子育ての担い手が被雇用者から、母親専従へと移行していったのである。こうした時代背景のなかで、プレイセンターは、発足し繁栄していったのだが、そうであるとするならば、現代の母親たちのプレイセンターに対するニーズについても検証していく必要がある。

　以上のように、プレイセンター運動は、戦時中に始まり、1970年代にはその全盛期を迎えている。さらに、1980年代になると行政改革、1990年代の幼児教育の再編など今世紀に至るまでプレイセンターをめぐる社会状況は激変している。そこで、本調査では、親たちが「どのような社会的背景の中でプレイセンターを選択し子育ての社会化を果たしてきたのか」、また、「プレイセンターでの諸活動を通じて個人や地域に対する意識に変化が現れたのか」「プレイセンター参加後の生活やキャリアにプレイセンターの経験が活かされたのか」に焦点をしぼり、調査を実施している。以下では、主要都市、地方都市それぞれのプレイセンターにおける活動実践が、親を含む地域コミュニティにとってどのような役割をもたらすのかを探っていきたい。つまり、プレイセンターに参加する親たちへの調査をもとに、その地域性と参加家庭のニーズに配慮しながら、プレイセンターの持つ社会的意義を考察していくということである。

（2）研究対象と調査方法

　本章の調査では、ニュージーランドのプレイセンターにかつて参加した経験を持つ者と現役の参加者を対象に19名にインタビュー調査を実施した。しかし、日本の参加者や先行研究との比較研究を目的としているため、現役の参加

者11名だけを対象とし、分析を進めることとした。インタビューの協力者は、いくつかの地域統括協会の紹介を通じて訪問したプレイセンターの中から、インタビューの協力者を募り2004年10月から2009年3月の期間に実施した。調査に応じてくれた19名の内、ほとんどが対面であり18名、電話によるインタビューが1名となっている。対象者への調査は、対象者の自宅、職場、プレイセンター、調査者の滞在ホテル内で実施しており、録音したものはすべてテープ起こしをし、本人の承諾を得てデータ化した。

また、夫婦ともに日本人である2組は、日本の教育を前提とする回答傾向がみられたため対象外とし、夫婦どちらかがニュージーランド人でありニュージーランド永住権を持つ者の分析を行うこととした。

おおまかな質問項目は、①プレイセンターへの参加理由、②学習会に対する考え、③プレイセンター参加後の変化、④当番制度について、⑤仕事やキャリアについて、⑥コミュニティに対する意識などを中心に設定した。1人に対する調査時間は、30分～2時間であり、すべて半構造化インタビューの方法をとった。さらに、補足として地方都市のプレイセンターに対する小規模なアンケート調査を実施することにした。

第6節　事例研究

（1）プレイセンター活動の歴史的背景

　1960年代〜1970年代のプレイセンター参加者たちは、1940年代にプレイセンターを発足させた人たちから世代交代をうけた第2期の世代にあたる。第1期が、「戦争時における子育ての相互支援と母親に対する自由時間の付与」を目指し、プレイセンターの下地を作った世代であるならば、この第2期は、戦後の安定期にプレイセンターを広く国内に普及させた世代である。ニュージーランドは、第二次世界大戦に参戦したとはいえ国土が戦場になったわけではなかったため、国内の産業が衰退することはなく、食料や羊毛といった主要生産品を主にイギリスへ輸出することで戦時中の好景気を保っていた。そのた

め、ニュージーランドでは、戦時中や戦後の混乱期はあったものの、日本のように国家の戦力養成を目的とする軍国主義的な教育観は広まらなかった。むしろ、オークランドやクライストチャーチなどの都市では、保育所を求めるための運動が起きていたのだ。それでも当時のニュージーランドにおいては、子育てを母親の仕事と捉える考え方が支配的であったため、保育所が社会的な市民権を得るには至らなかった。保育所といっても買い物客のための一時保育や戦時保育所が若干開設されたにすぎなかった（松川：2000、56）。

　戦後、1950年代や60年代になると、ようやく経済的な躍進を背景にして社会政策、社会福祉がともに整備され、労働者・国民の生活が全面的に向上・安定化し高度福祉国家へと成長を遂げていった（小松：1996、135）。こうした過程を経て、母親による家庭責任の遂行が一般化し、それとともに現在でも重要視される「親は子どもの最初の教育者」という理念がニュージーランドの人々の間に広がっていった。ここに、既婚女性が社会保障の担い手として期待されていった所以がある。1972年にプレイセンターの終身会員となった、プレイセンター成人教育の立案者であるAlexander（以下、通称名であるLex Greyとする）は、終戦を迎え人々の新しい教育に対する高い理想とエネルギーがプレイセンターを作り上げ、その運動者たちこそ第二次世界大戦が残してくれた「時代の寵児：the progeny of the zeitgeist」であると表現している（Stover: 2003、5）。

　ニュージーランドにおいて60年代、70年代に子育てをしていた世代は、戦争時や戦後すぐの混乱期に誕生している。そして、この世代が親となった時期に戦後最大のベビーブームを迎え、1961年には出生率が4.3にまで上昇している（Statistic New Zealand: 2006a）。もちろんニュージーランドにおいても日本と同様に戦後直後の出産ラッシュはあったが、出生率が頂点に達したのは、1960年代初頭のことであった[28]。プレイセンター活動は、こうしたベビーブームの到来とともに拡大してゆき、1970年代に全盛期を迎えることとなった[29]。さらに、プレイセンターの繁栄とあわせて、母親の働く権利を主張する動きも活発化していき、保育所に子どもを預けて働くということが社会的にも認知されるようになっていった。それでも、このコーホートは、戦時中

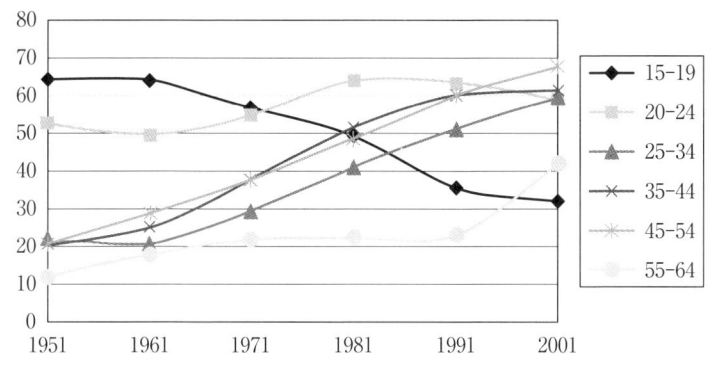

図2-6-1　女性の年齢階級別労働力率の推移（1951-2001・ニュージーランド）
出所：Census documents 1951-2001『Women's participation in the labour force』p8.

やその後の不景気の中で母親が献身的に家族のために働く姿を見て育ってきたため、保育所に子どもを預けてまで働くことを選択しなかった。つまり、当時の母親は、わが子を託児することに抵抗感を示していた。その結果、就労する母親の数はそれほど伸びなかった（図2-6-1を参照のこと）。

1974年にNew Zealand Federation of University Womenが実施した「家庭にいるニュージーランド女性の調査」では、対象者961名のうち、就学前の子どもがいる291名が「子どもを託児するとしたら誰にしてもらいたいか」という質問に回答をしている。その結果、自分だけでしたい48名、夫58名、親53名、親戚51名と答えており、身内によって子育てを完結したいとする意見が多くみられた。他方、有償のベビーシッターは14名、保育所9名と外部の託児を希望する母親は少数派であった（New Zealand Federation of University Women: 1976、32-33）。このデータは、子育ての役割が母親にとって最高の仕事とする当時の傾向を表しており、母親が家庭外の経験をすることは稀であったとする戦後のニュージーランドにおける子育て観（May: 1992、14）と合致する結果となっている。そのため、この頃の母親たちは、家庭による子育ての補完場所として幼稚園やプレイセンターへ参加していたのである（May: 1992、330-331）。こうした当時の子育て観に多大なる影響を与えたのが、イギリスの医師・精神分析家のJohn Bowlby（以下、Bowlbyと

略す）である。彼によるアタッチメント理論は、日本では3歳児神話として知られており、今なお一部の親たちに影響を与えている[30]。

ニュージーランドにおいて、Bowlbyよるアタッチメント理論が紹介されたのは1960年代初頭のことであった。その結果、イギリスからの伝統を引き継ぐ「母親は、家庭で子育てをするべき」という当時の子育て観をさらに補強し、ニュージーランド社会に多大なる影響を及ぼした。1907年より現在に至るまで、ニュージーランド家庭から絶大な信頼と利用率を誇ってきた民間の子育て支援組織であるプランケット協会[31]と比較しても、この時期は、Bowlby支持者が多かったと言われている（May: 1992、139）。しかし、Bowlbyの理論は、1980年代になると次第にニュージーランド社会から批判的に捉えられるようになり、乳幼児の子どもとアタッチメントを構築する相手は母親だけに限定されるものではない（Rutter: 1972）と考えられるようになっていった。

ニュージーランドにおいて、子育ての責任が、「家族によるもの」としてだけではなく、「社会的に援助すべきこと」として捉えられるようになったのも、ちょうどこの頃のことであったという（May: 1992、331）（松川：2000、161）。以上のことからも、ニュージーランドの1980年代に至るまでの親たちは、母性イデオロギーに翻弄されながらも自分たちを正当化する手段としてプレイセンターを選び、子育ての社会化を推し進めていたことがわかる。

（2） 行政改革後におけるプレイセンター運動

ニュージーランドでは、1984年に政権が労働党のロンギ内閣に代わると、大胆な行政改革が始まった。1980年代後半の経済および財政危機の中で、ロンギ政権は福祉・サービス分野において大掛かりな合理化を敢行していったのである（七木田：2003、317）。しかし、そのような状況下にあっても子どもための予算がカットされることはなかった。むしろ、後退していた保育分野の質の向上をさせようと、予算の増額がなされていった（松川：1998a、75）。

1980年代に始まった経済再構築は、女性労働者、特にパート雇用を増大させた（古郡：2003）。こうした傾向により、多くの母親が労働市場に参入し、保育所が急速に増えていった。しかし、働く母親が増大したことにより、プ

レイセンターの参加家庭は減少傾向となっていった。そのため、1970年代に最盛期を迎えたプレイセンター運動は、ここへきて初めて陰りを見せるようになった。

さらに、1970年代に夫婦間で資産を半分にする"fifty-fifty spirit"が法律で規定されると、1980年代には、家事・育児を行う夫として"Kiwi Husband"が広まったが、実際には女性の家事・育児の負担感は大きいままであった（古郡：2003）。そのため、当番が課せられる、プレイセンターは、仕事と家庭を両立する母親にとって、現実的な保育の選択肢とはならなかった。また、子育ての役割が母親に集中せず、家族や親族のなかで分担して行う先住民のマオリ人たちにとっては、母親が集まり協働で子育てをするプレイセンターの運営法式は違和感の伴うものであった。そのことに加え、国家によるマオリ文化復興運動が進展すると、なおのこと西欧的な価値観に基づくプレイセンター運動は、マオリ社会のなかでは衰退していった（松川：1998b、51）[32]。

以上のように親たちニーズや社会が変容してきたため、プレイセンター連盟も時代の要請に応えるよう新たな取組みを開始していった。そのひとつとしては、フルタイムで働く親たちであってもプレイセンターに登録できるような措置がなされた。つまり、親以外の者でも祖父母や保育の代行者が同伴すれば、プレイセンターの参加が許可されるように規則変更がなされた。このようなプレイセンター側の努力もあり、プレイセンターの参加者は、急激に減少することなく、横ばいで推移することとなった。

ニュージーランドでは、1986年に保育所[33]が社会福祉省から教育省に管轄が移ることによって幼保一元化が実現している。この一元化に伴い、すべての幼児教育機関の多様化と質の確保が進んでいった。1989年になると、保育の助成金に関する制度改革がおきたため、一定の基準を満たす幼児教育機関に対しては、一律の補助金が交付されるようになった。つまり、プレイセンターに対しても認可園としての助成が開始されたのである。そのため、プレイセンターでは、運営資金が増額となり、組織力も高まっていった。この新たな補助金制度は、疑似バウチャー制[34]と呼ばれた。それまで、幼稚園や保育所、プレイセンターなどでは、施設間における補助金の格差が大きかった。しかし、

この制度では、子ども1人を単位として、一律に補助金を支給するシステムへと改変された。その結果、いかなる幼児教育機関であっても平等に補助金が算出され配分がなされるようになった。

その後の1996年になると、すべての幼児教育機関に対する統一カリキュラム「テ・ファリキ」が作成された。このカリキュラムは、マオリ語で編み物を意味し、幼児教育や子どもの発達・成長を織りなしていくというメッセージが込められている。この「テ・ファリキ」は、幼稚園や保育所はもちろんのこと、プレイセンターにおいてもカリキュラムとして用いることが義務づけられている。また、第三者評価については、政府の独立機関であるERO（Education Review Officeの略、教育評価局と訳す）が実施するようになっている。評価結果は、報告書やホームページなどを通じて一般公開されており、プレイセンターも他の幼児教育機関と同様にしてEROの監査を受けている。保護者は、EROによる評価レポートを参照しながら子どもの通う施設を選択したり、運営状況などを確認することができる。EROの調査員は、3年に一度、各施設を巡回し、教育評価とともに改善案を提示している。また、評価の悪い施設に対しては、1年または、2年後に再監査をし、教育環境の質の維持と向上を目指している（図2-6-2）。

ニュージーランドの行政改革に対する池本（2003）の分析では、改革のプラスの効果は、①冷遇されていた保育所への補助金が増え、保育所が急増し、女性の就労促進となったこと、②行政の事務が効率化したことで、コスト削減につながったことが指摘されている。逆にマイナス面は、①女性の就労促進効果がみられた一方で、プレイセンターのような親が子どもの教育に参加する機会を奪い、そのことが地域や家庭の教育力低下につながっていること、②事務コストが削

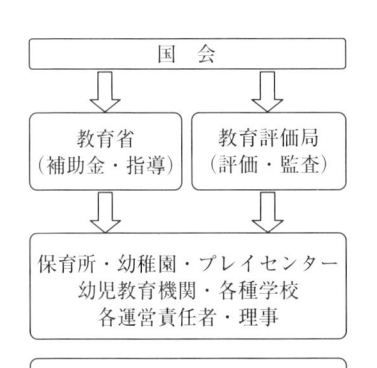

図2-6-2　ニュージーランドの幼児教育・学校教育のシステム図
出所：Education Review Office 公式ホームページ

減できたものの、就学前教育のコストが増大したことであると述べている（池本：2003、102-104）。確かに、プレイセンターにとって補助金の増額は、喜ばしいことだが、保育所の増設による母親の就労機会の増加がプレイセンターに対する参加者の低下を招く結果となっている。つまり、ニュージーランドにおける一連の行政改革は、プレイセンターにとっては、プラスとマイナスの両面で影響を受けることになった。

　さらに今世紀に入ってからは、教育戦略10年プラン「Pathways to the Future」が策定されている。このようにして、1980年以降、ニュージーランド社会では、改革に次ぐ改革が繰り返し断行されてきた。このように、改革の積み重ねがあったからこそ、ニュージーランドでは、教育の質が一定に確保され、子どもに対する均等な教育機会が提供されるようになった。その結果、教育改革についての評価も、全体としては決して低くはない[35]。

　新しい教育戦略プランでは、幼児教育のさらなる質の向上が目指されており、幼児教育従事者の完全有資格化が公約されている。つまり、この戦略プランの最終年度にあたる2012年以降になると、保育者は大学卒業レベルである国家資格[36]を保有していることがその勤務条件となる。したがって、ここ数年の内に、勤務形態の如何にかかわらず、無資格であれば、幼児教育の現場で働くことができない状況になる。こうした政策を掲げるニュージーランド政府のねらいは、従来よりも専門性の高い保育者を多く配置することで、教育の底上げを図ろうとするところにある。

　しかし、この保育者の完全有資格化については、教師先導型（Teacher-led）の施設だけに該当する政策となっている。つまり、その対象者は、政府認可の幼稚園や保育所において働く教員であり、親先導型（Parent-led）であるプレイセンターでは義務づけられていない。既述のとおり、プレイセンターでは、親に向けた学習コースを提供することで保育者としての親を育て、資格の付与を行っている。しかし、今回の政策にプレイセンターの親教育や資格に対する措置制度の言及はないということは、プレイセンターにおける資格がもはや国家レベルに及ばないことを国から宣言されたと解釈することができる。つまり、以前であれば、プレイセンターでの全課程を修了すると同時に、大学

卒業と同等の学士号が取得できたのだが、現在では他の大学なり Polytechnic（高等職業専門学校、短期大学に相当する）などの専門学校[37]へ通う際の単位認定にとどまっている。

　プレイセンター連盟の職員の話によると、プレイセンターで現在実施されているコース1からコース6までの学習課程が、今後コース7までに引き伸ばされることがあれば大学レベルの学士号に追いつくとのことであった。しかし、現時点においても、プレイセンターでコース6に達する人は、ごく少数であり、すべてのコースを修了するには、約6年近くを要するといわれている。このことからも、国が期待する保育士や幼稚園教諭に対する教育レベルの高さが理解できるであろう。プレイセンターにおける親教育の学習コースが軽視されないためにも、また学習する親たちの士気を高めるためにも、適宜、プレイセンターにおける教育プログラムの改正が必要となってくる。

　また、この幼児教育戦略プランでは、保育者の完全有資格化の他にも週20時間無料保育プログラムを目玉としており、全未就学児に対する教育の機会が平等に行われるような政策展開となっている。このようにして、近年のニュージーランドでは、国を主体とした質の高い保育サービスを提供するだけではなく、利用者である子どもたちにとっても一定の教育が享受できるような政策立案となっている。特に、2007年から本格的に実施されるようになった、週20時間無料保育プログラムは、どのような環境下にあっても、子どもたちが平等に幼児教育を受けられるという点で評価の高い事業となっている。しかし、その一方で、プレイセンターのような親先導型の施設においては、逆風となる事業であることもまた事実である。こうした施設区分による住み分けは、新たな教育格差を助長することにつながり、親たちの価値観を専門家志向へと誘導する危険性を有している。

　世界的な不況の様相が強まるなかで、女性の経済的自立への機運は高まる一方である。そのため、ボランティアの側面が強いプレイセンター運動は時代には逆行した動きであるとの指摘もある。しかし、行政改革以後も続く、ニュージーランド女性と国家をめぐる福祉の共依存関係は、単に女性を労働市場に押し込んで済むような問題では解決しない（Bruin: 1993、173）。やはり、仕事

の有無に依らない子育て支援を実施していくとともに、プレイセンターのような親教育プログラムを提供していくことが、親の可能性や潜在能力の発揮へと結びついていくのであろう。このことは、また、ひとりひとりのワーク・ライフ・バランスを保障することにもつながっている。

　国による教育戦略プランの目標である「Pathways to the Future」では、家庭と地域の協力関係を構築していくことが重点課題のひとつとして掲げられている。プレイセンターの活動は、まさに、親の教育力の底上げをはかりながら、就学前教育における質の向上に寄与する地域活動であり、今後も、このような視点のもと活動を推進していくことが求められる。

（3）　調査対象者の概要

　この節で扱う調査対象者の多くは、現役のメンバーで構成されているため、筆者は、2005年10月から特定のプレイセンターを何度も訪問し参与観察を行った。最終のインタビューは、2009年3月に完了している（表2-6-3）。さらに、地方都市のひとつのセンターでは、筆者が教育実習に赴いたセンターであったため、アンケート調査もあわせて実施することとした。しかしながら、ひとつのプレイセンターで実施したアンケート調査では、その母数自体が少なく、一般論を引き出すには及ばなかった。そこで、本書では、自由記述の内容についてだけを使用することとした（表2-6-4）。

　なお、主要都市のプレイセンターでは、一定数の調査対象者がインタビュー調査に応じてくれたこともあり、アンケート調査については実施しないこととした。

　既述のとおり、現代のニュージーランド社会では、働く母親の増加とともに幼児教育の重要性が強化されている。そのため政府は、教師先導型（Teacher-led）の教育施設を中心に政策を施行するようになっている。そのため、現在、プレイセンターは、厳しい局面を迎えているといえる。しかし、こうした状況におかれていても、プレイセンター活動は多くの親たちに支持され継続されている。

　それでは、なぜ親たちは、親先導型（Parent-led）の幼児教育施設であるプ

表2-6-3 調査対象者プロフィール

対象者（年齢）	家族構成	学歴	回答者	参加都市	活動年度	現職
Syさん（30代）	夫・子ども2人 小学生・3歳男児	高卒	母親	地方都市	2001年〜2006年	プレイセンター有償スーパーバイザー
Paさん（30代）	夫・子ども2人 5歳女児・2歳男児	看護学校卒	母親	主要都市	2002年〜2007年	プレイセンター協会スタッフ
Jさん（30代）	妻・子ども1人 6歳男児	高卒	父親	主要都市	2003年〜2005年	大工
Saさん（35歳）	夫・子ども1人現在第2子妊娠中	高卒	母親	地方都市	2006年〜現在	専業主婦
Keさん（38歳）	妻・子ども2人 4歳女児・2歳男児	大学卒	父親	主要都市	2006年〜現在	肉屋の店員
Ammさん（30代）	夫・子ども2人 2歳・1歳女児	大学卒	母親	主要都市	2007年〜現在	小学校教諭
Lさん（30代）	夫・子ども3人 小2・4歳女児 0歳男児	短大卒	母親	主要都市	2003年〜現在	専業主婦
Iさん（38歳）	夫・子ども2人 4歳女児・2歳男児	大学院卒	母親	主要都市	2006年〜現在	国家公務員・移民局勤務
Kyさん（30代）	夫・子ども2人 小学生女児・3歳女児	大学卒	母親	地方都市	2002年〜2006年	専業主婦
Fさん（45歳）	夫・子ども3人 16歳・14歳・10歳女児	大学卒	母親	主要都市	1996年〜2004年	全国プレイセンター連盟スタッフ
Gさん（34歳）	夫・子ども2人 3歳・0歳男児	大学卒	母親	主要都市	2006年〜2007年	専業主婦
Moさん（40代）	夫・子ども3人 小学生・4歳男児	大学卒	母親	主要都市	2007年〜現在	国家公務員

レイセンターを選択するのであろうか。本調査では、その理由を「家族が一緒に成長する」というプレイセンターの理念に親たちが共感し、「短い乳幼児期をわが子とともに過ごし、楽しみたい」ことにあると作業仮説を立てた。さらに、プレイセンターの経験は、失いつつある地域とのつながりを再構築することへの助力となり「成員同士の深い絆や信頼感が醸成できる」からではないであろうか。こうした、作業仮説を検証していくことで、多様な保育の選択肢を

表2-6-4 地方都市のアンケート調査対象者プロフィール（Wプレイセンター現役）

対象者 （年齢）	家族構成 （　）内は年齢	学歴	回答者	主な稼ぎ手の仕事	家事・育児分担 （父親：母親） 0～10で評価
つくしさん （33歳）	夫（37）・女児（8）・ 男児（6）・女児（1）	夫：大学卒 妻：大学卒	母親	自営業	家事（3：7） 育児（3：7）
すずらんさん （29歳）	夫（30）・女児（6） 男児（2）・（0）	夫：大学卒 妻：大学生	母親	会社員	家事（1：1） 育児（3：7）
ひまわりさん （30歳）	夫（30）・ 男児（4）・（3）	夫：大学卒 妻：大学卒	母親	薬剤師	家事（1：5） 育児（2：4）
たんぽぽさん （34歳）	夫（37）・ 男児（2）・（0）	夫：高卒 妻：高卒	母親	保険業	家事（9：1） 育児（9：1）
さくらさん （30代）	夫・ 男児（6）・（3）	無回答	母親	自動車整備工	家事（3：7） 育児（1：9）
うめさん （40代）	夫・男児（9）・ 女児（8）・男児（6）・ 女児（2）	無回答	母親	レストラン シェフ	家事（0：10） 育児（0：10）
きくさん （33歳）	夫（43）・ 女児（2）・（0）	夫：大学卒 妻：大学卒	母親	教師	家事（3：7） 育児（2：8）
つばきさん （38歳）	妻（40）・ 男児（6）・（4）	夫：大学卒 妻：無回答	父親	医師	家事（5：5） 育児（5：5）
すみれさん （34歳）	夫（38）・ 男児（2）	夫：大学卒 妻：大学卒	母親	GP （一般開業医）	家事（1：6） 育児（1：6）
ゆりさん （32歳）	夫（33）・ 子ども（5）・（2）	夫：高卒 妻：高卒	母親	会社員	家事（3：7） 育児（2：8）
ばらさん （23歳）	夫（28）・ 子ども（1）・ 第2子妊娠中	夫：不明 妻：高卒	母親	夫：学生 妻：専業主婦	家事（3：7） 育児（4：6）

もつ現代のニュージーランドの親たちにとって「プレイセンター」がいかなる意味をもつのか解明することができるであろう。

（4）主要都市のプレイセンター
1）主要都市を代表するあるプレイセンターの現状
　このプレイセンター（以下、ロッシー・プレイセンターと仮称する）は、オークランドの中心部から車で10分の高級住宅街にあるプレイセンターであ

る。2006年7月、参加するPaさん（30代・2児の母）によるとプレイセンターの概要は、次の通りであった。

　オークランドエリアには、2006年現在、38カ所のプレイセンターがあり、近隣のノースショアエリアで13カ所のプレイセンターがある。つまり、オークランドの都市部をカバーするプレイセンターが51カ所開設されているということになる。開催日は、センターによって異なるが、ロッシー・プレイセンターでは、週5日、午前中に2時間半のセッションを実施している。参加者は、そのなかから最低2日間を選択し、参加している。多くのプレイセンターでは、子どもが2歳半に至らない場合は、親同伴での参加が義務づけられている。しかし、ロッシー・プレイセンターでは、3歳かつオムツが取れるまでは親同伴を原則としている。3歳を過ぎると、当番日（Duty）となる週2日以外は、預けあい制度（Drop Off）に参加することが可能となっている。

　ロッシー・プレイセンターでは、都会のプレイセンターの特徴である親による完全な当番制、つまり、グループ・スーパービジョン体制を採用している。そこでは、0歳から5歳までの異年齢混合保育がなされているため、きょうだいが揃って通うことのできる幼児教育機関となっている。プレイセンターの最低基準では、大人：子どもを1：5としているが、ロッシー・プレイセンターでは、それよりも大人の比率が多い、1：3ととなっている。そのため、子ども一人ひとりに目が行き届くとされている。比較的、近隣の家庭が集まって参加しているので、近所に友達ができ、地元の小学校へ入ってからも安心との声が高いとのことである。

　保育内容は、親たちがプレイセンター会議を開いて決めているが、基本的には、小麦粘土、砂遊び、水遊び、絵の具、積み木など最低16種類の遊び場を提供し、子どもが自由に活動に取り組めるよう設定されている。このプレイセンターでは、週単位で保育のテーマを決めて、時折、遠足なども盛り込みながら、各テーマに沿った遊びを提供している。それらの遊びに対して、Paさんは、「ダイナミック」の一言に尽きると語る。例えば、大きな砂山の真ん中に穴をあけ、新聞紙、枯草を燃やして遊ぶ「ボルケーノ（火山噴火）」、その火で小枝に刺したマシュマロを炙ぶる「ベイクドマシュマロ」、片栗粉で作る「ス

ライム」。その他にも、大きな氷の塊をハンマーでガンガンたたき割る科学的な遊びのコーナーや本物のトンカチやのこぎり、釘が置かれている大工遊びコーナーが用意されている。

　YKさんは、こうしたプレイセンターでの自由遊びについて、「大きな紙に手足でペインティングをしたり、泥遊びに、水遊び、プレイセンターでは、家ではできない汚い遊びも解禁です」と言及する。このように、プレイセンターにいる大人たちは、保育士の役割を果たすだけでなく、ひとりの親として子どもたちと一緒に遊びを楽しんでいる。ある時は、子どもとともにスコーンやクッキーを作り、ある時は、ゲームをし、音楽に合わせて踊ったりと、親はただ単に子どもが遊んでいる姿を見ているのではなく、子どもの遊びを手伝いながら、子どもの目線に立ってプレイセンターの遊びを共に楽しんでいる。

　ロッシー・プレイセンター独自の取組みとしては、幼稚園への途中転園を避けるために、就学間近の4歳児用のセッションを設けている。このセッションでは、文字や数字を教えたり、科学実験をするなどの特別プログラムを用意している。国からの補助金は、人件費がかからない分、子どもたちのために使えるため、遊具や備品は豊富であり、紙やのり、絵の具などは子どもたちが使いたいだけ使えるとのことであった。

　月1回は、プレイセンターの月例会議を実施している。会議は主に夜間に開催され、会議内容は、運営・会計などの他、子どもたち発達状況を話し合っている。ここでは上記の他、日常生活のなかで抱える悩み事を、他の親たちと共有し、互いにアドバイスを出し合っている。さらには、妊娠中、産後のメンバーがいれば、親同士の相互支援も行っているとのことであった。

2）プレイセンター参加への意味づけ

　Paさんは、第1子誕生後、育児サークルで活動をしてきた。育児サークルでは、乳幼児が多く、活動にも限界があったため、より広い常設のプレイセンターを選んだという。

> 最初は、上の子が2か月の時からプレイグループ（育児サークル）に入っていて、子どもが6か月になるとマネージメントもするようになっていきました。でも、子どもがどんどん成長してきて1歳半になると何か物足りなさをプレイグループに感じ

ようになって。それで、近くのクレッシュ（保育所）や高校の教諭をしている夫が友人からプレイセンターのことを聞いてきたので、プレイセンターの見学に行ったりしました。それで、プレイセンターならプレイグループの延長で（組織の）マネージメントができるし、親の学習とかもあるので自分のスキルアップにもなるなって自然と入っていけました。それで、現在に至っています。 (Paさん)

Paさんのようにプレイセンターの現役世代では、「社会に出るため」という意識をもって参加している親たちはほとんどいない。むしろ、子どもとともに、自由にレジャーやボランティアなどの社会活動をしている親たちが多く存在していた。Paさんの場合は、育児サークルで学んだ組織運営のスキルをプレイセンターで活かしたいとその抱負を述べている。Lさんも育児サークルの物足りなさから、プレイセンターに参加するようになっている。

プレイグループ、こっちでいう、ひまわり（日系人育児サークル）みたいなのには入ってたんですけど、それだけだと週に1回だし。自分が仕事してる間、1日預かってくれるプリスクール（保育所）に週に1回預けてたんですね。それだと、まだちょっとあんまり少ないから、何か他にないかなというので探してたら、プレイセンターというのがあるよって言われて。 (Lさん)

一方、Jさんは、Paさんと同じセンターに通う父親であり、妻である母親が仕事をしている。Jさんは、主夫として息子とプレイセンターに通っていた。Jさんは、主要都市の調査でインタビューに応じてくれたBさん（40年前の参加者であり、ここでは研究の主旨に合わないことから対象外とした）の息子でもある。Jさんは、自分がプレイセンターに通っていて楽しかったから、息子を連れて来たのだという。首都ウエリントンで暮らすGさん、Iさんについても同じ理由でプレイセンターに通っていた。

僕がプレイセンターに通うことに決めたのは、やっぱり僕自身が、子どもの頃プレイセンターに通っていて楽しかったから。小学校に上がるとき、お母さんとか他のお母さんともう遊べなくなるんだってことがわかって本当に悲しかったよな。プレイセンターに通っていたときは、いつも楽しかったし、（プレイセンターは）僕にとっての素晴らしい思い出だな。 (Jさん)

小さかった頃に私がプレイセンターに行っていたから。それに、うちの母親、プレイセンターのことすごく支持しているから。本当、うちの母は、プレイセンターのファンだよ。彼女、「プレイセンターは素晴らしい」って言うし、だから私も行きたくなっちゃって。　　　　　　　　　　　　　　　　　　　　　　（Gさん）

　（私は）ホークスベイ、ホークスベイの牧場で育った。で、4人兄弟で、私2人目。子どものころは一応、プレイセンターには通っていた。でも、どこまで制度的に、ちょっと…そんなにすごいものって感じじゃなかった。それに、毎日行っていた覚えもない。けど、行っていたことは覚えている。（中略）一番近所で歩けるような場所に（私も）行きたかった。だから、自分の住んでいるコミュニティで近所に住んでいる人と仲良くできて、歩いて行けるプレイセンターにした。（プレイセンターだと）歩けるから。で、（子どもと）一緒に行けるから。で、ニュージーランドらしいから。で、自分も幼稚園に行っていないから行くことにした。他は、よくわからないしね。それに、プレイセンターのほうが、家庭的だし。　　　　　　　　　　　（Ｉさん）

　Ｊさん、Ｇさん、Ｉさんのように、3世代がプレイセンターに通うケースは少なくない。ＪさんやＧさんは、自分が育てられた環境で子どもを育てたいと感じている。さらに、Ｉさんの場合は、自分自身がプレイセンター育ちであったことから、プレイセンターへの入会は自然な行為であり、迷いもなく参加を決めたようだ。Ｊさんは現在、父親という立場でプレイセンターに参加している。しかし、幼い頃通っていたとはいえ、ほぼ母親で占められている集団の中で、活動することに対して、Ｊさんはまったく抵抗がなかったのであろうか。日本では、父親がプレイセンターの活動に参加する際、母親ばかりだと躊躇してしまうという父親の意見が多かった。このことをＪさんにも聞いてみた。

　僕は、そう（母親ばかりだと入りづらいと）思わなかったね。むしろ幼稚園の方が近寄りがたかった。だって、幼稚園にも行ってみたけど、ほとんどの人が無視だからね。なんでこの人がここにいるの？といった感じだった。でもプレイセンターでは、みんなが笑いかけてくれた。それぞれ忙しそうにしていたけど、「ハーイ！」って声をかけてくれたり、センター内を説明してくれたり、息子にも話しかけてくれた。（プレイセンターの）居心地もよかったし、「あ～ここが、僕たちの求めていた場所だ」って確信したんだ。そんなわけで、プレイセンターへくることは僕にとって、ちっとも難しいことではなかったんだよ。プレイセンターの子どもたちもたくさん大人がいる環境に慣れているから、僕にもフレンドリーに接してくれたもの。プレイセンターの

子どもたちは、社会性、つまりコミュニケーション・スキルや人と交渉するスキルに長けていると思うよ。　　　　　　　　　　　　　　　　　　　　　　　　（Jさん）

　Jさんは、むしろ幼稚園の方が閉鎖的であったと指摘する。プレイセンターでは、親同士の運営ということもあって、協働することへのスキルが必要とされている。つまり、プレイセンターの大人たちには、お互いの人間関係を円滑にしながら組織をまわしていくという任務がある。そのため、そこに介在する専門家の存在はない。また、子どもたちもプレイセンター内で常に複数の大人たちと生活しているため、Jさんが述べるように社会性やコミュニケーション能力が高いと言われている。こうしたプレイセンター内の人的資源は、JさんやJさんの息子にとって参加しやすい環境を提供していたようである。一方、Keさんも奥さんであるIさんが仕事の時に、子どもたちをプレイセンターに連れて行っている。しかし、Keさんがプレイセンターに参加する理由は、奥さんがプレイセンターの当番をやっているからであり、彼は、送り迎えだけを担当する約束でプレイセンターに参加している。

　　I（妻）が木曜日に当番をやっているので、あとの曜日は、Drop Off（預けあい）に参加すればいいので、僕は送り迎えすればいいので。下の子は、まだ2歳になったばかりなので（このセンターでは、2歳半までは、週1回の参加としている）木曜日にしか参加できないから。家で下の子と遊んでいます。（中略）僕は、できれば早く子どもたちに学校に行ってもらいたいって思っているのでプレイセンターの当番をやらなくてはならなくなったらKindy（Kindergarten、幼稚園の略）に行ってもらうかな。　　　　　　　　　　　　　　　　　　　　　　　　　　　　　　　　　（Keさん）

　MoさんやAmmさんの場合は、Jさん、GさんやIさんとは異なり、プレイセンターで幼児教育を受けてこなかった。しかし、家族が子どもと一緒にいるというその方針に惹かれて参加するようになった。今現在は、2人ともフルタイムの仕事を持っており、Ammさんは小学校の教諭をしている。

　　小学校の教師をするくらいですから、子どもの教育には力を注ぎたいなって思って。本音を言えば、小学校の仕事を辞めて、家でこの子達の子育てをしたいくらいなのよ。でもそれも、事情があってできないから。だって娘たちの目覚ましく発達する

この時期をこの目で見たいじゃない。見逃したくないじゃない。幼稚園に行かせたら見えにくいのよ、子どもの姿が。それにプレイセンターの理念にも共感していますからね。うちの家族は、プレイセンターに決めているの。　　　　　　　　（Amm さん）

　まず、私は、ニュージーランドで利用できる幼児教育はなにかを調べてみました。その頃は、子どもがちょうど歩けるようになる頃のことです。保育所も考えましたよ。だけど、保育所に行かせるとなると私の給料全部が子どもの保育料になってしまうことがわかってバカらしくてやめました。ちょうど2番目の子どもを身ごもっていたときだったし、保育料も高額だったから、保育所に入れる金銭的な余裕もなかったので、私が家にいて子どもたちの面倒を見るほうがよいと夫婦で話し合って決めました。（中略）保育所に入れるとなると、子どもたちはそれぞれ異なったグループに入れられることになるでしょ。私は、息子たちが別々に保育されるのが嫌だったのです。私たちは、同じ家族として一緒に育てたかった。子どもたちが引き離されるのは避けたいねって。子どもたちというのは一緒に大きくなるべきだと思っていたから、プレイセンターは、私たちの考えにはぴったり当てはまりました。というのは、プレイセンターは、1歳から5歳までのすべての年齢の子どもたちがみんな一緒に過ごしましたからね。私は本当にプレイセンターのやり方というか、考え方が好きなんですよ。プレイセンターは、私の子ども時代に受けた保育とは全く異なるタイプのものですね。私が特に、プレイセンターで気に入っていたのは子どもたちに自由に選ぶという選択肢を与えていたというところです。こうした機会は、子どもたちを創造性のある人間に育てますから。それに、子どもたち自身も本当に楽しそうに過ごしていましたよ。　　　　　　　　　　　　　　　　　　　　　　　　　　（Mo さん）

　ニュージーランドは、保育所の保育料が他の幼稚園やプレイセンターと比べ、比較にならないほど高い。そのため、フルタイムで働かなくても保育所利用は可能だが、その高額な保育料から、実際に利用する家庭は、やはり共働き世帯が中心となっている。Mo さんは、経済的な理由と子どもの教育を自分で見たいという理由からプレイセンターを選択している。今は、フルタイム勤務をしている Mo さんだが、プレイセンターの理念が気に入り、週1回だけプレイセンターの活動や運営に関わっている。また、都合がつかない時は、祖母やベビーシッターを雇いながらプレイセンターに通い続けている。Mo さんは、所属するプレイセンターの副代表も務めており、プレイセンターを継続する現役の親たちについて以下のように語っている。また、この語りは Amm さん

の意見にも共通している。

> まず、プレイセンターでいろんな活動を続けようとする人々は、そういう人たちは、いつも子どもたちと一緒にいたいと思っているからです。そういう人たちは子どもたちをプレイセンターに入れ、学校に入れるまでの5年間を楽しみたいのです。そういう親たちは、自分の子どもたちと一緒にいることを楽しめるのはたった5年しかないって思っているものです。だからこういう人たちは、じっくりこの5年間を楽しみたいのです。しかも、自分の子どもたちと一緒にいることに価値を置いていますから。この人たちは自分の子どもたちの傍で遊びたいのです。そして子どもたちの傍で学びたいのです。こうしたことを通じて、親子の絆が作られるのだと信じています。しかし、幼児教育機関の中では、よくあることですが、親を子どもの教育に関与させないところもあります。こうした施設では、子どもが自由に遊びながら子ども自身の力で発達していくというプレイセンターのような考え方を否定するのです。だから、子どもと関わりたいプレイセンターの親たちは、自分たちが大変でも子どもと一緒に成長する時間を大切にしたい思いを持っています。　　　　　　　　　（Moさん）

　Moさんのように、子どもの幼児期を一緒に楽しみたいという考えを持つ参加者は、現役のメンバーでは、特に多い。以下に示すように、主要都市の参加者のプレイセンター活動に関与する理由として、①親が幼少期にプレイセンターで子育てをしていたこと、②子どもの教育に親として関与ができ、子どもと一緒に過ごせること、③親子の活動範囲が広げられる場所であることが挙げられる。

3）親に対する教育効果

　Paさんのプレイセンターは、多くの主要都市のセンターでみられるグループ・スーパービジョン（グループ当番制）という体制で組織運営がなされている。

> うちのセンターは、当番がきっちりしていて、私は月曜日の担当とリーダーをしています。担当チームのリーダーは、学期が始まる前に皆を集めて会議を開き、その中で今学期どういう風に毎週のセッションを進めていくか、毎回を基準にするとそれぞれの回でどんな問題点があったかとか、参加する子どもの年齢層によってどんな内容をセッションに盛り込んでいくかを話し合います。（中略）基本的には、そのエリアの担当になった人がそのエリアの遊びをいろいろとクリエイトして子どもと向き合っ

て面倒を見ていきます。エリアの責任者になると、そのエリアの片づけがきちんとなされているかまで確認します。その日のセッションのコーディネーター役になった人は、電話を主に取ったり、その日のセッションに関する書類をまとめたり、見学者の対応をしたり、新しい人に教えたりと全体的な動きを把握していかなければなりません。その上で、その都度、必要なところに必要な人員を動かしたりする。例えば、絵の具コーナーに子どもが誰もいなくて、工作コーナーに何人かいたら、近くにいる他のエリア担当に絵の具コーナーを見ていてもらって自分は、工作コーナーに手伝いに行くとか…そんな感じ。それと、その日の預け合いで子どもだけ参加する場合があるので、当番チームのメンバーが手分けしてその子たちの面倒も見ます。基本的には当番は週1回。預け合いの子どもの中には親が迎えに来ずに当番の人と一緒に帰る子どももいます。 (Paさん)

このセンターでは、当番表で各曜日の担当が決まっており、有償のスーパーバイザーは雇っていなかった。マッセイ大学の研究チームによると、全プレイセンターの内31%が、親たちだけの運営であり、有償スタッフのサポートを受けずに親たちの徹底した当番体制で運営がなされていた（Powell et al.: 2005）。特に、完全な親による運営体制が確立しているのは、北島であり、中でも都会のセンターであることは、先行研究でしばしば指摘される。このことはまた、Lさんの語りからも明らかである。

　（南島のクライストチャーチで参加していたプレイセンターでは）ちゃんと雇われたスーパーバイザーがいるんですね。で、あんまりウエリントンのように親がすごく関わって、親が全部しなくちゃいけないっていう感じじゃなくて、結局お給料を払っているスーパーバイザーだから、その人が大体全部企画っていうか、こういうことをしよう、ああいうことをしようとかってしてくれる。一応、私たちもセットアップは手伝うけれどね。 (Lさん)

特に北島の大都市である、オークランドやウエリントンでは、厳しい運営体制をとっている。こうした大都市の管理体制が整ったところでは、センターを維持していくために、教育係が親たちの学習レベルを高めるよう受講を催促するケースもみられている。なぜなら、政府からの補助金は、質の高い保育者の割合によって決まるからである。もしも、親たちが学習を受けずに、低いレベルでとどまることになれば、センターを維持するために、有償のスーパーバイ

ザーを雇うしかない。さもなければ、国の認可ライセンスが剥奪されてしまうので、親が継続して学習コースを受けていけるようなシステムを維持しなければならない。Pa さんのセンターでは、有償スタッフを雇っていないため、必然的に親への学習期待が高くなっている。学習の成果としては、「家庭での親子関係や夫婦関係が円滑になった」「自分に自信がついた」「リーダーシップが取れるようになった」という声がよくメンバー内で聞かれるという。Pa さん個人については、どのような教育効果が得られたのであろうか。

> 何も知識がないから「セッションをどうしたらいいの？」というのが最初の頃の私でした。だけど、ワークショップに出て「これをこうしたら、どうなる」っていうのがわかってきた。そこがプラスというか利点になった。上手くいかないこともあるけど、家でも習ったことを実践して行動に移せるようになっていった。　　　（Pa さん）

Pa さんは、参加した当初、プレイセンターに関する知識がなく戸惑ったという。しかし、学習を重ねることで、物事の原因と結果が理解できただけでなく、自分から行動がとれるように能動的に変化したという。今は、学習コースの4をやりながら、オークランド・プレイセンター協会の助成金関係の仕事も兼務している。J さんの場合は、夜の学習会に参加することで奥さんの反対を受けたものの、現在は、コース3を受けている。J さんは、学習前と比較して、学習効果がはっきり現れたと振り返っている。さらに、親が学校を終えて、再び学ぶことは、その親をエンカレッジする（力づける、自信を与える）と J さんは、プレイセンターの親教育を評価している。

> プレイセンターの親へのコースが義務教育になればいいのに。そうすれば、僕らのコミュニティはずっといいものになるのに。特に（親としてやコミュニティの一員として）基礎的なことを学ぶコース1、コース2あたりね。子どものことでいえば、このコース1や2で子どもをどう扱うかとか、どう子どもをコントロールしてあげればいいのかが学べるから。子どもが何か悪いことをする時って、たいてい、その子の取り巻く環境に原因があったりするんだよ。ただ、機嫌が悪いとか具合が悪いからそうしているってことは少なくて、そういう行動をするだけの理由があるということに（大人が）気がついてあげる必要があるんだよね。　　　（J さん）

Jさんは、子どものすべての行動には、理由があって、その理由を大人が知り、子どもたちの教育環境を整備することが大人の役割であると指摘する。Jさん自身もプレイセンターで習得した知識によって、それぞれの子どもに応じた教育的アプローチができるようになったと述べている。Gさん、Lさん、IさんもJさんと同じように、「子ども」について学べたことが、自分自身の子育て実践や他の子どもと接する際の自信につながったという。

　　そうね、子どもたちが、どのようにして遊ぶのか、遊びがなぜ子どもにとって重要なのかがわかったから。時には、大人の手をかけずに、子どもの思うように遊ばせることが重要だって知らなかったから。そのために大人である私たちが、いろいろな遊びを用意する。だけど、手は出さない。子どもたちにそれぞれが遊びたい遊びを自由に選ばせることが正しいことなの。こうしたことに気がつけたのも、自分自身に役立ったことって言えるでしょ。あとは、子どもに対する接し方。自分の子どもだけでなく、よその子にも自信を与えながら話す方法を身につけられたことは、私にとって収穫だったわ。　　　　　　　　　　　　　　　　　　　　　　　　（Gさん）

　　うーん…、（プレイセンターの親教育プログラムは）役立っていますね。何て言うのかな、子どもたちのビヘイビア・マネジメントというワークショップとかもあって、子どもたちの態度、例えば子どもの悪い行い、そういうことに対してどういうふうな対応…対応したらいいかとか、そういうのをやったりとかしていますし。やっぱり、プレイセンターでは、各親がいろいろ、当番のときに、いろいろな子どもたちを見ているから、日本の幼稚園やこっち（ニュージーランド）の幼稚園みたいに同じ先生がずっといるわけではないので、そこには教育の一貫性がないじゃないですか、プレイセンターって。（中略）日によって担当する親が違うから。だから親によって子どもたちへの対応が違うことがないように、そういう悪い態度とか、よくないことをしたときの対処の仕方をなるべく同じにしようということで学ぶ。だから、そのビヘイビア・マネジメントというコースは必ず受けてくださいと言われる。親によって態度が違ったりすると子どもがこんがらがるから。（中略）うん。あと、親…親がやっぱり違うから、毎日違うから、一貫性を持てるように学期ごとに何かテーマが決まっていて。そのテーマに関することをやろうみたいな感じで。　　　　　　　（Lさん）

　　私が思うことは…、（プレイセンターでの学習は）自分の子どもと接するための自信になることかな。あとは、プレイセンターの活動理念を理解するため。活動する理由とか、その…あの、なんでこうやって活動するのかが、学んでいくことで、何が大

事なのかってところがわかってくるから。　　　　　　　　　　　　（I さん）

　彼らの語りからもわかるように、現代の親たちは、きょうだい数も少なく、周りに子どもも少ないため、子育てへの自信が得にくくなっている。そのため、プレイセンターの親教育プログラムは、彼らにとって子育ての方法や子どもについて学ぶ機会として経験されていた。さらに、このような経験を通じて、親たちは自らを教育者として、また保育者として認めるようになっていた。Mo さんの場合は、プレイセンターの学習が、1 人の人間として自分自身の成長に大きく寄与していると語っている。

　　プレイセンターの勉強コースで 6 つのコースを修了すれば、（大学で）幼児教育を 1 年間正式に勉強したのと同等とみなされます。だけど、資格として、働くには、まだまだ不十分です。プロの保育士や幼稚園教諭には及びません。まあ、プレイセンターの勉強が、キャリアに有利に働くとは言えませんが、それでも、たくさんの発見や学びを経験できますからね。プレイセンターでの勉強では、それぞれの人たちの人間的な成長や自分では気づかない力の源や、人間としての弱さや、またあなたの心の中にある、捨ててしまいたいものを見つけるという点で必要な学びだと思うんですよ。それは自分自身をもっと見つめ直すために、つまり、自分の心をもっと開くことにつながっていて、それは本当にいいことですよ。でも、自分のキャリアアップには有利だとは感じませんね。　　　　　　　　　　　　　　　　　　　　　（Mo さん）

　このように、プレイセンター参加者は、学習を受けることによって、「子ども」を理解することに役立ったと語っている。特に、地方都市の参加者と比較して、厳格な運営基盤を持つ、北島・都会の参加者にとっては、親が学習することは不可欠だという。F さんは、プレイセンターで生涯学習が受けられることや、子どもについて学べることを高く評価している。

　　私は、プレイセンターの成人教育の面がとても気に入っているのよ。どのように幼児教育機関の運営がなされ、どのように子どもたちが発達していくかがわかるでしょ。私の場合は、子どもを理解する上で、とても役立ったわね。　　（F さん）

　親たちの中には、親になってからの学習を負担に感じる者もいたが、「子どもの接し方がわかった」や「自分に自信をつけた」「1 人の人間として、自分

自身を再考するきっかけとなった」「他の親と一貫した教育法が習得できた」などと好意的に評価する意見の方が多かった。逆に否定する意見は、「専門家集団ではないので、教育理念の統一が不十分」「家族の理解が必要」「忙しいのでなかなかコースが終わらない」という回答があった。しかし、Fさんのようにプレイセンターの親教育プログラムを「子育てに必要な学び」として楽しみながら、親同士の交流を深めているケースは多い。

> 多くの人たちが大変だ、負担が多すぎると言っている。でもね、私は親の学習会に関しては、大変だと思わないわ。親として必要なことを楽しみながら学べるんだから。実際に、学習会が好きな人たちたくさんいるし。勉強といっても、親としてどうあるべきかということを学ぶものだし、仲間づくりの場にもなっているのよ。私は、会議にいくのではなく、友情を深めにいっているのだと思っているわ。　　　（Fさん）

親のための学習は、プレイセンターの大切な理念であり、特徴でもあるので、もしも、学習参加を否定するのならばプレイセンター以外の幼児教育機関を選択するべきであるとGさんは語っている。

> もしプレイセンターで勉強したくなければ、他のところに行くべきだと私は思いますね。だって、学習コースは、プレイセンターの一部だもの。だって、人との対応の仕方、子どもたちの保育の仕方を学ばないと、プレイセンターには保育士はいないんだから。親が学んで資格を取っていくのよ。そこが実は、プレイセンターの大事な部分なんですね。だから、プレイセンターのメンバーになるには、ある種の忍耐力も必要なの。　　　（Gさん）

Gさんが述べるように、プレイセンターでは、学習を覚悟でプレイセンターに入会する親が多いため、親教育プログラムに対して好意的に受け入れている親がほとんどであった。また、負担に感じていても、その学習意義を評価するケースが多かった。

4）参加者とコミュニティにおけるネットワーク形成に関する影響

本調査では、プレイセンターに参加することによって、地縁による相互扶助を経験し人の温かみを感じたり、コミュニティの一員であるということを意識する親が多くみられた。Paさんは、ご自身の第2子を出産する際に体調を崩

した体験を振り返る。当時、長女をプレイセンターへ連れて行ってくれる親がいたり、食事を届けてくれる親がいたりとメンバーに助けられたことを忘れられない思い出として何度もインフォーマルな会話の中で繰り返している。LさんもPaさんと同じような経験をしている。

> だけど、やっぱりプレイセンターはコミュニティだから、メンバー同士が助け合ってやっているから。結局、子どもを産んだばかりでも、当番をしなくてはいけなくて、でもやっぱりそのお母さんのポイント（学習経験）とか、その資格とかは必要だし、大人1人に対して子ども何人という、そのRatio（比率）、割合とかも、必要になってくるから、やはりお母さんたちは参加しなくてはいけなくて。でもはっきり言って子どもが小さいときって、もう居るだけというか、居て、ほかの子どもたちとの行動を見ているだけって感じ。それで、だいぶ子どもの手が離れて、例えば、私のところでは、乳児の寝ている時間帯に、毎日掃除をやったり、そういうことをやっていると、ほかのメンバーの人から「これしてください、あれしてください」とか、そういう要求もないし、みんなそれぞれその辺は理解してくれているので。だから、助け合っているという感じ。ここのプレイセンターに通っていたから、私は第3子も産んじゃった。本当にこれ、サプライズだったのです。別に予定していなくて3人。（中略）そう、ここのプレイセンターの人たちというのは、何か家庭で、何か問題というか大変なことがあると、ほかのメンバーのお母さん方が食事を届けてくれたりとか、子どもさんの送り迎えを手伝ってくれたりとか、そういうのをみんな進んでやってくれるんですよ。「何か必要なことがあったら、いつでも言って」みたいな感じで、みんなすごく親切なんですよ。だから、プレイセンター、特にここのプレイセンターは、ほかのプレイセンターはどうか知らないんですけど、何かプレイセンターにいるとコミュニティ中にいる実感がわく。それに、何か家族が増えたって感じなんですよね。　　　　　　　　　　　　　　　　　　　　　　　　　　　　　　（Lさん）

Lさんは、プレイセンターでの助け合いがあったからこそ、第3子が産めたのだと振り返る。彼女は、今でもその時のことは、忘れないし、今度困った人がいたら自分から助けてあげたいという気持ちに至ったという。JさんもLさんと同様、こうした日常の助け合いを経験し、プレイセンターのメンバーを家族であると位置づけている。

> プレイセンターはそれぞれの家族が集まってできた大家族みたいなものなのだよ。だから皆、手助けが欲しいときに助け合うってこと。　　　　　　　　　（Jさん）

これらの指摘は、プレイセンターの理念である「Families growing together（家族が一緒に成長する）」を裏づける実践だといえよう。しかし、親がプレイセンターのコミュニティに所属感を持ったとしても、子どもも同じであるとは限らない。Gさんの息子は、異年齢保育で小さい子どもと上手く遊べなかったことや彼の生活リズムに合わなかったこと、他の親に馴染むことができなかった。そのため、Gさんは、プレイセンターを退会することにした。

> 息子がプレイセンターに行きたがらなくなったの。ある日、彼は行かないって言いだして。親子で行くこともあったけど、私抜きでは絶対に行きたがらなかったから家に一緒に戻ることもあった。当番の日以外は、子どもを預けて親はセンターに居なくていいんだけど、息子はそれを嫌がってね。いつも、私がプレイセンターにいなきゃならなかった。
> （Gさん）

プレイセンターでは、預け合いができるまで、つまり、子どもが他の親と一緒に活動を楽しめるようになるまで待つことも必要とされている。さらに具体的な規定をあげると、プレイセンターで預け合い制度が利用できるのは、2歳半以上でセンター経験が半年以上、親が必修の基礎コースを修了してプレイセンターの理念を理解している者に限られている。しかし、Gさんの場合は、プレイセンターの制度や運営方式そのものを否定してはいなかった。たまたまGさんの息子には合わなかったのだと自己評価している。そして、今後、チャンスがあれば下の子をプレイセンターに通わせるつもりであると、その抱負を語っていた。

一方、Moさんの小学生になる長男と次男は、プレイセンターを卒園してから数年が経つ。しかし、未だに、上の2人の子どもは、プレイセンターに愛着を持っており、機会があれば末っ子が通うプレイセンターに来たがるという。

> 今、上の子2人は小学校に行っています。プレイセンターの何が本当によいのかって言うと、例えば私の2人の息子はプレイセンターを出て、小学校に行っても、彼らが今でも思っているのは、自分たちはプレイセンターの子どもであると感じていること。そして、子どもたちはなんとかして、プレイセンターと関わりを持とうとしているのです。プレイセンターでは、毎週金曜日の夜にフィッシュ&チップス（魚のフライとポテトの軽食）ナイトというイベントをしています。その行事は、お互いの家

族が仲良くなれるようにメンバー家族の社交イベントとして開いているんですけど、そういう行事に卒園しても参加できるんですね。また特別なセッションとして、子どもたちがプレイセンターを離れ、学校が始まった頃に、プレイセンターに遊びに戻ってこれるセッションを開いたりもしました。その子たちは、プレイセンターで、いつも遊んでいた遊びやアクティビティを放課後2、3時間自由に楽しむのです。だから彼らは今でも、プレイセンターの友達を懐かしがっていますよ。もう、上の子は、7歳になる、いや、もうほとんど8歳といってもいいのですが、息子はプレイセンターを離れて3年も経つのに、今でもここプレイセンターで友達になった子どもたちのことを覚えています。プレイセンターに戻ってくるたびに、その頃の楽しかったことが蘇るようですよ。子どもにとって、そういう場所があるって素敵なことですよね。

(Moさん)

Moさんの親子はプレイセンターのことを、自分たちのコミュニティにある自分たちの場所として捉えている。さらに、Moさんは、自分たちが、コミュニティへの参加者であると同時に、その作り手でもあると指摘している。

　プレイセンターは、人々の集う素晴らしい場所だと思っています。コミュニティの人々が互いに助け合って、参加する家族や子どもたちに献身的に関わっていく。こうしたボランティア活動に参加することは、コミュニティを形作ることです。プレイセンターはこういう素晴らしい人たちによって運営される場所です。　(Moさん)

Moさんは、こうしたプレイセンターを介した地域の紐帯は、その後小学校や中学校へいってもつながる大切なネットワークになると語っている。Iさんは、プレイセンターは、作られたコミュニティだが、そこに所属しながら自分とコミュニティの子どもたちが育っていくことが楽しいと語っている。

　まあ、その辺の子たちは本当に大好き。よく知っている子どもが、どんどん、どんどん大きくなって。知っている子どもが、そういう、だから、育っていくのは楽しい。(中略) うん、ニュージーランドも核家族だけどね。だから、コミュニティといっても作られたコミュニティなの。だけど、その (プレイセンターとしての) コミュニティ大好き。(中略) プレイセンターのグッドポイント (よい所) は、自分の子どもと自分の子どもの成長に関わることができるところかな。それに、成長とか、教育とか、そういう子どもの発達に関してある程度勉強しているから理解ができる。私は、コミュニティが育っていくのも好き。それに、子どもがそういうコミュニティで育っているのも好き。

(Iさん)

Iさんは、かつてあった地域の互助による子育てが自然発生的な形ではなく、たとえ、人為的であってもコミュニティが作られ、そこで子育ての扶助システムが復活することは素晴らしいことだと評価している。しかし、その一方で、幼児期の短さゆえに発生する、組織の持続性については懸念している。

> 結構、プレイセンターにいる間って短いでしょう。子どもが産まれてから5歳までだもの。今は、家族がだんだん、ちっちゃくなっているでしょう。大体みんな2人ぐらいしかいないから。それで、プレイセンターに通う期間も短いから、それでプレイセンターというひとつのコミュニティを維持していくことが難しいところ。で、今の人たちのライフスタイルにはそんなに合ってない。働いている家族ができないし…それが一番の問題、だと思う。　　　　　　　　　　　　　　　　（Iさん）

Iさんが述べるように、以前と比べると、1つの家庭が持つ子どもの数が少なくなっている。そのため、プレイセンターで、親が子育ての活動に従事する期間も短縮化している。プレイセンターへの参加年数が長ければ長いほど、親1人につきのセンターに対する貢献度は高くなるであろう。しかし、子どもの数が少なくなれば、それだけ地域活動に携わる時間は短くなり、プレイセンターやコミュティに対する貢献は低くなる。それでも、主要都市の参加者の語りからは、近年、衰退傾向にある互酬的なコミュニティ活動がプレイセンターを通じて復活していることを評価する声が多くみられた。彼らは、プレイセンターで行われている子育てネットワークを自分たち家族にとって価値あるものだと言及している。

今後は、コミュニティ再生機能を持つプレイセンターをどうしたら永続的に維持していくことができるのか、また、現在、プレイセンターにアクセスできないでいる親子をどのようにしたらネットワークのなかに迎え入れることができるのか、地域を見据えた活動であればそのことを考えることも重要な課題となってくる。

（5）地方都市のプレイセンター
1）地方都市を代表するあるプレイセンターの現状

　世界で最初に日が昇る地として知られるギズボーン市は、北島の東に位置する人口5万に満たない小さな港の都市である。このギズボーン市は、白ワイン・シャルドネの名産地としてニュージーランド国内でも知られており、温暖で過ごしやすく、晴天の日が多い街である。また、近郊の温泉地ロトルア市と同様に、マオリ人口の割合が比較的高い地域である。このギズボーン市は、マオリ名では Tairawhiti（タイラフィティ）と呼ばれている。ギズボーン地域を統括するプレイセンター協会は、タイラフィティ・プレイセンター協会であり、傘下プレイセンターは、12カ所となっている。ここでは、筆者が1年2か月メンバーとして活動していた、カイロ・プレイセンター（仮名）を地方都市のプレイセンターを事例として、以下に記すことにする。

　カイロ・プレイセンターでは、週4回のセッションを開催している。開催時間は、9：00～12：00であり、月曜・水曜・金曜は、マオリとパケハ[38]（二文化融合）およびそれ以外の民族のためのセッションを開く。このセッションの使用言語は、主に英語である。そして、木曜日は、Te Whare Takaro Playcentre（テ・ファレ・タカロ・プレイセンター）との合同セッションとして Te Reo Maori（マオリの言語）と Tikanga（マオリの文化・習慣・儀式など）を主眼に置いたマオリ・セッションを行っている。こうした保育計画は、マオリの文化背景を持つ子どもやマオリ文化に関心がある親子を対象にして、その文化を継承する目的から2005年より開始されるようになった新しい取組みである。

　現在、多くのプレイセンターでは、幼稚園との競合策として、就学前教育を視野にいれた4歳児向けの就学前セッションを実施しているが、このプレイセンターでは、就学前セッションは実施していない。その代わりに、通常のセッションのなかで、植物を植木鉢で育て図鑑を参照しながらその特性を学んだり、おたまじゃくしの成長を観察するなど科学的なプログラムにも積極的に取り組んでいる。このプログラムは、センター代表の Sy さんの企画であり、3

歳、4歳児は喜んで花や蛙の観察記録を付けて学んでいる。

　カイロ・プレイセンターは、有償スーパーバイザーのいない、地方のプレイセンターでは珍しいセンターである。また、このセンターでは、きちんとした当番制は敷いていないものの、田舎ならではののんびりとした雰囲気の中で運営がなされている。ここでは、持ち回りでリーダー役を分担するエマージェント・リーダーシップ体制が採用されている。つまり、大まかな役割当番を決めて、できる人ができることをしているということになる。プレイセンターでは、学習コースの資格保持者が規定数いないと認可園としての基準を下まわることとなり、プレイセンターを開所することができない。そのため、カイロ・プレイセンターでは、人数の少ない日は電話で呼び合って開催するなど工夫をしながら柔軟な運営スタイルをとっている。つまり、このプレイセンターでは主要都市とは異なる「Families growing together（家族が共に成長する）」が果たされているのだ。以上のように、地方都市のプレイセンターは、主要都市ほど厳格な当番体制を敷いていないことがわかる。また、カイロ・プレイセンターにおいては、これまで際立った運営上の問題は報告されていない。

　カイロ・プレイセンターは、この地区の中心部に位置し、ギズボーン市の繁華街から車で5分の立地にある。ギズボーン市は、ニュージーランド国内でも低所得者が多い地域と位置づけられている。カイロ・プレイセンターのある地域は、特にマオリ人口が多く、ギズボーン市内でも低所得者が多い場所となっている。確かに、メンバーのなかには、貧しい人が含まれているが、代表であるSyさんは、メンバーを「お金では計れない、素晴らしい価値観をもつ豊かな人の集まり」と述べている。Syさんが述べるように、カイロ・プレイセンターは決して貧民街という危険で暗いイメージはなく、逆に、のんびりとした雰囲気に包まれた明るい印象を受けるプレイセンターである。また、参加者の多くが、このプレイセンターを豊かな気持ちでのびのびと子育てができる場所として認識しており、活動に対する満足度は高かった。家族運営といってもいいような、参加者同士の結束が非常に固いプレイセンターだといえる（佐藤：2006、75-76）。

2) プレイセンター参加への意味づけ

　行政改革後、国はすべての子どもに対する教育の保障を重要視しており、幼児教育機関の拡充や20時間保育無料制度などを実施している。そのため、1990年以降、子どもが幼児教育を受ける機会が拡大している。ニュージーランド政府による統計資料を参照すると、幼児教育機関に参加する乳幼児の数は、1983年の6万4,000人から2004年の18万5,000人へとおよそ3倍近い数値にまで及ぶようになった（Department of Labour: 2005）[39]。要するに、地方都市であったとしても、行政改革前までと比較すると、幼児期に教育や保育が受けられる機会が圧倒的に増加しているということになる。こうした子育て環境が変化するなかで、地方の親たちはなぜプレイセンターに通うのであろうか。Kyさんは、以下のように回答している。

　　　やっぱり、子どもと一緒に過ごせるからでしょうね。それと、大人同士が助け合ったり、交流できるところもいいと思っているから。（中略）生後3か月から来ているから、もうTlya（娘）にとっては、自然な環境なのよね。（中略）ここが居心地のいい場所にはなっていると思う。同じような家族が寄せ集まっているから、無理しないで振る舞えるのよ。
　　　　　　　　　　　　　　　　　　　　　　　　　　　　　　　　　　　　　（Kyさん）

　Kyさんは、多くの主要都市の参加者と同様に、プレイセンターの理念に賛同して参加にするようになったと語る。つまり、子どもと一緒に親として成長することや親同士が子育てを協力し合うという点を重視していた。また、同じ地域の、似た価値観を持った親子の集まりは、居心地のよい場所になるとKyさんは捉えている。しかし、Kyさんと同じ地域内に住む、別のプレイセンターに参加するSyさんは、参加を決める前、プレイセンターについて何も理解をしていなかったと語る。

　　　私たちの家族がカイロ・プレイセンターを知ったのは、2001年の1月ね。最初は、プレイセンターってところは、幼児教育施設の1つで、親と一緒に子どもが過ごすところって感じに少ししかプレイセンターのことを知らなかったのね。だけど、このプレイセンターでの活動は、子どもたちの教育の基礎を作り上げていく土台としてとっても必要な役割を果たすって気がついたの。そして、私自身もこの活動を通じて仲間をサポートできるんだってわかったの。
　　　　　　　　　　　　　　　　　　　　　　　　　　　　　　　　　　　　　（Syさん）

参加当初の Sy さんは、ただなんとなく参加するといった受動的な参加態度であったという。しかし、徐々に子どもにとっての重要な教育現場としてプレイセンターを受け入れるようになっていたのだ。さらに、Sy さんは、以下のように話を続けている。

> 私は、ずっと自分の心の中とか育ってきた文化、私の価値観、それに人生の意味といったことを子どもたちとともに共有したかったの。それに、私自身もひとりの親として教育を受ける必要があったのよ。つまりね、どのように子どもが発達してゆくかについてだったり、子どもの教育をサポートするためには何をしたらいいのかってその方法を知る必要があったのよ。それも、自分たち親子が自分たちの力で成長できるような環境の中でね。プレイセンターでは、私自身とってもエンパワーメントされたし、今のことすべて叶ったのよ。　　　　　　　　　　　　　　　　　　(Sy さん)

Sy さんは、親教育やプレイセンターの活動を通じて、自分自身が子どもの教育者として貢献していることを認識できるようになったと語っている。すなわち、子どもだけでなく、親も活動を通じて成長できることが、他の幼児教育機関にはないプレイセンター独自の魅力であると指摘している。Sa さんも、Sy さんと同じように最初は、プレイセンターについて詳しく知らなかったが、プレイセンターに入ってからその特徴を知るようになったようだ。

> 義理の妹に誘われて。そう。義理の妹が教えてくれて。(中略) 最初は、最初は何か知らなかったんですよ、それ (プレイセンター) を。それで、だんだん、だんだん…(知るようになった)。(中略) プレイグループ (育児サークル) みたいに勝手に行って遊んで帰ってくればいいんだと思っていた。でも、1カ月2カ月したら、こういう (親のための学習) コースをやらなきゃいけないって言われて、プレイセンターのことがだんだんわかってきたの。　　　　　　　　　　　　　　　　　　(Sa さん)

義理の妹に誘われ、参加を決めた Sa さんだが、最初は、親のための学習や運営の当番などがあると聞いて参加を躊躇したという。

> 初めは「えー?」と思ったんですけど (笑)。まあ、場所の提供とかおもちゃも結構いいのがそろっているので。親がやってるということで、協力はなるべくするようにはしているんですけど、やっぱ負担は負担ですよね。でもすごい一生懸命な人は、すごい一生懸命で。保育園の先生並みに頑張ってやっている人もいて。それを見て私

も頑張ってみようかと思ったの。　　　　　　　　　　　　　　　（Saさん）

　今でもSaさんは、当番や会議、学習が負担になるのだという。しかし、他の親たちと交流もできるし、プレイセンターが提供する遊びに満足しているので今後も続けたいと語っている。ここで、アンケート調査の自由記述の回答についても参照してみたい（表2-6-5）。このアンケートでは、プレイセンターの参加要因として「小学校との連携」が一番多く、続いて「親子の仲間づくり」が多い結果となっている。

　以上、地方都市の親たちは、プレイセンターの理念（子どもと一緒に家族が成長する、親教育プログラム）やアクセスの便利さ、親子の社会性を育む場所としてプレイセンターへの参加を決定していた。この項目では、特に主要都市の参加者と際立った違いはみられなかった。

表2-6-5　自由記述によるプレイセンター活動への動機づけ

名前	参加理由
つくしさん	子どもの発達を促す場所だから。
すずらんさん	子ども：遊び仲間との交流のため。 親：友人を作ったり、ママ友と出会うため。
ひまわりさん	子どもがプレイセンターに来るのを楽しみにするから。
たんぽぽさん	子ども：社会性がつく。安全でフレンドリーな環境の中で自分に自信をつけられる。 親：社会とのふれあい。親への学習がある。
さくらさん	ニュージーランドに5年前に引っ越してきて、子ども2人と楽しめるプレイセンターのような場所が欲しかったから。
うめさん	末娘に同年齢の遊び仲間が必要だと思ったから。
きくさん	自分たちでは、調達できないような教育資源や活動があるから。
つばきさん	長男の小学校の近くにあるから。
すみれさん	子ども：他の子どもたちと関わりが持てる。 親：他の親たちとコンタクトがとれる。
ゆりさん	将来、同じ小学校に通う同年齢の子どもたちと出会える。また、就学前から小学校の環境に慣れることができる。親も子どもたちと知り合いになれる。
ばらさん	社会性を育み、他の人との交流ができるから。

3） 親に対する教育効果

　地方都市のプレイセンターでは、有償のスーパーバイザーがいるプレイセンターも主要都市に比較して多いといわれている。そのため、親教育へ参加しなければならないという義務感は、都市部ほど感じられない。このことは、Kyさんの語りからも明らかである。

> 　私たちのWプレイセンターでは、スーパーバイザーは、有償で雇われたスタッフを指すことが多いです。他のセンターではわからないけど。スーパーバイザーがいなければ、親のコース修了別の組み合わせによって政府から補助金が出ます。だけど、うちのセンターでは、昔の参加者で幼児教育の教員免許を持っている、プレイセンター経験者を雇っています。もちろん、親の学習もきちんとあるけれど、過度に負担がかからなくて、バランスよくってこの方がいいわよ。　　　　　　　　（Kyさん）

　Kyさんについては、それほどプレイセンターでの学習を受講することにこだわっていなかった。それでも、親に対する学習機会の提供は、プレイセンターの根幹となる大事な要素であると語る。その理由としては、すべての親が学習をしなければ、政府から認可機関としてのライセンスが剥奪される危険性や助成金の支給額にも影響してくるからだという。そのため、各センターの教育係は、親に対して学習コースに参加するよう促しているようだ。筆者がいたセンターでも、それぞれの親のレベルに合わせた講座案内を教育係が必死に行っていた。このように、地方都市のプレイセンターでは、都市部のセンターほど学習意欲が感じられない。果たして親たちは、プレイセンターの親教育から得た教育効果を実感しているのであろうか。Kyさんは、親が学習することのメリットについて以下のように述べている。

> 　やっぱり、親教育はとってもよかったですね。ためになりましたね。コース1とか2っていうのは、Overview、つまり全体を見渡す基礎的な学習でプレイセンターの理念を学ぶんです。それで、3や4になると、ワークショップで実践を学んだり、子どものことを学んだりするんですよ。これがタダで受けられるというのもいいですね。　　　　　　　　　　　　　　　　　　　　　　　　　　　　（Kyさん）

Kyさんは、プレイセンター学習プログラムを通じて、その理念や子ども学について学び自分の身になったと語っている。そもそも、プレイセンターにおける親教育プログラムは、政府から認可を受けた成人教育という位置づけにある。そのため、学習にかかる費用は、すべて政府によって賄われている。この点も、Kyさんにとっては魅力となっており、無償で生涯学習ができると評価している。他方、Syさんは、現在、Kyさんと同じように上級コースである4を受けながら、自分の所属するプレイセンターだけではなく、地域のプレイセンターにおけるリーダー的な存在となっており、ワークショップの講師や有償スーパーバイザーとして活躍している。しかし、Syさんは、参加初期のころ、プレイセンター活動に対してかなり消極的であったと話す。

> 私は、どちらかというと内向的で、プレイセンターを始めたときは、自分に自信が少しも持てない人間だったの。プレイセンターでの親たちでまわす運営の仕事も、簡単なものを見つけては、そればかりやっていたわ。でも、親教育のトレーニングを受けながら、ちょっとした努力でいろんなことがよく変わっていくのだって気がついたわ。それからは、のめり込むようにコースを受けていったの。　　　　　　（Syさん）

Syさんは、親への学習コースによって、自分の能力が開花されたと自己分析している。さらに、Syさんは、当初、親教育の受講に対して気が進まなくて、助成金のために仕方なく受講していたようだ。当時の様子を以下のように語っている。

> 最初は、私、プレイセンターにファンド（助成金）がもらえるからって、コースを受けていたの。高いコースレベルを持っているとそれだけ政府からお金がもらえるからね。だけど、途中で他の親を見ていたら、コースのトレーニングも受けずに、ただプレイセンターに通っている親も中にはいるのだって気がついたのよ。それから、もっと多くの親を親教育に引き込むには、私が教育者になればいいんじゃないって考え始めたの。それで、（講師として）コースを受け持てるコース3を終えて、スーパーバイザーになって、講座の講師、協会の仕事、センター代表っていろいろやったわ。（中略）でも、私の受けたコースって大学で保育者養成コースに入ると、3年制の内2年修了したことに当たるじゃない。だから、大学に行くお金も節約できて、キャリアも積めて、もうその事実だけでも私をエンパワーメントしてくれたわ。私は、すごいことを成し遂げたのだってね。だって、この10年間で誰もこのコース4を終えられ

た人は、(ギズボーン市内には) いないから。すごい業績が残せて、自分を誇りに思うわ。　　　　　　　　　　　　　　　　　　　　　　　　　　　　　　　　(Sy さん)

　Sy さんは、所属するセンターの助成金を獲得するという動機づけで学習を開始した。しかし、他のメンバーが学習にあまり取り組んでいない姿を見て、スーパーバイザーになったことを機に、他の親たちにももっと学習に取り組んでもらいたいと思うようになった。現在、Sy さんは、学習を通じて得たさまざまな知識やスキルを活かし、自身が所属するプレイセンター以外でも講座の講師や運営の手伝いをしているという。また、Sy さんも Ky さんと同様に、教育大学 2 年生レベルの資格を無償で得られたことに対し、経済的な側面から評価していた。

　その一方で、親教育に対する抵抗については、Ky さんだけでなく、Sa さんも感じていたようだ。Sa さんは、今でも子育てをしながら学ぶことに対し、負担を感じる時があるという。

　　　ためにはなると思うんですけど、負担がすごく大きい…レポートを書くじゃないですか。子育てしながら、特に 2 歳とか 3 歳の、例えば、本当に新生児を抱えたお母さんが来てやっているので、コース中に子どもを連れてくると全然耳に入らないし、やっぱり…ちょっと、大変は大変かなと。　　　　　　　　　　　　　　(Sa さん)

　しかし、ニュージーランドでは、成人教育を受ける習慣が比較的、一般市民に受け入れられているため、負担に思うものの、学習自体をやめようとは考えなかったと述べている。

　　　こっちって、私が勝手に思っているせいもあるのかもしれないけど、Adult Education (成人教育) がすごく充実しているので、勉強…している人普通にいますから、私もやっていますね。　　　　　　　　　　　　　　　　　　　　　　　　　　　(Sa さん)

　地方都市の参加メンバーは、親教育プログラム自体に関心があるというよりはむしろ、センターの存続をかけて、学習プログラムに参加している人が多かった。つまり、プレイセンターを維持したいという意欲が、親学習への間接的な促進剤となり、親教育プログラム参加への動機づけになっていた。

アンケートの自由記述では、「社交的な親へと変化した」「遊びや子どものことが理解できるようになった」「子どもの遊びに関心を示すようになり、子どもと話したり、遊ぶ回数が増えた」という回答がなされている。以上のように、地方都市の親にとって学習は、負担が伴うが、子どもや遊びに対する知識やスキルを養いながら、親自身に自信を与え、成長を促す機会を提供していることが明らかになった。さらに、無償で成人教育が受けられる点は、主要都市の参加者には指摘がなされなかったメリットとして挙げられていた。

4）参加者とコミュニティにおけるネットワーク形成に関する影響

Sa さんは、プレイセンターで、わが子以外の子どもたちと触れ合う機会が、子育てへの生きた教科書となり役立っているのだという。

> （プレイセンターでは、親が）自分の子どもじゃなくても一緒に遊ぶじゃないですか。そうすると、こういう子もいるんだなって、自分の子ども以外の行動とかみられるのがいいかなと。自分の子と比べて、うちの子はここが足らないなとか、こういうところがうちの子は他の子に比べたら優れているのかなとか思えるのはいいのかなと思う。
> (Sa さん)

こうしたコミュニティ内の子どもたちとの活動は、自分の子育てだけでなく子どもの成長の目安を知る上でも参考になったと Sa さんは指摘する。確かに、自分以外の子どもとの関わり合いが持ちにくい現代において、親たちが、保育者役割をすることは重要な子育ての実習機会となっている。他方、Ky さんは、プレイセンターの大人同士が助け合いや、交流できる点がプレイセンターのよさであると評価している。そして、センター内の人間関係もプレイセンターを運営する上で、大いに役立っていると述べている。

> 親たちで全部やりくりしなくてはいけないから、そう、パッションがないと（プレイセンターは）続かないですよね。私たちのセンターは、パッションがある人ばかりですから、今のところ大丈夫ですね。
> (Ky さん)

Ky さんは、他の親たちとプレイセンターの理念を共有しながら子育ての当事者として助け合い、日々の育児やプレイセンターの運営に励んでいるという。その際に必要なのは、自分たちのプレイセンターや自分たちのコミュニ

ティに対する熱い思い（パッション）であると語る。Syさんも、プレイセンターでの一番の収穫は、家庭的な環境の中で、自分や子どもがエンパワーメントされたことだと話している。Syさんはまた、Syさん一家にとって、プレイセンターが、"Special Place（特別な場所）"になっているのだと認識している。

　このエリアは、かなり低所得者の多い貧しい地域なんですよ。だけど、カイロ・プレイセンターのメンバーは本当の家族のような存在で心の温かい人たちばかりなんです。世界で一番豊かな心を持つ人たちって自慢したいくらい。彼らの表す価値観や共通する考えは、お金では換えられないほどリッチなものなんですね。きっと、私たち家族がしてきたことや子どもたちに与えてきたことは、プラスとなって私たち自身に返ってくるって自信を持って言えますよ。
（Syさん）

表2-6-6　自由記述による地域との関わり

名前	プレイセンターと社会的なネットワーク
つくしさん	上の子が通う小学校内にプレイセンターがあるので地元のつながりができる。
すずらんさん	娘の小学校にあるから安心である。 親やセンターの雰囲気も温かくてよいので子どもにとってよい社交の場となっている。
たんぽぽさん	環境が悪化するなかで、プレイセンターでは、子どもと一緒に安全に遊べる場所だと思う。
さくらさん	歩いて行ける距離にプレイセンターがあり、地域と密着できる。 大人たちもいい人が多く、子どももなついている。
うめさん	上の3人が通う小学校にプレイセンターが近く、コミュニティのなかで教育が充実している。 家から通いやすい。
きくさん	外遊びの環境が良かった。 参加する人たちが親切で、地域の親子とすぐに親しくなれた。 知っている親子が参加しており、友人ネットワークが広がった。
つばきさん	親は、子どもの成長を支える教育資源としてコミュニティの活動に関わる必要がある。
ゆりさん	子どもたちが通う予定の地元の小学校にあるから参加している。上の子は、すでにそこの学校に通っている。
ばらさん	家から近いので社会とつながれる。

確かに、Syさんの居住する地域は、貧しい地域とされている。だが、カイロ・プレイセンターでは、日常生活や子育ての相互扶助が徹底され、主要都市のように厳格な当番体制を敷かなくても、それぞれが得意分野でエマージェント・リーダーシップ（民主的なリーダー役割）を発揮しながら自主運営がなされている。さらに、このプレイセンターにおいては、子育て支援サービスにアクセスしにくい、孤立無援な低所得層の核家族に対して、その避難所として機能していた。

以上の表2-6-6では、地域コミュニティとの関わりに関する自由記述を一覧表にして提示した。この表を総括すると、「地元小学校との連携」「アクセスがしやすい立地条件」「安全な環境」「人的環境がよい」「親も教育資源である」といった意見が目立ち、プレイセンターがコミュニティの関係性を維持する調整弁となっていることが明確となった。

このように地方都市の参加者は、プレイセンター活動を契機に参加者同士の相互交流を図りながら、友人や個々に必要な知識、スキルを獲得していた。さらに、プレイセンターは、小学校をはじめとする他の施設との連携を円滑にする資源としての役割も果たしていることが明らかとなった。

（6）プレイセンターの参加者像

1980年代の大胆な行政改革を経て、90年代初頭には、ニュージーランドでは幼児教育の一元化、統一カリキュラムが作成され、どのような家庭の子どもであろうと、平等に教育の機会が与えられるよう政策展開がなされるようになった。こうした傾向は、現在でも引き継がれており、2002年に策定された「Pathways to the Future」においても「子どもの教育を受ける権利」と「幼児教育における質の向上」がその政策課題として掲げられている。このような政府の働きかけにより、現在、ニュージーランド国内では幼児教育機関に通う乳幼児の割合が、急増している。また、施設数についても同じように増えており、施設種別も多岐にわたっている。

以上のように、1990年代から現在に至るまでと改革前である1980年代までを比較すると親子が教育にアクセスするチャンスは、拡大している。また、共

働き世帯の増加から、女性の社会進出も進み、保育所の利用が一般化している。

こうした状況のなかで、プレイセンターに対する捉え方にも変化が及ぶようになってきている。それゆえ、現在では、親たちの「家庭外での活動場所」としてプレイセンターを選ぶ者はほとんどおらず、「親子の仲間作り」や「子どもと共に過ごせる場所」としてプレイセンターを選ぶ親が多かった。

さらに、プレイセンターの親教育については、「子どもに対する理解」のために受講している親が多く、自分のキャリアのために受講する親は少なかった。また、プレイセンターの認可要件を満たすために、親教育プログラムに参加する親が地方都市を中心に存在していた。その一方で、センターの学習経験を活かし、大学へ編入学したり、幼児教育の専門教員や大学講師として、その資格を活かしてキャリアアップする親もいた。

ニュージーランドの場合は、プレイセンターにおける親教育プログラムの学習体系が改革前と比べると整備されており、どの地域に行っても統一した基準で学習コースを受けることができる。そのため、プレイセンターにおける学習を「実り多き成人教育」と促え評価する親たちが多かった。

コミュニティとのつながりでは、大半の親が「地元の小学校との連携」を可能とする機関としてプレイセンターに通っていることがわかった。特に、この傾向は地方都市において顕著にみられた。つまり、プレイセンターは、同じ小学校に通う友人と幼少期の頃から知り合える集いの場所として利用されていたということになる。また、親たちの多くが、活動を通じてコミュニティとの一体感を感じており、自宅からのアクセスの便利さもその利点として語られていた。

以上のことから、現在、プレイセンターに通っている親たちの意識には、かつての参加者のように「良い母であること」と「子育てを社会化する」ことの両方を満たす装置としてプレイセンターを捉えている者はいなかった。むしろ、「子どもと一緒に居られるところ」「家族が共に成長できるところ」「地域資源とのつながり」といった関係性の構築に重点が置かれていた。

第7節　類型別の特徴と比較研究

本節では、ニュージーランドにおける主要都市と地方都市のプレイセンターを事例として、比較検討をしながらそれぞれの特徴を提示していく（表2-7-1）。

表2-7-1　インタビュー調査における参加者の特徴

	回答例
参加理由	・親本人がプレイセンター出身 ・子どもと一緒に居られる ・子どもの社会性を育む ・アクセスの便利さ ・親子の仲間づくり
親への教育効果	・子どもについての知識獲得 ・親としての自信となった ・他の親と教育理念の共有 ・教育者としての親を自覚 ・わが子以外の子どもへの関心 ・受講料無料が学習意欲に
コミュニティとの関連性	・施設間の連携（特に地元の小学校） ・独自の育児支援ネットワークの確立（妊娠、出産、外出等） ・公共心や協働の精神が養えた ・地域親子との交流

さらに、ここではPutnamがソーシャル・キャピタルの定義として概念化する「個人間のつながり、すなわち社会的ネットワーク、およびそこから生じる互酬性と信頼感の規範」（Putnam: 2006、14）を蓄積する場所として、プレイセンターが活用されていたのかを考察していく。

（1）プレイセンター参加への意味づけ

大規模な行政改革が敢行された1980年代後半以降のニュージーランドでは、先にも述べたとおり、幼児教育機関の拡充が進んだ。そのため、主要都市

や地方都市の如何にかかわらず、子どもの教育権の保障から、教育機会が拡大している。マッセイ大学のリサーチグループが2004年に行った、プレイセンターに対する全国調査では、プレイセンターを選んだ理由として、「子どもの社会性を育むため（73%）」が多く、次いで「親が子どもと一緒にいられる（68.5%）」「立地条件（64%）」「親としての社会活動を積むため（63.2%）」となっている（Powell et al.: 2005、20）。本調査の参加理由でも「親が一緒に子どもと楽しめる」「子どもの社会性を育むから」「家から近くて便利」「親として教育への関与ができる」「親同士の交流」といった意見が共通している。全国調査では、みられなかった意見としては、「サークルでは物足りない」「自分の力を活かすため」「自分自身がプレイセンターで育ったから」が挙げられている。なお、「幼児教育の選択肢が限られているため」という動機は、筆者の調査ではひとりもいなかった。ちなみに、この回答は、全国調査でも22%と低いレベルに位置しており、改革後は幼児教育機関の供給が各地に行き渡っていたことを示唆する結果となっていた。

（2）親に対する教育効果

　主要都市のプレイセンターでは、親の組織力が高く、そのため、学習への義務感が高かった。教育効果としては、「子どもの発達や成長に対する理解」「学習を通じて、自分への自信がついた」「保育者としての教育理念の共有」「組織運営が円滑になった」とポジティブな意見が多かった。その一方で、「専門家になりきれず、教育の一貫性が時として曖昧」や「夜の学習や子育ての傍らでの学習が負担」といった指摘も出された。

　地方都市の場合は、有償のスーパーバイザーがいるセンターが多いため、主要都市ほど学習に対する負担感は指摘されなかった。両地域とも共通した効果では、「遊びや子どもに対する理解」が現れたとして報告がなされている。また、地方都市だけにみられた意見としては、「生涯学習がタダで受けられて意欲がわいた」や「無償で大学レベルの教育が受けられ、知識や能力が上がった」という経済的な効果が指摘された。全国調査では、「コースを通じて自分自身がエンパワーメントされた（64.5%）」「自信がついた（61.9%）」「生活に

役立つ知識が得られた（60.9％）」「学歴が上がった（57.6％）」という意見が多かった。プレイセンターの学習履歴は、NZQA（国家資格認定機関）に認知され、プレイセンター外でも単位として交換できるため、「学歴が上がった」という意見は本調査においてもみられている。以上のように、親の教育プログラムは、負担感が伴うものの、無償で教育が授与でき、子どもや子育て法を理解しながら、親である個人に自信を与えるエンパワーメントの効果を提供していた。

（3）参加者とコミュニティにおけるネットワーク形成に関する影響

プレイセンター参加者の地域コミュニティとの関連性を見てみると、「プレイセンターを通じてコミュニティの一員である自己を意識した」「プレイセンターは大家族だ」「困った時に助けられ、地縁のありがたさを感じた」といった意見が主要都市ではみられた。特に、主要都市では地域での助け合いが希薄となっているため、プレイセンター内での相互扶助に「救われた」という意見が多くみられた。また、こうした経験が地域コミュニティに対する所属感を醸成する機会にもなっていた。

他方、地方都市についても、主要都市と同じような相互扶助がなされていた。例を挙げるとすれば、「人とのつながりの大切さを知った」「地域の子どもの成長は、わが子のように嬉しい」「プレイセンターは、地元の小学校と連携する活動になっている」という意見があり、親たち自らが、地域の関連施設とつながりながら、コミュニティを作っているという意識を持っていることが明らかになった。このように、プレイセンターを「コミュニティの育成工場」として捉える意識は、主要都市でも同様にみられている。先の全国調査でも、88％の親が、「プレイセンターは、地域コミュニティにおいて重要な役目を果たしている」と回答している。本調査の参加者たちは、「公共心や協働の精神」「地域の施設間連携」「家族同士のサポートネットワーク」をプレイセンターの活動から培うことができたと述べていた。また、そのことが地域の活性化にもつながっているのだと指摘がなされていた。

第 8 節　小　　　括

　本章では、主要都市と地方都市とで地域区分をし、ニュージーランドにおけるプレイセンターの事例研究を分析してきた。
　以下、分析の結果明らかになった知見（表 2-7-1 を参照のこと）をまとめることにする。

（1）　プレイセンターを選択するということ

　すべての型の親たちは、「家族がともに成長できる活動」「親と子の友人づくりができる」「地域の幼児教育機関のなかでアクセスしやすい」といった動機でプレイセンターに参加していたことが明らかになった。彼らは、プレイセンターで友情を育み、個人的な子育てネットワークを発展、拡大させていき、そのことに価値を見いだしていた。
　ニュージーランド社会では、核家族世帯が依然として多く、育児ストレスを抱えながら子育てをしているという点では日本とも共通している。1980 年以降の政策では、母親の雇用を推奨する方向で進められているが、こうした状況下においても、在宅で子どもを育てる専業主婦層は一定数存在している。しかし、働くことが自由に選択でき、子どもを保育所に入所させることが一般的になった昨今のニュージーランド社会において、彼らが、「子どもと一時的に離れる場所」を求めてプレイセンターに参加していないのは、むしろ当然なことなのかもしれない。もしも、一時的に子どもと離れたいならば、プレイセンターのように当番や学習など拘束が多い場所は避け、他の保育サービスを利用した方がより現実的な選択肢となるからである。

（2）　地域性と学習意欲

　次に、地域による相違点も見てみることにしよう。地方都市のプレイセンターでは、プレイセンター活動に求められる時間や学習、運営に対する貢献について、否定的に捉える者が多くみられた。このことは、地方都市のプレイ

センターの親たちが、主要都市のように幼児教育の選択肢が多くないことに起因しており、プレイセンターをあえて選んだというよりも、むしろプレイセンターしかなかったという現実が反映されている。つまり、地方都市の多くの親にとってプレイセンターは、自宅から直近の地域で利用できる唯一の幼児教育機関となっているのである。

しかし、プレイセンターへの参加を重ねていくうちに、活動や学習への理解が深まり、そこが家庭では提供できない教育機会を広げる場所へと意識の変革がなされている。彼らは、プレイセンターにおける「Junk Play（ストレスを発散させるようなあそび）」「複数の保護者が関わる子どもへの教育機会」「混合された年齢構成からなる交流関係へのアクセス」を参加後のメリットとして挙げていた。とりわけ、プレイセンターの特徴のひとつである異年齢保育については、子どもの社会性を醸成する機会であると高く評価していた。また、親たちにとっても、わが子以外の子どもに触れる経験は、子育てを学ぶトレーニングとなっていた。

（3）参加者の確保

主要都市と地方都市における両方のプレイセンターでは、2007年に政府が専門家機関（認可保育所・幼稚園）に20時間無償保育制度を開始したことで参加者の獲得に苦しんでいた[40]。つまり、ニュージーランドの幼児教育全体のゴールが、より学校生活への準備教育に向けられ、そのことが逆風となり、改革後のプレイセンター運営において親たちを苦しめる原因となっていた。

しかし、主要都市のプレイセンターでは、親たちの協働や自己の能力を開花させていくプレイセンターの教育法は、幼稚園や保育所とは違うアプローチで子どもたちの要求やニーズに応えるものだと述べられていた。地方都市のプレイセンターでは、主要都市の多くのセンターで行っているような「就学前セッション」や「SPACEセッション（初めて子どもを持つ親のための乳児セッション）」を実施することで参加者の減少への対策を行っていた。その結果、参加する親たちは、プレイセンターが提供する親自身や子どもに対する教育環境を高く評価するようになり、「Playcentre Way（プレイセンター独自の

教育法)」を支持していた。多くの親たちは、プレイセンター活動に関与することで、「遊びの価値」と「子どもの特性」についての彼らの心象を変えていた。

　先にも述べたように、本調査の多くの親が「子どもの頃に自分もプレイセンターに参加していた」という理由でプレイセンターを選択していた。このことは、参加者が、プレイセンターで提供されている環境を後進に伝えていく、プレイセンター独自の文化に象徴されている。さらに、プレイセンターに対する所属感は、プレイセンターの理念である「メンバー間の互酬性」や「協働の精神」にもつながっていた。こうした理念の共有は、メンバー一人ひとりのプレイセンターに対する自負と誇りとなり、次世代への継承活動として親たちの時間と資源を彼らのプレイセンターに注ぐことを促進した。

　この研究に参加した親たちのすべては、地域性を問わず、「わが子と一緒に過ごすこと」「わが子の教育に関与すること」「他の家族と交流をもつこと」についての機会を価値あるものとして評価していた。彼らは、また、自分たちの費やした時間と労力は、得られた個々への利益や成長と相関関係があると解釈しており、「助けが必要な時は、助けてもらって、後で返す」「誰かをサポートすることは一方的なものではない」と述べていた。

(4) 親たちの学習効果

　親に対する学習効果について述べよう。多くの親にとって、プレイセンターにおける学習は、親として、また、ひとりの大人として彼らの生活に重要な役割を演じていた。親たちが、プレイセンターで得た数々の恩恵と彼らが子どもたちにもたらした福祉は、子どもたちの発達やウェル・ビーイング（健幸と訳されることが多い）に対して不可分に結びついていた。具体的には、親たちはプレイセンターで親としての自覚や自信を得、子育てが前向きになったと自己評価をしている。さらに、プレイセンターは、親を支援し、認知し、教育を提供していた。その結果、プレイセンター活動は、「教育者としての親」をさらに強化し、親たちは、自分たちの役割の重要性を意識化していった。そして、親教育を受けた専門集団である親たちの存在が、そのままプレイセンターの価値

になると把握していた。しかしながら、プレイセンター内でのボランティアの仕事や役割の中核を担っていた親たち、とりわけ主要都市の親たちは、育児サークルや他の活動からの豊富な経験を伴ってプレイセンターに参加する傾向が強かった。このことは、プレイセンターで養成されたスキル、能力、資源を特定することが複雑であることを意味している。つまり、親たちが既に持っている個人的、社会的、教育的資源とプレイセンターの活動や親教育プログラムで獲得した資源が組み合わさって学習効果として現れていると指摘できる。それでもなお、プレイセンターにおける親教育の機会は、受講者である親たちの「個人的な自信の増大」、または「個人的な能力やスキル向上」、そして「教育者としての親」を認識する機会を多分に与えていた。

(5) プレイセンターは親のキャリアとなるのか

キャリア面での効果は、次のような結果となった。

昨今では、ニュージーランドにおいても、専業主婦割合が低下し、女性の就労が進んでいる。そのため、働きながらプレイセンターに参与する親の数も少しずつ増えている。

働く親たちは、「労働者であること」と「プレイセンターで親であること」は、苦労を伴う組み合わせであると語っていた。フルタイムで働く者は、プレイセンターとの両立が困難であると報告する者がほとんどであった。一方、パートをしながらの両立であれば、継続が可能であるとの指摘がなされた。全体的には、仕事の都合をプレイセンターの活動に合わせて調節する傾向が顕著にみられていた。一部の参加者からは、プレイセンター活動と労働の両立支援とともに柔軟な運営体制を構築するといったプレイセンター側の対応を求める意見も挙げられた。このことは、今後のプレイセンター活動全般に関わる課題を提示している。特に地方都市では、地元経済が農業ベースとなるため、その地域に即した運営スタイルを確立していくことが求められるであろう。以上のことを総括すると、キャリア面での効果は、親としてのエンパワーメント効果ほど高くないことが示された。

親たちのスキルや教育レベルをプレイセンターで活用することは、彼らの時

間や負担に対する配慮もなされなければならない。ますます多くの親たちが有給の仕事に戻っていくのであれば、プレイセンターにおいてもボランティア活動をする親たちを集めることは、今後、より一層、困難になるであろう。

　ここで、親に対する教育プログラムについての検討を試みたい。本調査では、プレイセンターの学習経験は、親たちに教育レベルや子育てのスキル向上への効果をもたらしていることが明らかになった。また、キャリア面でも影響を受けた者が一部であるが存在していた。しかしながら、こうした効果についての持続性に関する調査は未だ着手されていない。また、本調査でも言及できなかった。つまり、プレイセンターを離れたのちに、子どもが就学してから仕事やリカレント教育[41]などを始めるにあたって、必ずしもプレイセンターの教育歴が資格として活きるかについては実証できていないということになる。それでも、インタビューの多くの親たちは、プレイセンターの教育を高く評価していた。

　今後は、これまでのようにセンターの人員要件を満たすだけでなく、親たちの継続的なキャリア支援がなされるような教育計画についても検討していく必要があろう。もしも、親が子どもと幼児期を一緒に過ごしながら、同時にキャリアを磨く機会として親教育プログラムが提供されるとすれば、プレイセンターがより魅力ある幼児教育機関として親からの支持を得る可能性は高い。プレイセンターは、今ある家族形態がますます多様化していくなかで、個人が互いを通じて学びあえる教育資源としての重要な役割を果たしている。それゆえ、プレイセンターの役割とその立場を再検討することは、現代家族のニーズを満たす上での大切な作業となるであろう。

（6）親たちの子育てネットワーク

　本調査において、プレイセンターの親たちは、プレイセンター活動への関与を通じて、親自身と彼らの子どもたちに有益な影響を受けたことを指摘している。つまり、親教育プログラムや現場実践が、子どもの発育や振る舞い、活動に対するアイディア、組織運営や問題解決に対する親たちの知識獲得に貢献していた。

プレイセンターの参加者は、「子育て期にある親たちとの社会的な接点をもつこと」、さらに「彼らの子どもたちに同年齢の子どもたちと交流をもたせること」「親子がその地域コミュニティと一体となれるような活動をすること」を幼児教育サービスの選定への意思決定プロセスのなかで重要視していた。どの型の親たちも、親子の社会性を醸成しながら、プレイセンターに帰属意識をもったと言及していた。

　主要都市の親たちにとってプレイセンターは、「コミュニティの親たちとの交流」や「相互による子育て支援の場所」として把握されていた。彼らは、親になることによって生じた「個人的および社会的変化」「社会的孤立」への対処として、彼らの「直近にあるコミュニティとしてのプレイセンター」を重宝した。一方、地方都市では、「コミュニティ内にある育児・家事からの休息の場所」として利用がなされていた。さらに、都市部ではみられなかった「距離的な孤立を解消する場所」としても活用されていた。

　どの地域においても、親たちは、センター内の活動を通じた相互（大人と子ども双方）の関わり合いのなかから、「絆」「互酬」「信頼」を獲得し、プレイセンター内での友情と支援ネットワークを拡大させていった。それらはまた、地元の小学校への連携など、コミュニティの広範な参加と関与の一助となっていた。特に、地元の教育機関とプレイセンターとの連続的な教育のつながりを地方都市の参加者たちは、高く評価した。つまり、「コミュニティにおける彼らの居場所」を確立することと「学校への移行準備」をすることは、地方都市の親にとっての重要な目標となっていた。地方都市では、プレイセンターが無くなれば、同時に学校・家族・コミュニティの関係性も弱められてしまうであろうことが危惧されていた。

　プレイセンターというひとつのコミュニティのなかで、親たちが、日々の生活を共有することは、それぞれのニーズに即した実際的な援助の提供を調整し、参加する個人や家庭に対する支援者としての役割を演じることでもあった。日常の生活ベースのなかで、当事者同士が支援システムを構築し、社会的ネットワークを利用し合う関係性は、子育てに対する費用の削減といった経済的な側面だけでなく、情緒的な相互支援にもつながっているとの言及がなされ

た。特に、主要都市の参加者が、このことを強調していたが、地方都市の多くの親たちも同じような経験をしていると述べた。また、プレイセンター内で地域の情報や他のサービスへのつながりを獲得することは、すべての型の親たちによって重要視されていた。つまり、プレイセンターの関与は、参加する親たちに知識の習得だけではなく、コミュニティに蓄積される人的・物的資源への接触機会を提供していた。このことは、参加者にとってプレイセンターがソーシャルキャピタルの拠点となっていると解釈できる。すなわち、プレイセンターは、その活動を通じて地元コミュニティに対する所属感や地域成員とのつながりを意識させるきっかけを作っていた。プレイセンターの活動がある意味では、コミュニティの中の小さなコミュニティを作っていたということになる。さらに、彼らは、地域成員が互いに頼ることができるコミュニティこそプレイセンターであると意識していた。つまり、彼らにとってのプレイセンターは、「つながり」や「紐帯」をキーワードとする地域コミュニティの中核（ハブ）となっていた。この傾向から、参加する人々がそのコミュニティの作り手として、支援ネットワークを維持しながら、一体的な互酬集団を形成していたという結論が導き出せるであろう。

　プレイセンターの参加とネットワークの親密さは、平等なアイディアを促進する「平準化」の効果を持つように思えるが、メンバーの長期的なプレイセンターへの関与は、参加する家族にとっての社会経済的な問題意識を高める効果も有しているのである。例えば、コミュニティ経済を支えるために、より多くの親がフルタイムで働くようになれば、プレイセンターにおけるボランティア活動を維持することが一層困難になっていく。こうした機会は、親たちに個人のレベルを超えた、ジェンダーや地域経済、社会問題を再考する機会を与えることにつながるのである。プレイセンターで親たちが費やす時間の量や長さは必ずしも、親たちがプレイセンターで育む人間関係や、友情、支援システムの質に影響するとは限らないが、活動との接触の少なさは、コミュニティ内のつながりや社会的なネットワーク、相互の子育て支援システムに潜在的な影響を及ぼすであろう。

　本調査では、活動に対する長期的なコミットメントやその親密性について

の分析には至らなかった。今後は、ソーシャルキャピタルとしてのプレイセンターが、その活動に対する密度の濃さからどのような影響を受けるのかについて考察していく必要があろう。

第9節　結　　論

　ここで、本章の結論を示すことにしよう。本調査に協力したすべての親たちにとってプレイセンターに参加することは、「個人に対する自信」「コミュニティとの連帯感」「地域やプレイセンターに対する帰属意識」を育む場所であった。また、それらは参加者の生活にとって大きな役割を演じていた。さらに、この「紐帯」を感じる個々の意識は、親自身、その子どもたち、家族、コミュニティ全体への福祉向上に貢献し、「互酬性」を高めていた。つまり、プレイセンターの親を始めとする大人たちは、子どもたちの幼児教育に参加しつつ、自らが主体的に学び活動することで、間接的な社会貢献を果たしていたということになる。

[注]
1)　鈴木佐喜子「『テ・ファリキ』に基づきすすむ改革」『世界の幼児教育・保育改革と学力』第2章、明石書店、2008、pp.154-166.
2)　ニュージーランドでは、1940年中葉以降、特に無償幼稚園が政府からの支持を受けることになったため保育所は国からの規制や支援がなされてこなかった。そのため、1940年代半ばから50年代にかけての主要保育機関は無償幼稚園であった。しかし、この無償幼稚園は、慈善的性格が強かったため裕福な家庭の幼児には無縁の保育機関であった。そのため、戦時中、1人で子育て責任を果たすことになった中産階級の母親を中心に相互育児支援であるプレイセンターが開始された。プレイセンターでは、当番の母親以外には、自由時間が与えられたため家庭に閉ざされがちな女性にとっては生き甲斐にも気分転換にもなったという（松川：2000）。
3)　ここで示す親とは、厳密にいえば親のみだけではなく、その子どもの主たる保育責任者（祖父母などの血縁者やケアギバー）も含まれる。ニュージーランドでは、親の学習コースをAdult education programmeと表現することが多く、生涯学習の意味合いが強くなってい

る。

　また、プレイセンターでのディプロマは、幼児教育の教員養成校（大学や高等職業訓練専門学校）で取得できる資格と同等レベルではあるが、異なる資格となっている。大学が提供する幼児教育者の資格取得を目指す者は、大学に直接進むか、コースレベルをいかして大学に編入学する場合が多く見られている。コース6まで修了するには、かなりの期間と労力を有するため、プレイセンター・ディプロマまでたどり着く受講者は、ニュージーランドでもかなりの少数派である。

4) May, H., 2005, Twenty years of Consenting Parties: The politics of 'working' and 'teaching' in childcare 1985-2005, *New Zealand educational Institute –Te Riu Roa*, Wellington: New Zealand Educational Institute.

5) NZQAは New Zealand Qualifications Authority の略。日本の文部科学省にあたる教育省（Ministry of Education）の機関である。このNZQAでは、各人が取得した単位や資格が、ニュージーランド国家資格に値するのかを審査したり、認定している。

6) ニュージーランドの幼児教育統一カリキュラム「テ・ファリキ」は、マオリ語で縦糸と横糸からなる織物を意味している。つまり、幼児教育におけるサービスを、種々の固有なプログラムに組み込んでいくだけではなく、子ども一人ひとりに対してもそれぞれの発達目標にあわせた保育や教育が提供できるようにカリキュラムを織りなしていくという意図が込められている（佐藤純子「普段使いのテ・ファリキ：子どものありのままをみるツール」『現代と保育』Vol. 69、ひとなる書房、2007、pp.38-53.）。

7) Ministry of Education, 2002, *Pathways to the future: Ngā Huarahi Arataki*, Wellington: Ministry of Education.

8) 2001年現在、Diploma資格を保持する保育者は、幼児教育サービス全体の6.5%であり、2010年までに80%、最終年度の2012年までに100%に引き上げることを目標値として設定している。

9) 詳しくは、Department of Labour, 2005, *Work INSITE*, Wellington: The Department of Labour. を参照のこと。

10) 疑似バウチャー制度とは、親にクーポンや引き換えチケットを交付するバウチャー制度とは異なり、子ども1人1時間につき給付される額が国によって決められ、その補助金を保育所や幼稚園に直接支給する制度のこと。子どもの年齢、人数、全保育労働者における有資格者の割合によって交付額が決定する。

11) Ministry of Education, December 2008, *Education Report: Annual Census of Early Childhood Education services: July 2008*.

12) ニュージーランドでは、2004年末現在0歳〜4歳児の総数28万2,400人の内、18万2,605人が、日本では、同じく580万人中、242万9,000人の乳幼児が幼児教育機関に参加している。詳しくは、*Education Statistics New Zealand 2004* および『平成17年度版少子化社会白書』

を参照のこと。
13) Ministry of Education, 2005, *Number of Early Childhood Enrolments by Type of Service 1990-2004*, *Education Statistics New Zealand 2004* を参照のこと。
14) Ministry of Education, 2005, "Different types of services" *Education Statistics New Zealand 2004*.
15) 2007年7月より実施された制度。3歳以上であれば、週20時間まで政府認可の有資格者がいる教員先導型の保育所や幼稚園で保育サービスが利用できる。プレイセンターについては当初利用できないことになっていたが、2010年よりプレイセンター連盟の働きがけが受け入れられ制度利用できる施設として認定された。
16) Statistics New Zealand 2004, Labour Market statistics 2003.
17) 『*The New Zealand Woman's Weekly*』は1932年に創刊されたニュージーランドを代表する女性週刊誌。特に1960年代には、その購買者数を飛躍的に延ばした。テレビ普及率がそれほど高くなかったこの時代に、ラジオと並んで雑誌がニュージーランドの人々の日常生活に影響力を与えた（原田：2003、121）。
18) The Education Review Office の略。教育省から独立した政府の教育評価機関のことである。このEROが実施している調査レポートには、各幼児教育機関の教育方針や子どもの数、独自の取組みと教育相からの改善提案、今後のあり方などについて細かい調査記録が載せられており、それぞれの機関の特徴がわかりやすく示されてある
　（http://www.ero.govt.nz/ero/publishing.nsf/Content/Home+Page）最終確認日：2008年8月26日。
19) May, H. 2001, *Politics in the playground: the Wortd of the Early Childhood in the Post War New Zealand*, Wellington: Bridget Williams Books, pp.236-237.
20) OECD, 2002. *Starting Strong: Early Childhood Education and Care*, OECD, Paris.
21) New Zealand Federation, May 2010, *Playcentre fact sheet*（http://www.playcentre.org.nz/pdf/fact_sheet_June_B_&_W. 2010). pdf
22) ノーバディーズ・パーフェクト「完璧は親はいない」とは、カナダで実践されている子育て支援プログラムのこと。1980年代にカナダ東海岸4州の保健機関が親のための育児テキストを開発し、連邦政府の保健省が出版プログラム参加者である親たちに無料配布している。日本でもテキストが翻訳される他、活動が行われている。
23) 16分野とは、小麦粘土・泥粘土・水遊び・砂遊び・絵の具・コラージュ・フィンガーペイント・音楽・科学／自然・パズル・ブロック・料理・大工・運動・本・ごっこ遊びを示す。この設定遊びの目的は、乳幼児期の自発的な遊びを尊重することにある。つまり、子どもが自分のペースで自由に遊ぶとき、最も学習効果が高まるとプレイセンターでは、考えられている。その過程として、①プレイセンターでは、概ね16分野の遊びのエリアを準備する、②子どもがやりたい時、やりたい遊びを選び、納得のいく仕事を完成できるように充分な時

間提供する、③子どもの暴力や遊びの妨害、遊具の破壊を禁止し、必要に応じ大人が介入することが意図されている。

24) コースの内容や実施方法は、各プレイセンターによって異なる。通常は、コース1が必修となっているが、場所により、コース2を原則必修とする協会もあれば、参加家庭の随意とする協会もある。

25) プレイセンターでは、2歳半以上の子どもの預けあいをしている。子どもを預けられるのは、その日に当番に当たってない親（保護者）である。その際、大人1人につき子どもが5人以上になるとセッションを開催してはいけない規則になっている。なお、地方によっては預けあいを実施していないセンターも存在している。2歳半に満たない子どもの保護者やセンター経験の浅い人、センターに参加して半年に満たない人たちは、この預けあい制度には参加できない規則になっている。

26) 実習の有効期限はないが、講義の受講後2年以内にレポートを提出することが規定されている。

27) 世界で最初に日が昇る地として知られるギズボーン市は、ニュージーランドの北島東端に位置する人口約5万人の港町である。このギズボーン市は、先住民族であるマオリ人の割合が比較的高い地域である。このギズボーン市には、Tairawhiti Playcentre Association 統括の下、ギズボーン市郊外を含めて12のプレイセンターがある（佐藤：2006、75）。

28) 日本の1961年の合計特殊出生率は、1.96であり、ニュージーランドとの差は2.34と大きい。逆に、日本がベビーブームであった1949年の合計特殊出生率は4.54であったが、ニュージーランドでは、2.58にとどまっている（Statistics New Zealand: 1998）。

29) 1962年には、170のプレイセンターが開設された。その後、1966年になると350センター、1970には、561センターにまで拡充されている（Stover: 2003）。

30) イギリスの精神科医 John Bowlby は、母子剥奪理論（Bowlby, J.: 1951）のなかで乳児院、孤児院における母親不在が子どもの発達に影響を及ぼすと指摘している。日本へは、この説の批判的な面が看過され、母親不在が乳幼児の発達を阻害するという一面が強調されて紹介された（大日向：2000、95）。

31) ニュージーランドで乳幼児を持つ家庭の9割以上が利用している子育て支援機関がプランケット協会である。この協会は、1907年精神科医のキング（F. T. King）氏によって始められた無償の活動である。その活動を支持したのが、社会的影響力を持つ、プランケット総督婦人だった。

32) ニュージーランドの先住民であるマオリ人の家族は、伝統的に集団家族を形成してきた。近年では、マオリ人においても急速に核家族化が進んできているが、今でも親戚縁者による大家族世帯が多く存在している。

33) ニュージーランドには、公立保育所が存在しない。保育所とひと言で言ってもその分類には、デイケア、クレッシュ、プリスクール、エデュケーションセンター、モンテッソーリや

シュタイナー幼稚園などを含む私立幼稚園など多岐にわたる。また、働く親でなくとも利用が可能であり、最近では、待機児童も増えてきている。

34) 疑似バウチャー制度とは、政府からの補助金システムのひとつの方法である。バウチャー制度であれば、引き換え券が各世帯に配布され、それぞれの家庭が幼児教育機関を選び、その券を利用してサービスを受益することになる。日本の場合は、子どものいる家庭の世帯収入や就学前児童の数によって幼稚園や保育所の利用料金が算定される。一方、ニュージーランドで実施されている疑似バウチャー制度は、バウチャー制度と類似する制度であるものの、直接各世帯に保育サービスの利用券が配布されたり、保護者の所得に影響を受けることはない。この制度では、幼稚園や保育所に在籍する2歳以上の幼児の数、2歳に満たない乳幼児の数や有資格の保育者の数によって補助金額が決定される。一般に、子どもの教育を受ける権利を尊重した平等な補助金システムであると評価されることが多い。子ども1人につきの補助金は、在籍する機関に支給され、その資金が園の運営費に充てられる。

政府からの補助金支給額に関する基準表

子ども1人／1時間		
保育所（終日保育）	2歳未満	2歳以上
100%　保育士登録者	NZ$12.94	NZ$7.79
80-99%保育士登録者	NZ$12.16	NZ$6.91
25-49%保育士登録者	NZ$8.35	NZ$4.35
0-24%保育士登録者	NZ$7.14	NZ$3.62
幼稚園（半日保育）	2歳未満	2歳以上
100%　教員登録者	NZ$12.09	NZ$6.07
80-99%教員登録者	NZ$10.80	NZ$4.95
25-49%教員登録者	NZ$7.53	NZ$3.55
0-24%教員登録者	NZ$6.55	NZ$3.19
プレイセンター	2歳未満	2歳以上
親教育レベル：高い	NZ$8.40	NZ$4.22
親教育レベル：標準	NZ$7.35	NZ$3.70

出所：Ministry of Education: ECE Funding Rates effective from 1 July 2009.

35) Statistic New Zealand, 2004, *Demographic trends*. Wellington: Department of Statistics.
36) NZQAという政府の機関である資格基準局が、幼児教育分野に限らずすべて国家資格の認可や指導を行っている。幼児教育機関に就職したい場合は、NZQAが定める基準にみあった訓練学校へいき資格取得をしなければならない。2012年になると、全員がこの資格を有す

ることが求められている。
37) ニュージーランドのPolytechnicは、高等技術専門学校に近い形態を持ち、各種国家資格の取得を目的とする国立の高等教育機関を示す。しかし、大学との明確な区別はないためPolytechnicにおいても学士号を取得することができる。
38) ヨーロッパから移住してきた白人のことを、マオリ語でPakeha（パケハ）と呼ぶ。
39) Department of Labour, 2005, *work INSIDHT*. Wellington: The Department of Labour.
40) 2010年1月からは、プレイセンターにおいても20時間無償保育制度が適用されることとなった。
41) リカレント教育とは、すべての人に対し教育は生涯を通じて必要となるという考え方がベースとなっており、義務教育を終えた者がそれぞれの生涯にわたって諸活動や労働と交互に行う教育のことを指す。

第Ⅱ編

日本・子育て支援施策モデルとしてのプレイセンター活動

第3章

日本におけるプレイセンター活動の実践

第1節　問題の所在

　今日、わが国では都市化・少子化・核家族化などの家族形態の変容にともない子育ての環境が大きく変化してきている。地域共同体が崩壊していくなかで人と人のつながりは途絶え、家族は「私事化」や「個人化」に向かっている（森岡：1993）。乳幼児を抱える家庭では、性別役割分業によって母親が専従で子育てを担うようになり、特に専業主婦世帯では、親と子が「家庭」という密室の中に閉ざされる傾向を強めた（大日向：2000、落合：2004、中野：2002）。さらに、母親役割への期待感や母親規範が、子育て期にある日本の女性たちを暗黙のうちに「家庭」や「育児」の領域に押し込めていくための外圧となっている（中谷：2008）。Beck（1994）は、近代制度の下で派生した「個人化」について、「一人ひとりがみずからの生活歴を自分で創作し、上演し、補修していかなければならない」と定義している。Beckはまた、近代制度の中で「個人化」することは、伝統的な共同体から解放され、多様な選択肢と自由が与えられるが、その一方で社会による制約を強めると指摘している。つまり、近代化する過程で可能になった「結婚」や「労働」、「教育や子育て法」など個人に向けられた選択が、すべて自己決定に依拠することとなったため、人々はそこに生じる矛盾を自己のリスクとして経験しなければならなくなった。

　「個人化」する社会では、人と人のつながりや共同体は衰退し、世帯格差を

生む。BeckとGiddens（1994）は、こうした近代化された社会の崩壊を「再帰的近代化」と呼んでいる。さらに、Giddensは、「再帰的近代化」されたポスト伝統社会を、真の意味での行為や経験の新たな社会的世界の始まりとし、新たな社会的きずなを構築するには「対話的民主制」が不可欠であると指摘している（Giddens: 1994）。

　確かに、BeckやGiddensが述べるように、わが国でも、子育てに対する選択が「個人化」することで、その方法論は広範で多岐にわたるようになった。しかしその一方で、こうした傾向が、子育ての価値観を共有することや協働的な子育ての相互支援を行うことを阻害する要因となり、育児ストレスや育児不安の誘因となっている。こうした傾向を是正していくためには、社会的なきずなとしての新たな「子育てコミュニティ」を作りだしていくことが重要となってくる。わが国においては、「少子化」という切り口から、子育て支援の取組みが始まったため、親がサービスの受け手となる事業が多くなされてきた。しかし、今後は、親をサービスの受け手として捉え、子育ての負担感をなくす対処療法的な視点ではなく、親たちの主体的活動を支える視点を持つことこそが重要となってくる。

　日本政府による子育て支援策としては、1994年の「エンゼルプラン」を契機としてさまざまな取組みが進められてきた。こうした結果、各地域における子育て支援活動が充実し、子育てに対する負担感は軽減に向かった。しかしその一方で、子育て支援の現場では、「子育て支援が親をダメにしている」という議論もでてきている（大日向：2005）。子育ての負担感を外注化によって軽減しようとする傾向が顕著なわが国では、そのことが親の子育て力の低下を招いているというのだ。本来であれば、子育ての主体を親とすることが当然の帰結として議論されるべきであり、社会が子育てのすべてを代替することは、子育て支援のそもそもの目的に反している。そのため、今後は、親が自らの力で子育てを遂行できるように子育ての支援システムを再整備していくことが必要となってくる。

　第2章でも示してきたとおり、ニュージーランドのプレイセンター活動は、「再帰的近代化」の過程を踏みながらも、その地域や時々のニーズに即し

たコミュニティの再編成に成功している。また、プレイセンターにおいては、「Families growing together（家族が一緒に成長する）」が活動理念とされ、学習する共同体（Community of Learners）として地域成員が互酬的な関わりのなかで育ち合っている。しかし、このような子育て当事者同士の相互扶助活動は、日本の子育て支援の文脈において、あまり積極的に実施されてこなかった。つまり、親がお互いを資源として活用し合うというプレイセンターの視点が、わが国の子育てに関する施策においては不足していたということになる。

以上のことから、親の育ちを保障するプレイセンターのような子育ての互酬集団を作っていくことは、親や子どもにとってプラスに働くだけでなく、日本社会にとっても貴重な資本（ソーシャルキャピタル）となる可能性を示している。

本章の目的は、プレイセンター活動が日本の子育て支援に有効であるのかをソーシャルキャピタルの視点から検証することである。まず、第2節では、日本における少子化対策の変遷を辿り、子育て支援についての整理をした上で、政策的な課題を提示していきたい。次に第3節では、日本におけるプレイセンター活動の母体である、日本プレイセンター協会について概観する。そして、第4節において、日本のプレイセンター活動の事例を用いながら分析を進めていく。

第2節　日本の少子化対策と子育て支援

（1）少子化対策とは

日本の少子化対策と子育て支援は、支援の対象となる親の捉え方に特徴がある。つまり、これまでの施策を振り返ってみると、そこでは、子育ての第一義的責任者となる親への側面支援はほとんどなされておらず、代替支援が主となっている。さらに、親を支援の提供者として活用するという視点はどこにも見当たらない。以下では、その経過を述べることとする。

わが国では、少子高齢化がますます加速しており、少子化対策や子育て支

援の議論がたえない。厚生労働省の定義によると、少子化対策とは、「教育論、国家論、家族問題の『少子化の流れを変えるための国家としての基本的な課題への対応』＝子どもを持つ、生み育てることについて関心を高める施策」であるとされてきた[1]。つまり、初期のころの少子化対策の目的は、国益のための労働力となる子どもの再生産にあると解釈することができる（小伊藤：2009）。このような国の政策的なメッセージは、1994年以降の少子化対策の施策案のなかでも、随所に現れている。そこで、政府が、どのような施策を実施してきたのか、少子化対策の経緯を具体的に見ていくことにする。

1) エンゼルプラン

1994年12月に、1995年から10年間の少子化対策プランである「今後の子育て支援のための施策の基本的方向について」、通称「エンゼルプラン」が策定された。この「エンゼルプラン」は、当時の文部・厚生・労働・建設の4大臣合意による日本で初めての少子化対策とされ、その中でも「緊急保育対策等5か年事業」は、「エンゼルプラン」具体化の一環として力が注がれた。このプランの内容は1986年、「男女雇用機会均等法」制定に影響を受けている。つまり、母親が働き続ける環境が整ったものの、仕事と子育てを両立することの困難さが子どもを産む機会を阻害しているとのことから、その対策として保育所の整備が緊急課題となった。また、子育ては母親だけでなく父親も同様に関わることが必要であるとうたわれ、父親講座や体験教室が各地で開催されるなど、父親による育児参画の重要性が示された。

2) 少子化対策推進基本方針

「緊急保育対策等5か年計画」の最終年にあたる1999年になると、新たな子育て支援の方向性として「少子化対策推進基本方針」が策定された。この方針では、少子化の原因を晩婚化の進行等による未婚率の上昇としている。その背景には、①結婚に関する意識の変化、②固定的な性別役割分業を前提とした職場優先の企業風土、③核家族化や都市化の進行により、仕事と子育ての両立の負担感が増大していること、④子育てそのものの負担感が増大していることが挙げられている。そのため、わが国では、1970年代半ば以降、夫婦の平均出生児数が平均理想の子ども数よりも少なく、理想と現実の間にほぼ一定の開

きがあるまま推移し現在に至っているのだという。
　この方針の目的と基本的考えは、次の3点の視点に立つことが適当であるとする。

① 結婚や出産は、当事者の自由な選択に委ねられるべきものであること。
② 男女共同参画社会の形成や、次代を担う子どもが心身ともに健やかに育つことができる社会づくりを旨とすること。
③ 社会全体の取組みとして、国民的な理解と広がりをもって子育て家庭を支援すること。

　また、上記の視点のもとに、具体的に以下の6点が施策の対象となる。

① 固定的な性別役割分業や職場優先の企業風土の是正。
② 仕事と子育ての両立のための雇用環境の整備。
③ 安心して子どもを産み、ゆとりをもって健やかに育てるための家庭や地域の環境づくり。
④ 利用者の多様な需要に対応した保育サービスの整備。
⑤ 子どもが夢を持ってのびのびと生活できる教育の推進。
⑥ 子育てを支援する住宅の普及など生活環境の整備[2]。

　これらを総括して言えることは、従来、日本で慣習化されてきた男女のあり方を改めるとともに、新たな家族観のもとでおのおのが働き方を考え、地域社会に寄与することが目指されるべき目標として設定されたということである。しかしながら、このプランは共働き世帯が3人目を持つほど十分な施策とはいえない。むしろ、共働き世帯が2人目をなんとか持つことを可能にするか、独身女性がキャリアを犠牲にして結婚まで踏み切れないでいるのを緩和する程度の施策であるとされている（Roberts: 2002）。これら施策の中身もさることながら、この施策には具体的な目標値も定められていなかった。その結果、曖昧で具体性にかけるプランで終わったと評価がなされている（前原：2008）。

3）新エンゼルプラン

2000年4月から2005年3月にむけて、「緊急保育対策等5か年事業」と「少子化対策基本方針」をさらに実行するものとして、「重点的に推進すべき少子化対策の具体的実施計画について」が策定された。これは、「エンゼルプラン」の4大臣に大蔵大臣と自治大臣が加わった6大臣で取り決められ、通称「新エンゼルプラン」と名づけられ、1999年12月に発表された。

主たる内容は、以下の8点である。

① 保育サービス等子育て支援サービスの充実
　・0～2歳児受け入れ　・延長保育、休日保育推進　・在宅児を含む支援など
② 仕事と子育ての両立のための雇用環境の整備
　・育休、復帰の浸透　・仕事と子育ての両立　・再就職支援など
③ 働き方について固定的な性別役割分業や職場優先の企業風土の是正
④ 母子保健医療体制の整備
⑤ 地域で子どもを育てる教育環境の整備
　・体験活動　・電話相談　・学校と地域の交流　・幼稚園の活用など
⑥ 子どもたちがのびのび育つ教育環境の実現
　・子育ての実地体験など
⑦ 教育に伴う経済的負担の軽減
　・幼稚園就園奨励事業
⑧ 住まいづくりやまちづくりによる子育て支援
　・ゆとりある住生活　・子育てしやすい住環境　・安全な生活環境、遊び場の確保[3]

この新しいプランでは、「エンゼルプラン」と同様に、保育所の整備が重視されたが、待機児童の問題が解決されることはなかった。2001年には、「育児休業法」が改正[4]されたこともあり、働く親を支える条件が整備されるようになった。しかしその一方、就労する母親間で、仕事と子育てを両立できる正

表 3-2-1 新エンゼルプラン目標数値一覧表

①保育サービス等子育て支援サービスの充実

事　項	1999 年度	2004 年度
(1) 低年齢児の受入れ枠の拡大	58 万人	68 万人
(2) 多様な需要に応える保育サービスの推進		
・延長保育の推進	7,000 カ所	10,000 カ所
・休日保育の推進	100 カ所	300 カ所
・乳幼児健康支援一時預かりの推進	450 カ所	500 カ所
・多機能保育所等の整備	365 カ所	2,000 カ所
(3) 在宅児も含めた子育て支援の推進		
・地域子育て支援センターの整備	1,500 カ所	3,000 カ所
・一時保育の推進	1,500 カ所	3,000 カ所
・ファミリーサポートセンターの整備	62 カ所	180 カ所
・放課後児童クラブの推進	9,000 カ所	11,500 カ所

② 仕事と子育ての両立のための雇用環境の整備

事　項	1999 年度	2004 年度
(1) 子育てのための時間確保の推進等子育てをしながら働き続けることのできる環境の整備		
・フレーフレー・テレフォン事業の整備	35 都道府県	47 都道府県
(2) 出産・子育てのための退職した者に対する再就職の支援		
・再就職希望登録者支援事業の整備	22 都道府県	47 都道府県

③母子保健医療体制の整備

事　項	1999 年度	2004 年度
・国立成育医療センター（仮称）の整備等		13 年度開設
・周産期医療ネットワークの整備	10 都道府県	47 都道府県
・小児救急医療支援の推進	118 地区	2001 年度までに 360 地区（2 次医療圏）
・不妊専門相談センターの整備	24 カ所	47 カ所

最新修正数値・出所：厚生省「新エンゼルプラン」をもとに筆者作成[5]。

表 3-2-2 新エンゼルプランの進捗状況表

	2000 年度	2001 年度		目標値
低年齢児受入れの拡大	(59.3 万人) 59.8 万人	61.8 万人	2004 年度	68 万人
延長保育の推進	(8,052 カ所) 8,000 カ所	9,000 カ所	2004 年度	10,000 カ所
休日保育の推進	(152 カ所) 100 カ所	200 カ所	2004 年度	300 カ所
乳幼児健康支援一時預かりの推進	(132 市町村) 200 市町村	275 市町村	2004 年度	500 市町村
多機能保育所等の整備	(333 カ所) 305 カ所 1999年補正88 カ所 計　393 カ所	298 カ所 2000年補正88 カ所 累計　779 カ所	2004 年度	2,000 カ所
地域子育て支援センターの整備	(1,376 カ所) 1,800 カ所	2,100 カ所	2004 年度	3,000 カ所
一時保育の推進	(1,700 カ所) 1,800 カ所	2,500 カ所	2004 年度	3,000 カ所
ファミリーサポートセンターの整備	82 カ所	182 カ所	2004 年度	180 カ所
フレーフレー・テレフォン事業の整備	(39 都道府県) 39 都道府県	43 都道府県	2004 年度	47 都道府県
再就職希望登録者支援事業の整備	(24 都道府県) 24 都道府県	33 都道府県	2004 年度	47 都道府県
小児救急医療支援事業の推進	(51 地区) 240 地区	240 地区 ［小児救急確保の調整360 地区］	2001 年度	360 地区
不妊専門相談センターの整備	(18 カ所) 24 カ所	30 カ所	2004 年度	47 カ所
家庭教育24 時間電話相談の推進	(35 都道府県) 32 都道府県	31 都道府県	2004 年度	47 都道府県

出所：厚生労働省雇用均等・児童家庭局・総務課少子化対策企画室の資料をもとに筆者作成。

規労働者と、制度を利用できない非正規労働者とに子育て環境の格差を生じさせる結果となった（前田：2003）。

4）待機児童ゼロ作戦

2001年、小泉首相（当時）は「所信表明演説」の中で、保育所の「待機児童ゼロ作戦」を明言した。これは、都市部の待機児童の問題が解消しないことを危惧し、「仕事と子育ての両立支援策の方針について」のなかの1つとして、2001年7月6日に閣議決定したものである。待機児童ゼロの状態とは、4月1日入所決定を行うにあたり、厚生労働省の保育所入所待機児童の定義[6]に基づく認可保育所に待機児童がいないことを示す。この定義で待機児童を計算すると、元の定義に比べ1万人も減る。なぜなら、認可保育所に入所できず、無認可や保育室に一時入り空きを待っている児童や、空きのある無認可に通わず、認可保育所に申し込みを行っている児童は加算されないからである。しかし、定義だけを変えて、小手先の数字だけを操作しても待機児童の問題が解決されたとは言えない。

2001年4月の待機児童数は、2万749人[7]、2009年4月には、2万5,384人と前年比29.8％の増加となった[7]。『保育白書』（2005）によると、こうした待機児の急増は、規制緩和や市場化による認可外保育施設など安上がりな待機児童対策を全国的に広げるきっかけにもなった。さらに自治体では、待機児童対策として「入所定員枠の弾力化」が実施され、規制緩和も重なり、年度当初から25％増、年度途中で25％を超えた入所が可能になった。その結果、定員の130％を超える保育所が実際に出てきている。この定員超過は、児童福祉法施行令の最低基準を下回らないことが条件であるが、最低基準自体の見直しが必要な時期を迎えているため、結果的には保育の質の低下が避けられない状態となっている。このように、たとえ待機児童が減ったとしても目先の数字にとらわれることなく、従来の保育の質が保たれているのか、またそれ以上に劣悪な保育になっていないのかをきちんと評価していくことが必要となってくる。

5）少子化対策プラスワン

2002年に、「少子化社会を考える懇談会」という名の厚生労働大臣主催の有識者による懇談会が開催された。ここでの報告を受けて、9月20日には「少

子化対策プラスワン―少子化対策の一層の充実に関する提案―」が発表された。このプランでは、今までの「子育てと仕事の両立支援」に基づいた保育整備の視点から外れ、就業に問わず子育てをする全世帯を視野に入れている。

　主な中心柱として、①男性を含めた働き方の見直し、②地域における子育て支援、③社会保障における次世代支援、④子どもの社会性の向上や自立の支援が具体的に提言された。特に注目したいのは、すべての働きながら子どもを育てている人のための取組みを掲げ、父親の働き方の改革を推奨している点である。以前の施策でも父親の参加を促す育児講座などが開催されたことがあったが、ここへ来て、①子どもが誕生した際の父親に対する最低5日間の休暇（子の誕生ごとに1回通算して5日まで）、②育児休業取得率（男性10%・女性80%）、③子どもの看護休暇普及率25%、④勤務時間短縮等の普及率25%として、両親ともに子育てに関われるような目標数値が掲げられた。

　1999年の厚生労働省「女性雇用管理基本調査」によると、出産した労働者に占める育児休業取得者の割合は56.4%で、育児休業取得者のうちで男性が占める割合は2.4%であった。しかし、この数字にも現れているように、父親にとっての育児休業制度は、あっても利用できない制度であった。父親の取得が進まない理由は、育児休業を取ると給料が40%の支給となり、世帯の総収入を考えると賃金の低い母親が取得する方が有利と考える夫婦が多いためである。さらに、日本の会社組織においては、父親である男性が育児休業を取ることに対し、理解を示さない上司が多いことが指摘できよう。ILO156条[8]には、家族の責任は男女労働者両者の責任と明記されている。そのため、就業者それぞれが自身の働き方に問題意識を持ち、両親ともに利用できる制度へと働きかけていくことが重要となる。

　これまでの施策は、働く母親への支援が中心であったが、少子化対策プラスワンではそれと並行して、密室育児の問題に着目し、在宅親子に対する支援にも力を入れ始めたことが特徴的である。山岡が行った1999年の調査では、働く母親と比較し専業主婦の育児不安が著しく高いことが明らかになった。この調査では、専業主婦の内、81.9%が「自分の気分次第で子どもを叱る」、72.3%が「子どもの良くない行いを自分の罪と感じる」と回答している[9]。

上記に示した他には、中高生における乳幼児の触れ合いの機会提供、社会保障制度における子どもたちへの配慮が新たに提言され、次世代育成の観点から支援が取り組まれるようになった。

6）次世代育成支援対策推進法

少子化対策プラスワンを推し進めるために、2003年7月9日「次世代育成支援対策推進法」が成立した。これにより、自治体と企業は、2005年度から2015年度の10年間に実施する行動計画を策定することが義務づけられた。この法律の特徴は、今までの保育整備に基づく子育て支援だけでなく、結婚の斡旋や子どもを持ちたくても持てずに不妊治療を行っている夫婦に対しても支援する妊娠支援にまで及んだことだといえる。

表3-2-3　次世代育成支援対策推進法の骨子

《次世代育成支援対策》
　次代の社会を担う子が健やかに生まれ、育成される環境整備のための国・自治体の施策、事業主の雇用環境整備など。
《基本理念》
　対策は父母、保護者が子育てについての第一義的責任を有するという基本的認識の下、子育てに伴う喜びが実感されるように配慮して行わなければならない。
《市町村（都道府県）行動計画》
　市町村（都道府県）は5年ごとに対策の実施に関する計画を策定する。
《一般事業主行動計画》
　常時雇用する労働者が301人を超える事業主は対策に関する計画を策定し、届け出なければならない。

出所：朝日新聞　2003年7月9日、東京本社版、夕刊、2面。

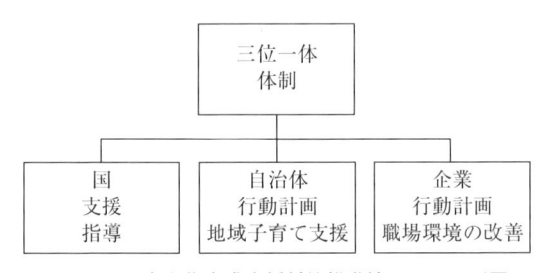

図3-2-4　次世代育成支援対策推進法のイメージ図
（筆者作成）

従来、政府は、企業による少子化対策の取組みを努力義務として容認していた。しかし、この推進法においては、自治体や301人以上の従業員を持つ企業に対して少子化対策の行動計画を策定するよう義務づけている（図3-2-4）。その後、2009年には、法改正がなされ、2011年度以降は、101名以上の企業に対しても上記で示した行動計画の策定が義務化されることとなった。

7）子ども・子育て応援プラン

　2004年12月、少子化社会対策会議において、「子ども・子育て応援プラン」（仮称「新新エンゼルプラン」）が策定された。このプランは、少子化社会対策大綱の掲げる4つの重点課題に沿って、2005年度から2009年度までの5年間に講ずる施策として発表されている。当施策では、具体的な政策立案にとどまらず、10年後を見据えた目指すべき社会像を提示している。また、社会全体で子育てを応援することを重要視し、すべての子どもと子育てを支援する事業へと転換している。つまり、これまで、保育所の拡充策を中心として展開してきた少子化対策が、保育所を利用しない専業主婦世帯の支援にも本格的に取り組むようになったのである。それだけではなく、このプランでは、小学校の放

表3-2-5　子ども・子育て応援プランにおける4つの重点課題

①若者の自立とたくましい子どもの育ち 　・若者が意欲を持って就業し経済的にも自立（若年失業者等の増加傾向を転換）
②仕事と家庭の両立支援と働き方の見直し 　・希望する者すべてが安心して育児休業等を取得 　・育児休業取得率男性10%、女性80% 　・男性も家庭でしっかりと子どもに向き合う時間が持てるようにする。 　・育児期の男性の育児等の時間を他の先進国並みにする。
③生命の大切さ、家庭の役割等についての理解 　・保育所、児童館、保健センター等において中・高校生が乳幼児とふれあう機会を提供する。 　・多くの若者が子育てに肯定的なイメージが持てるようにする。
④子育ての新たな支え合いと連帯 　・地域の子育て支援の拠点づくり 　　（つどいの広場事業、地域子育て支援センターを全国6,000ヵ所へ）。 　・全国どこでも歩いていける場所で気兼ねなく親子で集まって相談や交流ができる 　　（子育て拠点施設がすべての中学校区に1ヵ所以上ある）。

表 3-2-6 子ども・子育て応援プランの目標数値
2005-2009 年度

通常保育事業（保育所定員数）	203 万人 → 215 万人
放課後児童クラブ事業（クラブ数）	15,133 カ所 → 17,455 カ所
地域子育て支援センター（施設数）	2,783 カ所 → 4,402 カ所
つどいの広場（施設数）	171 カ所 → 1,555 カ所　（9 倍増）
ファミリーサポートセンター（施設数）	368 カ所 → 713 カ所
病児保育事業（施設数）	507 カ所 → 1,480 カ所　（3 倍増）
休日保育事業（保育所数）	666 カ所 → 2,157 カ所　（3 倍増）
夜間保育事業（保育所数）	66 カ所 → 143 カ所　（2 倍増）

課後対策やニート・フリーター対策など若者に対する支援にも着手するようになっている。さらに、根本的な生活改善も必要であるとし、父親を含む親たちの働き方についても検討されるようになった。

　また、政府の目標値については、全国の市町村計画とリンクするようになり、子ども・子育て応援プランの推進が、全国の市町村行動計画をバックアップするという形で実施されるようなシステムの改変がなされた。

8)「子ども・子育てビジョン」

　2010 年 1 月の閣議で、今後の子育て支援の方向性についての総合的なビジョンである「子ども・子育てビジョン」の策定が決定した。この施策は、「少子化社会対策基本法」の第 7 条の規定に基づき「大綱」として定められている。実施年は、2010 年度から 2014 年度としている。

　「子ども・子育てビジョン」では、「子どもが主人公（チルドレン・ファースト）」を基本的な施策における考え方としている。つまり、これまでの「少子化対策」から「子ども・子育て支援」へと視点を転換し、社会全体で子育てを支えるような計画となった。「子ども・子育てビジョン」の目的は、社会全体で子育てを支え、「生活と仕事の調和」を目指しながら、次世代を担う子どもたちが健やかにたくましく育ち、子どもの笑顔があふれる社会のために、子どもと子育てを全力で応援することとされた（内閣府：2010）。

　「子ども・子育てビジョン」の策定にあたっての基本的な考え方は、①社会全体で子育てを支える、②「希望」がかなえられることの 2 点としている。

　①では、「子どもを大切にする」という考えのもと、子どもの多様性を尊重

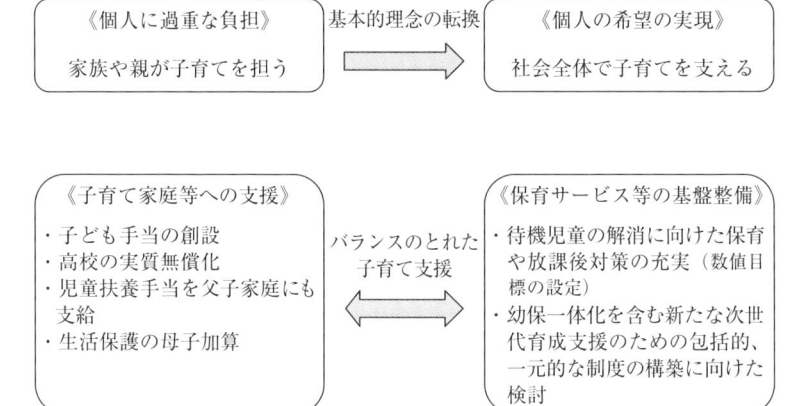

```
┌─────────────────────┐  基本的理念の転換  ┌─────────────────────┐
│《個人に過重な負担》  │  ━━━━━▶         │《個人の希望の実現》  │
│ 家族や親が子育てを担う│                 │ 社会全体で子育てを支える│
└─────────────────────┘                 └─────────────────────┘
```

┌─────────────────────┐   ┌─────────────────────┐
│《子育て家庭等への支援》│   │《保育サービス等の基盤整備》│
│・子ども手当の創設   │ バランスのとれた │・待機児童の解消に向けた保育│
│・高校の実質無償化   │ 子育て支援   │ や放課後対策の充実（数値目│
│・児童扶養手当を父子家庭にも│ ◀━━▶   │ 標の設定）   │
│ 支給   │   │・幼保一体化を含む新たな次世│
│・生活保護の母子加算 │   │ 代育成支援のための包括的、│
│   │   │ 一元的な制度の構築に向けた│
│   │   │ 検討   │
└─────────────────────┘   └─────────────────────┘

図3-2-7 「子ども・子育てビジョン」における子育て支援の方向性
出所：内閣府『平成22年度版 子ども・子育て白書』をもとに筆者作成。

し、困難な状況に対する支援を行うことにより、すべての子どもの生きる権利、育つ権利、学ぶ権利が保障されることを目指している。

また、多様な家族形態や親の就労の有無にかかわらず、すべての子どもの育ちと子育てを包括的に「ライフサイクル全体を通じて社会的に支える」こととしている。

さらには、子どもと子育てを「地域のネットワークで支える」とともに、地域の再生を目指すことについても示されている。

②では、個人の希望する結婚、出産、子育てを実現しながら、子どもを生み育てることに夢を持てる社会を目指すこととしている。また、親の経済力や幼少期の生育環境によって、人生のスタートラインの段階から大きな格差が生じ、世代を超えて格差が固定化することがない社会を目指している。さらに、男女が互いにその人権を尊重しつつ責任も分かち合い、働く意欲と能力を持つすべての人の社会参加により、「持続可能で活力ある経済社会」の実現を目指している。

上記に加え、子ども・子育て支援の実施に際して、以下のような「3つの大切な姿勢」を示している。

①生命（いのち）と育ちを大切にする。

②困っている声に応える。
③生活（くらし）を支える。

さらに、これら「3つの大切な姿勢」を踏まえ、次のような「目指すべき社会への政策4本柱」と「12の主要施策」に従って、取組みを進めることとしている。

1) 子どもの育ちを支え、若者が安心して成長できる社会へ
　　①子どもを社会全体で支えるとともに、教育機会の確保を
　　②意欲を持って就業と自立に向かえるように
　　③社会生活に必要なことを学ぶ機会を
2) 妊娠、出産、子育ての希望が実現できる社会へ
　　④安心して妊娠・出産できるように
　　⑤誰もが希望する幼児教育と保育サービスを受けられるように
　　⑥子どもの健康と安全を守り、安心して医療にかかれるように
　　⑦ひとり親家庭の子どもが困らないように
　　⑧特に支援が必要な子どもが健やかに育つように
3) 多様なネットワークで子育て力のある地域社会へ
　　⑨子育て支援の拠点やネットワークの充実が図られるように
　　⑩子どもが住まいやまちの中で安全・安心にくらせるように
　4) 男性も女性も仕事と生活が調和する社会へ（ワーク・ライフ・バランスの実現）
　　⑪働き方の見直しを
　　⑫仕事と家庭が両立できる職場環境の実現を

以上の視点に基づき、政府を挙げて、子どもを生み育てることに夢が持てる社会の実現のための施策を推進するとしている。また、省庁間の横断的な観点から、総合性と一貫性を確保するため、子どもや子育てに関わる施策間の整合性や連携を図る取組みを進めるとともに、省庁のあり方についても検討していくことが承認されている。

（2）少子化対策における子育て支援の課題

　1994年に策定された最初の少子化対策である「エンゼルプラン」では、「子どもを産みたいと思える社会へ」を目指し取り組んできた子育て支援であり、それは主に「育児と仕事が両立できる社会へ」の推進を意味していた。つまり、親の就労を支えるための保育サービス支援が重点的に実施されてきた。総務省が2004年に実施した『労働力調査詳細結果』によると、0～3歳の末子がいる母親のうち、67.3％が仕事を持たない専業主婦であった。だとすれば、政府は一部の層に限定して支援を行ってきたといえよう。

　そのため、近年では、専業主婦に対する支援策も盛り込まれるようにはなってきている。厚生労働省による地域子育て支援の事業内容は、①子育て親子の交流、集いの場を提供すること、②子育てアドバイザーが、子育て・悩み相談に応じること、③地域の子育て関連情報を集まってきた親子に提供すること、④子育ておよび子育て支援に関する講習を実施することとなっている。なかでも政府が力を入れている「つどいの広場事業」は、平成14年より公的事業として展開しており、現在では約1,120カ所の広場が全国各地に広がっている。しかしながら、「つどいの広場」のひとつである横浜市の「びーのびーの」を開催する奥山（2006）によると、つどいの広場事業を含む自宅で乳幼児を育てる親に対するサービスはまだまだ不足しているという。赤川（2005）も同様にして、公立保育所での専業主婦に対する育児相談や一時預かり保育をわずかに導入したところで、子どもに対する不平等感は、全く解消されないと主張しており、提供数の不足によって生じる子育て間の不平等を問題視している。政府としては、「つどいの広場」や保育所や幼稚園における地域開放の他、託児付き子育て講座や子ども家庭支援センターなどの増設にも着手している。この点では、専業主婦のいる世帯へも平等に支援が進む方向性に向かっており評価に値する。しかし、親が「働く・働かない」を選択する以前に、わが国の子育て支援施設では、その視点として親の「子育て負担」を軽減することに主眼が置かれている。その結果、政府による「子育て支援」はますます子育てサービスに対する親の依存度を高めている。

　他方、ニュージーランドでは、多様な幼児教育の選択肢が用意され、そのど

れもが親の就労を問わず誰でも参加できるようになっている。なかでもユニークな活動として知られているプレイセンターは、親による協働保育とその運営が特徴的あり、ニュージーランドの各地域で開催されている。親は、地域の仲間と相互に支えながら子育てを行い、親教育を通じて子育てや運営のスキルを身に付けていく。既述したとおり、わが国の少子化対策の議論では、国の経済力や教育の専門化を推し進める方向に向かっており、そのことは、親が「どのように子どもを育てるのか」について考える機会を、奪うことになりかねない（池本：2003）。

2010年の新たな施策である「子ども・子育てビジョン」では、従来の「少子化対策」から「子ども・子育て支援」へと視点が移行してきたものの、まだ具体的な実現には至っていない。そのため、わが国での主流となっている「サービス依存型」の子育て支援事業のあり方を根本的に見直し、新たな子育ての方向性を確立していかなければならない。その方法論のひとつとして、ニュージーランドのプレイセンター活動が参考になろう。そこでは、地域の中で「親が自ら親として成長する」ことが実現されていることから、わが国でも親を客体としない拠点作りを推進していくことが求められている。

2002年に、UFJ総合研究所が行った厚生労働省の委託調査では、12歳以下の子どもを持つ女性の53.3％が「自己啓発や資格取得のための勉強」を、自分の時間で子育て期に並行したいこととして回答している（図3-2-8）。このことからも、親たちが子育て期に母親役割以外の活動機会を求めていることがわかる。プレイセンターでは、学習しながら、子育てをする相互扶助組織となっており、わが国の親たちのニーズにも見合った活動となる可能性は高い。

以上の視点に加え、現在の子育て支援策では、保育所の拡充はもちろんのこと、専業主婦を含む在宅親子支援、ワークライフバランスに挙げられる就労支援、緊急保育支援と多岐にわたる支援策となっている。ところが、子育て環境の抜本的な改善にまで及んでいない。つまり、依然として、子育てのストレスや負担感など、子育てをめぐるネガティブな側面ばかりが強調されており、地域で親子が安心して育ち合うようなシステムの確立には至っていないのである。

(単位％)

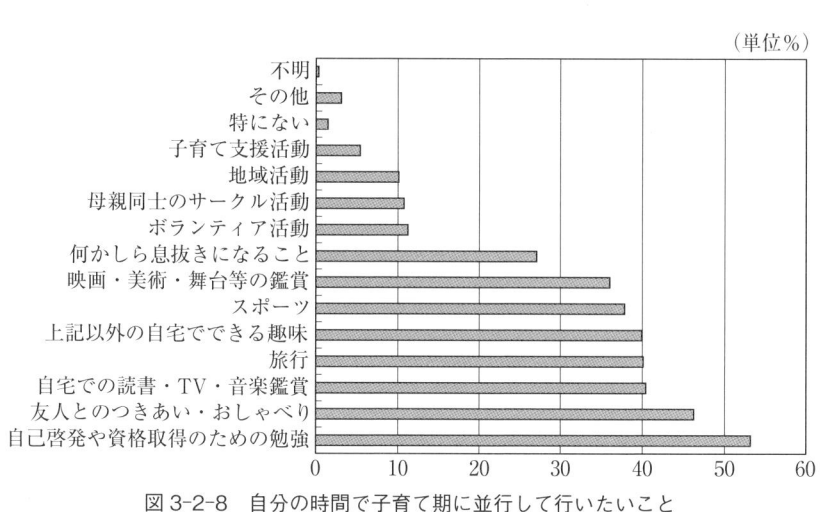

図3-2-8 自分の時間で子育て期に並行して行いたいこと
出所：(株) UFJ総合研究所「これからの家族と家庭を展望した子育て家庭支援のあり方」(2002)、内閣府『平成18年度版　男女共同参画白書』(2006) をもとに筆者作成。

　こうした環境を整備するには、子どもが発達する生活圏を育て、人々のつながりを生むコミュニティの再生が必要であると小伊藤（2009）や室崎（2009）は指摘している。つまり、地縁や血縁を基盤とした地域共同体を作りなおすために、従来の国によるトップダウン事業を改め、地域成員が活動を興していくボトムアップ型の事業へと方向転換していく必要があるということになる。その方法論としては、第一に、子育ての当事者である親たちをエンパワーメントしていくことが必要であろう（中谷：2006）。プレイセンターでは、親たちが学び合いながら、個人の能力を開花させていく場所となっている。そして、参加する親たちは、プレイセンター活動を通じて、地域の仲間と知り合い、友情を深めながら子育てネットワークを広げている。こうした意味でも、プレイセンター型の子育てこそ、現代の日本に求められている子育ての姿であるといえよう。さらに、プレイセンターでの学習や運営を通じて参加者がエンパワーメントされる過程は、日本の保育制度を変える、社会運動への原動力となるであろう。なぜなら、親が参加する活動は、地域に対する貢献となり、地域力の向上にも密接に結びついているからである。

2010年から実施となった新たな施策「子ども・子育てビジョン」の4本柱では、「多様なネットワークで子育て力のある地域社会へ」の実現がひとつの柱として掲げられている。つまり、ここでは、親たちを地域の支え手として捉え、ネットワークでつながりあうことの意義が示されている。このような実践は、ニュージーランドのプレイセンターで古くから行われてきたことから、今後、日本において、プレイセンターを普及させることは、新たなネットワークづくりを推進することを意味している。

次節では、日本にプレイセンターの活動を紹介し、普及活動を行っている日本プレイセンター協会について説明していくことにしよう。

第3節　日本プレイセンター協会の概要

本節では、日本でプレイセンター活動を普及させることを目的に取り組んできた日本プレイセンター協会と協会傘下の各プレイセンターの実践を中心に取り上げていく。ニュージーランドでは、調査したすべてのプレイセンターが政府認可の幼児教育機関としてのライセンスを保有していた。しかし、日本の活動は、まだ始まって10年余りということからその歴史は浅い。よって、日本国内での認知度はまだ低く、活動の進め方も多岐にわたる。そこで、本書においては、日本の活動を2つの型である①市民先導型、②行政先導型に分け、事例研究として提示することとした。

日本プレイセンター協会は、2000年9月より、日本にプレイセンターの活動を紹介し、日本におけるプレイセンターの普及を目指し、各プレイセンターの実践を支援している。日本プレイセンターのホームページを見ると、その目的は、ニュージーランドのプレイセンターをモデルにした「親たちによる幼児教育活動」を支援していくこととされている[10]。協会の活動は、ニュージーランド・プレイセンター連盟の許可を得ており、①プレイセンターに関する広報活動、②スーパーバイザー養成、③講師派遣等を含むプレイセンターの開設補助、③プレイセンターのネットワークづくり、④現地との交流活動を中心に

行われている（表3-3-1）。

　多くのニュージーランドのプレイセンターでは、スーパーバイザー（主任保育者）になるために、6段階の学習コースのうち3段階までを修了する必要がある。しかし、プレイセンター自体が日本国内に浸透していないため、現在の状況では、親たちだけでプレイセンターを設立し、運営することは難しい。そこで、日本プレイセンター協会は、その手始めとして運営の中核を担うスーパーバイザーの養成に着手することにした。

　2009年現在、保育士や幼稚園教諭、子育て支援関係者、親たちを含む一般市民ら、100名以上のスーパーバイザーが日本プレイセンター協会の認定を受けている。また、その内の数名が日本国内にプレイセンターを開設しており、プレイセンター活動の普及に貢献している。現在、プレイセンター協会員は、役員理事13名で構成され、日本プレイセンター協会認定スーパーバイザー、プレイセンター実践者および経験者、シンクタンク・大学機関研究者、保育所の職員、元保育士や幼稚園教諭らが協会活動に参加している。

　ここで、日本プレイセンター協会の設立に至る経緯を追っていくことにしよう。以下、池本（2009）による「プレイセンター活動にかかわる人材育成〜日本におけるこれまでの取り組みと今後の課題」を参照しながら協会の変遷を辿っていく。

　日本プレイセンター協会は、日本総研の池本美香を初代代表として2000年9月に発足した。池本が初めてニュージーランドの保育・教育制度に関わることになったのは、1995年に財団法人こども未来財団の児童環境づくり等総合調査研究事業の一環で、ニュージーランドを担当し調査したときのことである。池本は、当時所属していたさくら総合研究所（現日本総研）の論文集のなかで、ニュージーランドの幼児教育制度についての報告をしている[11]。後に、この論文の一部は、日本経済新聞の記事として紹介されている。その記事を読んだ大阪府にある（株）メルシーサービス[12]は、池本に「商業施設における子育て支援」をテーマに調査を依頼した。池本は、この委託を受け、諸外国の子育て支援の事例をまとめ、なかでも、ニュージーランドのプレイセンターを施策案として提案した。

表 3-3-1 日本プレイセンター協会の活動年表

2000 年 9 月	「日本プレイセンター協会」発足。
2000 年 10 月～11 月	日本プレイセンター協会主催、第 1 回スーパーバイザー養成コース開講、7 名に修了書を授与（於　東京ウィメンズプラザ）。
2001 年 2 月	婦人国際平和自由連盟日本支部主催「ピースキャラバン：家庭地域で進める平和教育の実践」にてプレイセンター活動の紹介。（於　文京シビックセンター）。
2002 年 1 月～2 月	社会福祉・医療事業団助成事業「プレイセンター活動スーパーバイザー養成事業」の一環として東京都狛江市・小平市にて第 2 回、第 3 回スーパーバイザー養成コースを開講、38 名が参加。
2002 年 3 月	ニュージーランド・プレイセンター連盟からスーパーバイザー 2 名を招き講演会を開催、約 150 名が参加（於　東京ウィメンズプラザ）。
2002 年 10 月～12 月	東京都助産婦人会館ホールにて子育て支援研究センター事業部共催第 4 回スーパーバイザー養成コースを開講（於　飯田橋）。
2003 年 5 月～7 月	日本プレイセンター協会主催、第 5 回スーパーバイザー養成コース開講（会場は、第 4 回と同様、実習の 1 回は「プレイセンター・ピカソ」にて）。
2004 年 8 月	日本女子大学西生田生涯学習センターとの共催で「プレイセンター夏季セミナー」を開催。午前「プレイセンターを始めてみませんか」・午後スーパーバイザーステップアップ講座として「ファシリテーター入門講座」を実施。
2005 年 9 月～12 月	プレイセンター卒業生を対象にした、スーパーバイザー養成コースを実施する。
2006 年 6 月～2009 年	機関紙『ブレイドウ通信』が発刊となる。
2007 年 6 月・11 月	「プレイセンター基礎知識講座・訪問者講座」を開催。（於　日本女子大学・東京ウイメンズプラザ）。
2008 年	恵庭市との共同事業に着手（共同研究、リーフレット、テキスト翻訳および作成）。同事業が、内閣府「地方の元気再生事業」トップ 12 に選出される。
2009 年 10 月	プレイセンター国際シンポジウム開催（北海道・恵庭市の事業として）。ニュージーランドより、プレイセンター連盟会長、教育部門統括スタッフら役員 3 名を招聘。日本からは、池本美香（日本プレイセンター協会前代表）、汐見稔幸（白梅大学学長）、その他研究者、実践者などが参加。
2011 年 6 月	日本プレイセンター協会 10 周年記念シンポジウムを淑徳短期大学にて開催。第 I 部として池本美香、中島興世（恵庭市前市長）、筆者（日本プレイセンター協会現代表）が基調講演。第 II 部は、実践者によるパネルディスカッションを行う。

（筆者作成）

池本の調査結果を受け、(株)メルシーサービスは、プレイセンターの事業化を検討した。そして、ニュージーランドのプレイセンターについてのより詳細な調査と日本向けのテキスト開発を池本に再委託した。池本は、常葉学園短期大学の助教授である久保田力（現職は、相模女子大学教授）とともに「プレイセンター研究会」を設立し、調査に臨んだ。その結果、ニュージーランド・プレイセンター連盟の協力を得て、プレイセンターの紹介ビデオと入門テキストを作成するに至った。その後、(株)メルシーサービスとの契約は満了した。しかし、池本には、引き続き日本にプレイセンターを紹介する活動を続けたいとの思いがあった。そこで、2000年9月、「プレイセンター研究会」とは、別の組織として「日本プレイセンター協会」を設立することにした。

池本が最初に取り組んだ事業は、プレイセンターを新規に立ち上げる人たちを対象とするリーダーの養成であった。プレイセンターでは、この活動の中核を担うリーダー格の保育者をスーパーバイザーと呼ぶことが多いため、スーパーバイザー養成コースと称し、講座を開講した。池本は、他の民間企業に勤める2人の仲間とともに始めたため、まずは、活動を実際に行っていくスーパーバイザーを養成する必要があったのだ。

2000年11月～12月には、東京ウイメンズプラザを会場に第1回スーパーバイザー養成講座が開催された。その時の受講生は7名であった。当時の受講生のうち数名は、現在、東京都国分寺市の「プレイセンター・ピカソ」や神奈川県川崎市の「プレイセンターかんがるー」のスーパーバイザーとして活動を行っている。また、彼らは、日本プレイセンター協会の協会員としてもプレイセンターの普及活動に貢献している。

次に、日本プレイセンター協会が取り組んだ事業は、社会福祉・医療事業団からの助成を受けてのスーパーバイザー養成講座の開催であった。池本らは、第1回目の講座に受講生がそれほど集まらなかった理由として、受講料の高さを挙げた。そのため、第2回目は助成金を獲得することで、受講生の負担を軽くすることにした。この時の養成講座は、狛江市と小平市で開催され、38名が参加した。また、助成金の一部で、ニュージーランドのプレイセンター連盟より2名の講師を招聘して講演会（約150名参加）を開催した。

その翌年からは、子育て支援研究センターとの共催で、スーパーバイザー養成コースを開催することになった（2002年11月～12月：56名参加、2003年5月～6月：22名参加）。この子育て支援研究センターは、保育士等の研修会を実施している団体であり、その講座のひとつとしてプレイセンターの講座が取り上げられた。この子育て支援研究センターからは、保育者の専門性が高まる中で、協会の開催する講座が単一であるとその評価が低くなるとの助言を受けた。そこで、共催にあたっての講座名を「スーパーバイザー養成〈基礎コース〉」として実施した。

　その後は、講座を担当する講師を確保することが難しかったことと、遠方の受講者にも対応できるようにスーパーバイザー養成コースに通信講座を導入した。この講座では、テキストを受講生に送付し、7つのテーマに沿ったレポート提出を課している。通信講座はいつでも受講できるが、テキスト到着から半年以内に提出することを原則として定めることとした。受講生から提出されたレポートは、日本プレイセンター協会の協会員がコメントをし、修了証を発行している。現在、日本プレイセンター協会では、この通信講座を中心としてスーパーバイザーの養成を実施している。

　この他の講座としては、2004年8月に、スーパーバイザー同士の交流を目的としたブラッシュアップ講座を開催した。この講座は、「夏季セミナー」と名付けられ、日本女子大学を会場として実施された。スーパーバイザー同士の交流については、ニュージーランドのプレイセンター連盟からもその重要性が指摘されていることから、今現在も継続して実施している。2010年には、交流会の名称を「プレイセンター・いろは」とし、研修会とセットで開催するようになっている。

　また上記の他に、プレイセンターをテーマに卒業論文を書きたいという学生や、その他一般の親、保育者、ニュージーランドへの視察希望者を対象にした「プレイセンター基礎知識講座」についても開催している。

　プレイセンターの広報活動や情報提供は、ホームページ上や機関誌である『プレイドゥ通信』を通じて行ってきた。機関誌では、協会の活動や各地のプレイセンターの情報、遊びの紹介、ニュージーランドの実践などの記事を扱

い、年3回の発行を行ってきた。しかし、今後は、さらなる読者層の増加を目的にメールマガジンへと切り替えを予定している。

　2008年からは、自治体初の取組みとして、恵庭市のプレイセンターが設立された。自治体が主体となることで、プレイセンターの認知度が徐々に上がってきているとの報告がなされている。恵庭市のプレイセンター事業は、2009年度において、内閣府の「地方の元気再生事業」に採択されており、その一環として、プレイセンター事業のさまざまな取組みが実現した。具体的には、日本プレイセンター協会と北海道文教大学のプレイセンター活動に関する共同研究、活動リーフレットの作成、翻訳テキストの開発と多岐にわたる事業に着手し、それらは、日本におけるプレイセンターの普及活動に多大なる貢献をもたらした。なかでも、2009年10月に実施されたプレイセンター国際シンポジウムは、各種マスコミからの関心も高く、盛会のうちに終了した。このシンポジウムには、日本プレイセンター協会員もシンポジストとして参加している。

　2010年には、日本プレイセンター協会が設立10年を迎えたため、組織再編のひとつとして役員の入れ替えを行った。池本は、10年を機に代表職を降りることを表明し、一研究者としてプレイセンター協会に関わることを決意し理事となった。2010年8月からは、新代表として筆者が着任することとなった。その後、2011年6月には、日本プレイセンター協会創立10周年を記念し、筆者が勤める淑徳短期大学を会場にシンポジウムを開催した。シンポジウムは2部構成とし、第Ⅰ部では、池本が「プレイセンター協会のあゆみ」、恵庭市元市長の中島興世氏が「子どもの問題は解決できる」、筆者が「プレイセンターの魅力」をテーマに講演を行った。第Ⅱ部では、「子どもの遊びと大人の役割」をテーマとし、TOKYO PLAY代表の嶋村仁志氏がファシリテーターを務め、行政関係者やプレイセンターの実践者らとパネルディスカッションを実施した。このシンポジウムでは、プレイセンターの課題として、常設となる施設の確保や人材の確保とともに、行政との連携することの必要性が指摘された。日本プレイセンター協会は、これらの課題が明らかになったことをシンポジウムのひとつの成果のとして捉えている。

　次に述べる、第4節では、現代日本の子育てをめぐる文脈のなかで、親たち

がプレイセンターに参加することとはどのような意味を持つのか。さらに、それら親たちがプレイセンターへの参加を通じて得られた資源は、当該地域や地域の成員にとっても資源（ソーシャルキャピタル）となりうるのか。このような点を明らかにするため、日本のプレイセンター活動の事例を用い、実証していくこととする。

第4節　日本におけるプレイセンター活動

（1）問題の所在

　わが国では、1989年に合計特殊出生率が1.57に低下してから「少子化問題」がさかんに議論されるようになった。国レベルでは、1994年に少子化対策としての「エンゼルプラン」が策定され、子育て支援が積極的に取り組まれるようになった。しかし、少子化対策の主要な柱を「仕事と子育ての両立支援」に設定したにもかかわらず、それに呼応して働く母親が増えることはなかった（武石：2006、30）。牧野カツコが、1981年に横浜市内に住む3歳以下の子どもをもつ母親364名を対象に行った育児不安の調査では、専業主婦の母親により強い育児不安傾向がみられると報告されている（牧野1982: 37-53）。こうした傾向から、政府は、2003年度より、専業主婦の家庭を含めた子育て支援策を実施するようになった。また、平成18年度の『国民生活白書』によると、3歳未満児の85%が家庭で母親と過ごしていることが明らかとなり（内閣府：2006b、49）、「子育ての孤立化」が社会問題となっていった。

　原田が実施した子育て実態調査によると、1980年に行った第1回目の調査である「大阪レポート」の結果と比較し、2003年の調査報告である「兵庫レポート」では、母親の孤立化が急速に進行しており、"母子カプセル"の状態にある4カ月児とその母の割合は、3人に1人にまで達しているとの報告がなされている（原田：2006）。

　こうしたことから、現在では、就労世帯の支援に加え、専業主婦世帯を含めた支援についても進められるようになり、欧米型の家庭支援の考え方に近づい

てきている。その結果、乳幼児を持つ保護者に対する子育てサービスへの利便性は、確実に高まった。また、こうしたサービスが充実したことで、子育て期の"母子カプセル化"が是正へと向かった。しかし、その一方で、保育や子育て支援の現場において、子育てサービスが過剰となり、支援者の負担が増えていった。さらに、以下の2点についても危惧する声が広がっている。つまり、①親の子育てに対する自主性を削ぎ、依存的で未熟な親を再生産する、②「支援する者」と「支援される者」という上位と下位関係による抑圧構造が生じてきているという点である（中谷：2008）。

原田（2002）は、上記のような懸念が広がった理由として次のように指摘している。今現在、盛んに行われている「子育て支援」の目的自体が曖昧であること。すなわち、「なぜ子育て支援をするのか」という根本的な社会的合意がなされていないと指摘している。子育て支援の本来の目的は、心身ともに健康な子どもが育つような環境整備と子育てのしやすい社会の創造である（原田：2006）が、子育て中の親たちの主体性を高めるような親支援を忘れてしまえば、いつまでたっても支援者と受益者の溝は縮まらない。子育て支援のあるべき姿は、トップダウンの政策を推進するのではなく、母親のエンパワーメントを視野に入れた親主体の子育て支援として進めていくべきなのである（中谷：2008）。親自身が成長できる子育て支援であれば、日本の子育て支援事業のなかで慣習となりつつある「してあげる」「してもらう」関係から、互いをソーシャルキャピタルとして活用しあう関係へと発展していけるのではないであろうか。

ニュージーランドでは、多様な幼児教育の選択肢が用意され、親の就労にかかわらず参加ができる。中でもユニークな活動として知られているプレイセンターは、親による協働保育とその運営が特徴的あり、ニュージーランドの各地域で開催されている。親は、地域の仲間と相互に支えながら子育てを行い、親教育を通じて子育てや運営のスキルを身に付けていく。既述したとおり、わが国の少子化対策の議論では、国の経済力や教育の専門化を推し進める方向に向かっており、そのことは、親が「どのように子どもを育てるのか」について考える機会を、奪っていくことにつながる危険性を持っている（池本：2003）。

そういった意味でも、親が保育サービスを利用するという立場から脱却し、地域の中で「親が自ら親として成長する」拠点作りが期待される。前述のＵＦＪ総合研究所の調査結果にも示されたように、子育て期の女性は高い学習意欲を持っており、プレイセンター活動は、現在の日本の子育てあり方に応用できる実践だといえる。

　このように、親の主体性を尊重したプレイセンター活動は、日本の子育て支援事業に示唆を与える活動であるとして、2000年以降、日本各地で実践されるようになってきている。なかでも、東京都国分寺市の「プレイセンター・ピカソ」や静岡県三島市の「(現)みしまプレイセンター」は、2001年以降、日本型プレイセンターの牽引役をしてきた団体であるといえよう。そして実際の活動成果も、久保田（2001）、足立・石川・海田（2002）、佐藤（2005）らによって報告されている。また、2008年からは、行政初のプレイセンターとして、「恵庭市プレイセンター」が始まっている。

　本章では、国の少子化対策や子育て支援のもとに、サービスを享受する傾向にある日本の子育て事情を鑑み、親が教育者となるプレイセンターの事例を取り上げている。つまり、親たちが、いかにしてプレイセンター活動と出会い、活動を通じて、親としての成長を遂げてきたかを検証していくということである。具体的な方法としては、日本のプレイセンター活動の変遷を辿るとともに、参加者への聞き取り調査を実施していく。また、必要に応じて、親から提出された学習会のレポート記述についても参照していく。そして、最後に、本書をとおして明らかになった、日本型プレイセンターの課題と展望を示していきたい。

（2）調査の目的

　本調査は、2004年5月から2010年2月までの約6年にわたる調査となっている。2011年現在、日本では、約13カ所のプレイセンター（試行的に活動中のプレイセンターも含む）が活動を行っている。そのうち筆者は、東京都国分寺市「プレイセンター・ピカソ」、東久留米市「プレイセンターぽこあぽこ」、静岡県三島市「みしまプレイセンター」、京都府「西賀茂プレイセンター」、北

海道恵庭市「恵庭市プレイセンター」で調査を実施している。調査方法は、参与観察、インタビュー調査、アンケート調査である。また、各センターの学習会の記録についても分析をしている。ニュージーランドの調査では、子どもの遊びや教育が阻害されないようにとプレイセンター外での調査を希望する対象者が多かったが、日本の場合は、遠方から通う親子も多く、プレイセンター内で調査を希望する者がほとんどだった。その他は、ファミリーレストランや個人宅で実施している。

　本書では、筆者が調査に訪れたプレイセンターのうち、市民先導型として東京都国分寺市の「プレイセンター・ピカソ」と行政主体型として北海道恵庭市の「恵庭市プレイセンター」を調査対象とした。対象者のほとんどが、子どもとプレイセンターに通う現役の母親たちである。日本の場合、ニュージーランド調査のように政府認可の幼児教育機関として認知されていないことから、活動グループの性格は、各センターによって大きく異なっている。そこで、本調査では、約10数カ所の日本のプレイセンターのうち、運営主体が現在のニュージーランド・プレイセンターにより近い、行政によるものと、発足当時のニュージーランド・プレイセンターにより近い、民間のプレイセンターを抽出した。ここでは、それぞれの組織の比較検討や東京都と北海道という地域性に配慮しながら考察を進めていく。

　わが国では、「子育て支援」の取組みが、少子化対策の一環として織り込まれ、行政からの指令により実施されている傾向がある。そのため、民間事業が成功しづらく、組織力が強固な行政主導の画一的な子育て支援サービスが蔓延している。そのため、多くの子育て支援施設においては、親たちの主体性を尊重し、彼らの力をエンパワーメントしていくような動きに至っていない。

　そこで、本調査では、親が主体となることが期待されるプレイセンターにおいて、活動主体やその地理的な側面からそれぞれのプレイセンターの参加者像を探り、日本におけるプレイセンター活動が、地域の人々や参加家庭にとってソーシャルキャピタルとなりうるのかを探っていきたい。調査項目は、親たちが「どのようなことを求めてプレイセンターに参加しているのか」「プレイセンター活動や学習会を通じて個人や地域に対する意識に変化が現れたのか」

「プレイセンター活動を終了した後の個人のキャリア設計」「プレイセンターの課題と展望」を尋ねている。その結果、日本における活動主体による差異を明らかにし、今後の子育て支援事業の資料としていきたい。

（3）研究対象と調査方法

　日本におけるプレイセンター活動は、ニュージーランドが約70年近い歴史を持つ一方で、11年とその歴史は浅い。また、日本のケースでは、その活動媒体が、民間組織、行政組織、NPO組織とさまざまである。ニュージーランドでは、ごくわずかなプレイセンターを除いた大多数のプレイセンターが、認可幼稚園や保育所と同等の政府公認の幼児教育機関として認められている。ニュージーランドでも、もともとは民間ボランティアの母親グループが活動を開始し、その活動の意義が認められ、政府認可機関となっている。

　日本の場合、プレイセンター活動を、ニュージーランドと同じように国による認可施設とすることは、現時点では、制度上難しいであろう。しかし、現在ある市民先導型の「プレイセンター・ピカソ」（表3-4-1）や行政先導型の「恵庭市プレイセンター」（表3-4-2）の実践を比較分析していくことは、今後の日本の子育て支援事業を考えていく上での参考にはなるであろう。そこで、本調査では、調査対象者を市民先導型と行政先導型の参加者とし、それぞれの地域性にも配慮しながら、日本のプレイセンターの展望と課題を提示していくこととする。

　対象者は、上記それぞれのプレイセンターに2004年から2010年に至るまで参加していた市民先導型8名、行政先導型13名とした。また、これらの参加者の他にもプレイセンターの開催を補助するスーパーバイザー5名（ボランティアスタッフ3名、恵庭市スタッフ2名）にもインタビューを実施している。インタビューの協力者は、後者5名のスーパーバイザーに、筆者が依頼し選出してもらった。また、同じようなタイプの親に調査対象者が集中しないよう留意してもらった。

　調査は、2004年5月から2010年2月の期間に筆者が、それぞれの活動拠点である東京都国分寺市と北海道恵庭市を訪問し、活動中や活動終了後、また

第3章 日本におけるプレイセンター活動の実践　145

表3-4-1 「プレイセンター・ピカソ」調査対象者プロフィール

対象者 (年齢)	対象者を除く 家族構成	学歴	立場	居住歴	活動年度 (〜2010年3月)	プレイセンター参加前現職
Irさん (33歳)	夫・男児 (2歳3カ月)	大学卒	母親	千葉県→ 東京都小平市→ 東久留米市	2002年〜 2004年	小学校教諭→ 専業主婦→ 精神保健福祉士
Ecさん (38歳)	夫・女児 (2歳)	高校卒	母親	茨城県→ 東京都国分寺市 →小平市	2006年〜現在	俳優業
Waさん (40歳)	夫・女児 (4歳)	専門卒	母親	長崎県→福岡県 →長崎県→東 京都小平市→青 森県	2007年〜 2008年	家業→校正パート→専業主婦→塾講師→専業主婦→パート事務員
Ycさん (39歳)	夫・男児(3歳) 現在妊娠中	短大卒	母親	東京都立川市→ 広島県→東京都 八王子市→ 国分寺市	2006年〜現在	中学校教諭→手芸会社(育休中に会社が廃業)→ 専業主婦
Neさん (34歳)	夫・男児(3歳) 女児(1歳)	大学卒	母親	和歌山県→京都 府→和歌山県 →山梨県→東 京都国分寺市	2008年〜現在	新聞記者→大学医学部(母子保健)→在宅業務(機関誌編集・ホームページ委託管理)
Fcさん (36歳)	夫・女児(2歳)	短大卒	母親	福井県→東京都 国分寺市	2008年〜現在	眼鏡デザイナー→ 専業主婦
Tmさん (34歳)	夫・男児 (5・2・0歳)	短大卒	母親	東京都文京区→ 埼玉県→練馬区 →国分寺市	2004年〜現在	フリーター→ 派遣社員→ 専業主婦
Mhさん (39歳)	夫・男児 (3歳・1歳)	専門卒	母親	新潟県→東京都 立川市→国分寺 市	2007年〜現在	正社員(一般事務) →専業主婦
Hpさん (58歳)	夫・次男25歳 (長男・28歳独立、孫0歳)	教員養成所卒	スーパーバイザー (無償スタッフ)	東京都中野区→ 杉並区→ 江戸川区→ 東村山市	2002年〜現在	公務員(幼稚園教諭)→専業主婦
Ocさん (57歳)	夫・長男 長女	大学卒	スーパーバイザー (無償スタッフ)	東京都杉並区→ 東大和市→ 小平市	2002年〜現在	幼稚園教諭→ パート→専業主婦
Mjさん (58歳)	同居家族：長女(32歳) 別居家族： 夫・長男・次男 ・三男・四男	専門卒	スーパーバイザー (無償スタッフ)	東京都国立市→ 北海道→国立市 →小平市	2002年〜現在	フリーター→ 専業主婦→塾講師→専業主婦

146 第Ⅱ編 日本・子育て支援施策モデルとしてのプレイセンター活動

表3-4-2 「恵庭市プレイセンター」調査対象者プロフィール

対象者 (年齢)	対象者を除く 家族構成	学歴	立場	居住歴	活動年度 (～2010年3月)	プレイセンター参 加前現職
Ooさん (30代)	夫・男児 (小4・小3・ 年少)	高校卒	母親	北海道→千葉県→北海道札幌市→恵庭市→礼文島→恵庭市	2007年～現在 スーパーバイザー資格有	アルバイト→ 正社員・事務職→ 専業主婦
Cbさん (41歳)	夫・男児 (4歳)	高校卒	母親	北海道恵庭市 (出生は千葉市)	2008年～現在 スーパーバイザー資格有	アルバイト→ 正社員・事務職→ 専業主婦
Tcさん (35歳)	夫・女児 (3歳)	専門卒	母親	北海道長沼市→札幌市→恵庭市	2009年～現在	生花会社・正社員→ 生花会社・パート
Roさん (29歳)	夫・女児 (2歳)	大学卒	母親	大阪府→神奈川県→北海道恵庭市→神奈川県→青森県→恵庭市	2008年～現在	FMパーソナリティー→ 専業主婦
Akさん (31歳)	夫・女児 (2歳・0歳)	短大卒	母親	北海道釧路市→九州各地→静岡県→九州各地→滝川市→千歳市→恵庭市	2008年～現在	保育士→ 専業主婦
Kzさん (35歳)	夫・男児 (2歳・0歳)	短大卒	母親	北海道恵庭市 (出生は帯広市、中3より恵庭市)	2009年～現在	アルバイト→ ドコモショップ契約社員(育休中)
Hiさん (35歳)	夫・女児(5歳) 男児(2歳)	専門卒	母親	北海道恵庭市	2008年～現在	アルバイト→ 専業主婦
Gcさん (38歳)	両親・夫・男児(6歳・2歳) 女児(4歳)	短大卒	母親	北海道札幌市→北広島市→石狩郡→神奈川県→北海道恵庭市	2008年～現在 スーパーバイザー資格有	小学校教諭→ 専業主婦
Yrさん (33歳)	夫・女児(2歳)	高校卒	母親	北海道江別市→恵庭市	2008年～現在	デパート正社員→ 建築会社正社員→ 専業主婦
Stさん (33歳)	夫・男児(2歳)	専門卒	母親	京都府→北海道函館市→恵庭市	2008年～現在	介護福祉士(身体障害者施設勤務)→ケアマネジャー(在宅支援)→専門学校講師→専門学校非常勤講師・ホームヘルパー

Amさん (40歳)	夫・男児（小5）女児（小2・年中）	短大卒	母親	神奈川県→山口県→大阪府→東京都→愛媛県→千葉県→北海道恵庭市	2008年～現在	幼稚園教諭→保育士（アルバイト）→幼稚園補助員→専業主婦
Scさん (37歳)	夫・女児（4歳）男児（2歳・0歳）	短大卒	母親	北海道江別市→千葉市→恵庭市	2008年～現在	保育士（乳児保育）→幼稚園教諭→児童厚生員→第一生命育休中
Mpさん (36歳)	夫・男児（5歳・2歳）	短大卒	母親	東京都→北海道札幌市→恵庭市	2008年～現在 スーパーバイザー資格有	病院事務→家業手伝い→派遣事務→専業主婦
Ykさん (40代)	娘（20歳）	短大卒	スーパーバイザー（有償スタッフ）	北海道	2008年4月より現職に異動	保育士→子育て支援センター職員→プレイセンター職員
Tkさん	夫 息子・娘独立	高校卒	スーパーバイザー（有償スタッフ）	北海道	2007年（プレ・プレイセンター事業開始）より異動	専業主婦→子ども情報センター→プレイセンター職員

　夜間、子どもを寝かしつけてから集まってもらい対面方式によるインタビュー調査を実施した。どうしても都合がつかなかった対象者については、ファミリーレストランや筆者が滞在するホテルにて実施した。また、すべてのインタビュー調査は、対象者の承諾を得てICレコーダーに録音、データ化し分析を行った。

　調査における質問項目は、①家族構成、②ライフヒストリー、③プレイセンターを知ったきっかけ、④入会理由、⑤学習会に対する考え、⑥プレイセンター参加後の変化、⑦今後プレイセンターに期待することなどとした。調査に関わる時間は、1人につき約20分から1時間半程度であり、すべて半構造化インタビューの手法により進行した。さらに、「プレイセンター・ピカソ」に関しては、センターが提供してくれた非公表の学習レポートについても調査資料として使用している。

（4）分析の枠組みと作業仮説

　本調査の分析では、ニュージーランドの調査と同様に、子育て中にある親たちが「主体的な協働運営および教育活動」を通じて、メンバー間の紐帯関係を構築しているのかをソーシャルキャピタル論の視座から明らかにする。また、その関係性を基礎として、相互に信頼感や互酬性が高まるのだとすれば、それらの効果が地域の子育て力向上に影響を及ぼしているのかについても検証する。

　ニュージーランドにおいてはプレイセンターに参加する大人たちの働きが、ソーシャルキャピタルとしての効果をもたらしていることが実証されている (Powell et al.: 2005)。本書では、Powell らの調査結果を援用し、日本におけるプレイセンター活動を事例に、そこに参加する親たちが地域コミュニティにとって有益となるソーシャルキャピタルを創出しているのかを概念化していく。特に、本書では、以下の視点、①個人的変化、②親教育の効果、③地域のネットワーク形成について留意しながら、既述した作業仮説をもとに検証していく。さらに、その効果は、活動を主導する媒体や活動地域によって差異が生じるのかを考察していく。

① 個人的変化：プレイセンター内での活動や学習会への参加といった親の主体的な活動実践が個人の意識や生活態度を効果的に変化させるだけでなく、親たちをエンパワーメントしていく。
② 親教育の効果：プレイセンターにおける自主運営や遊びの企画に親が責任をもって取り組んだり、インフォーマルな親同士の関わりや学びあいを経験することは、参加者のキャリア志向を醸成し、学習会への参加意欲を向上する。さらに、フォーマルな学習機会となる学習プログラムへの参加は、参加者の家庭生活やその後の就職に肯定的な影響を与えている。
③ 地域のネットワーク形成：プレイセンターという組織に関わることによって、参加する大人たち、または家族にとっての社会的なネットワークが拡大されていく。さらに、拡大された社会的ネットワークを

個人が利用することによって、それぞれの生活や人間関係に有効な社会的資源が還元される。

以上のことを整理すると、プレイセンターへの親たちの参加経験が、親自身や地域コミュニティにとってソーシャルキャピタルを蓄積する性質をもつのか実証するということになる。

第5節　市民先導型の事例：「プレイセンター・ピカソ」

（1）市民先導型を代表する「プレイセンター・ピカソ」の略歴

「プレイセンター・ピカソ」は、東京都国分寺市にある。国分寺市は、人口12万人であり、東京の西部である多摩地域に位置している。このプレイセンターは、東京都にあるプレイセンター第一号のセンターであり、今では日本型プレイセンターのモデルとなる団体としての重要な役割を担っている。このセンターの発起人は、小平市・東村山市に在住のMj・Hp・Ocさんの3名（グループ名：ビーンズ）の主婦ボランティアグループである。彼女らは、2000年に開催された第1回スーパーバイザー養成コースを受講し、この受講を機にプレイセンターの活動を開始した。

ビーンズは、プレイセンター活動に入る以前となる1990年後半より子育て支援活動に従事している。ビーンズのひとりであるMjさんは、1998年よりプレーパーク活動に関わり、その経験から親たちが「お客」とならずに主体的に協働できる場所が必要だと感じるようになったという。その後、Mjさんは、朝日新聞に掲載されていた日本プレイセンター協会によるプレイセンター・スーパーバイザー養成講座の開催を知り、当時から友人であったHpさん、Ocさんとともにその講座を受講した。

受講後、ビーンズの3名は、プレイセンターの本格的な実施を目指すことにしたが、子育てが一段落した主婦グループである彼女らにとって、普段接点の少ない乳幼児とその親を対象とするプレイセンターを立ち上げることは容易で

はなかった。そこで2001年9月、映画「センス・オブ・ワンダー」（レイチェル・カーソン原作）の上映会に踏み切った。ビーンズは、「資金稼ぎも上映の理由のひとつではあったけれど、レイチェル・カーソンの映画の内容が、プレイセンターの理念に近いと感じ、子育て中のお母さんたちに自然と遊びの大切さを伝えたいと思った」と語っている。こうした主旨から自主上映に踏み切り、その際に、プレイセンターについての紹介も行っている。ここで得た収益金は、その後、プレイセンターの活動資金となった。続く、11月には、日本プレイセンター協会が受けた社会福祉医療事業団の助成事業の一環として連続講座「手をつないで子育てを！〜ニュージーランドのプレイセンターに学ぶ〜」を小平市中央公民館にて開講した。

　第1回目は、保育付きの講義形式にし、講師を臨床心理士・東村山幼児相談員の永田陽子氏と日本プレイセンター協会代表の池本美香氏に依頼した。そこでは、カナダやニュージーランドの子育て事情が紹介され、日本においても家庭を支援することの重要性が伝えられたとともに、プレイセンターの活動意義が示された。

　続く、第2回目は、親子が実際にプレイセンターの遊びを体験する会とした。この連続講座に参加した親子に加え、「プレイセンター・ピカソ」の保育を担当する「きらら」[13]と共に、10月・11月には小平市民奨励学級「コソダテシエンてなんだろう」を共同開催した。さらに、ここでの参加者を中心として、同年12月からは月2回、親子で遊ぶ会を小平市中央公民館にて開催した。その後、この遊びの会は、「エンジョイ！プレイセンター」と呼ばれ、入会前にプレイセンターを体験する機会として実施されるようになった[14]。

　以上のように、ビーンズが取り組んできたプレイセンターに関する事業は、その後の日本でのプレイセンター活動とその発展に大きく寄与した。そのため、2002年1月、2月に開催された第2回スーパーバイザー養成講座からは、ビーンズの3名も日本プレイセンター協会の役員として加わることとなった。以後、ビーンズは、協会の仕事に携わりながら、「プレイセンター・ピカソ」の本格的な実施へと尽力した。

　2002年5月から2カ月間は、プレイセンターの試行期間とし、プレイセン

第3章 日本におけるプレイセンター活動の実践　151

表3-5-1 「プレイセンター・ピカソ」の歩み

2000年10月～11月	第1回スーパーバイザー養成コース受講。スーパーバイザーの認定を受け、「プレイセンタービーンズ」として活動開始。
2001年9月	映画「センス・オブ・ワンダー」を自主上映（保育あり）。
2001年10月～11月	小平市民奨励学級「コソダテシエンてなんだろう」にオブザーバーとして出席。
2001年11月	連続講座「手をつないで子育てを！ニュージーランドのプレイセンターに学ぶ」を開催。
2001年12月	「エンジョイ！プレイセンター」第1回開催。
2002年1月～	「エンジョイ！プレイセンター」を月2回開催。協会のスタッフとしてスーパーバイザー養成講座、講演会等に参加。
2002年5月～6月	プレイセンターの説明会開催。
2002年6月・7月	国分寺市神明宮・公益公会堂にて週1回（水曜）プレイセンター活動を実施。
2002年9月～	月1回（原則第1土曜日）の学習会と合わせて、会員制の「プレイセンター・ピカソ」をスタート（週1回・水曜）。「エンジョイ！プレイセンター」を月1回開催。
2002年10月	プレイセンター活動を週2回（水曜・金曜）実施。学習会を月2回実施（第1土曜・水曜の活動と並行して）ビデオ作成・ホームページ作成のプロジェクトスタート。
2003年5月～	活動記録『家族が一緒に成長する「プレイセンター」プレイセンターに集う親子達』が朝日生命財団・数能賞佳作受賞。
2003年秋以降	「プレイセンター・ピカソに集う親子達」ビデオ完成。
2004年春	「ピカソ・クラブ」（卒業した親の有志グループ）発足。
2004年8月	数能賞受賞の記録を小冊子にまとめる。
2006年5月～	活動日が火曜日・水曜日・金曜日の週3回となる。

（ビーンズに聞き取りのもと筆者作成）

ターの理念に共感した母親たちを中心に実践を試みることにした。開催場所は、現在でも「プレイセンター・ピカソ」の会場として使用されている、国分寺市内にある神社の公益公会堂（社務所）とした。ここでの、プレイセンター活動を試行する会は、盛況のもとに終了した。そして、その年の9月には、東京地域のプレイセンター第1号である「プレイセンター・ピカソ」が正式にスタートすることとなった。当初は、月1回第1土曜日が学習会、水曜日が活動日とされ16人の子ども、13家庭が参加した。2002年10月に会費制となった後は、通常の活動日として水曜日・金曜日の週2回を開催することにした。ま

た学習会は、月2回第1土曜日と水曜日とした[15]。さらに2006年5月からは、登録人数の増加と親たちからの要望により、月曜日・水曜日・金曜日の週3回へと活動日が増え現在に至っている。

(2)「プレイセンター・ピカソ」の活動内容

「プレイセンター・ピカソ」の活動は、ニュージーランドのプレイセンターと同じように、①子どもの自主自由遊びであるセッション、②学習会、③親による自主運営の三本柱に沿って活動が実践されている。そこで、以下では、①、③の通常セッションと②学習会の2点に分類し説明をすることにする。

1) 遊びのセッション

以下、「プレイセンター・ピカソ」での遊びのセッションの様子を、時系列に説明していくことにする。

朝10時になると、各地域から車・自転車・ベビーカーなどさまざまな交通手段でメンバーが会場である社務所に集まってくる。受付で、出席の手続きを済ませると、ガムテープの名札を親子ともに服に貼りつけていく。「プレイセンター・ピカソ」は、入会金3,000円、月会費1,500円の会費による会員制を採っている。またビジターは、4回を制限として1親子300円で参加が可能となっている。

受付を済ませた登録会員とその日の当番の親たちは、朝の最初の活動として、社務所内の掃除をする。親も子どもも濡れ雑巾で必死に畳や渡り廊下を拭いていく。子どもは、親の真似をして懸命に掃除する子もいれば、遊んでいる子とさまざまである。プレイセンターでは、自主性を重視しているので、決して強制して掃除をさせることはしない。その子が、やる気になるのを待とうとする精神を貫いている。その点は、ニュージーランドのプレイセンターにも共通している。掃除が終わると、自由遊びの時間へと移行するため、遊具の準備へととりかかる。当番に当たった親は、小麦粘土を作り、その他の親は、お絵かきコーナー、積み木コーナー、画板などを手際よくセッティングしていく。準備が完了すると、子どもたちは思い思いの遊具で遊び始める。大人たちは、子どもに話しかけたり、見守りながら彼らの傍らで活動を進めていく。小麦粘

土のコーナーはどの年齢層にも人気が高い。この日も、乳児がその柔らかな粘土の感触を楽しんでいた。ある親からは、時折、口に入れて食べてしまう子どもがいることが語られた。活動的な幼児は、社務所の畳の上をマント姿で走り回っている。また、数人の親子は、連なって列車遊びに興じていた。その他、屋外でボール遊び、水遊び、遊具遊びもする姿も見られ、子どもの数だけ遊び方が存在しているように思われた。「プレイセンター・ピカソ」においても、ニュージーランドのプレイセンターで設営されている多種多様な分野別コーナー遊びが提供されおり、「子どものやりたい時にやりたい遊びを好きな分だけ遊べる環境」が保障されている。

11時40分頃になると、片づけの時間が始まる。どの親子も協働して片づけるため、すぐに畳だけの広い部屋へと戻った。参加者は、円陣になって集まり、帰りの会へと進む。この帰りの会では、連絡事項の伝達や運営に関する報告を行っている。また、ニュージーランドのマットタイム（保育の最後にマットに集まる時間）と同様にして、歌を歌い、手遊びなどをして過ごす。このような日課で、「プレイセンター・ピカソ」の1日は締めくくられ閉会となる。

2）親の学習会

親に対する学習会の実施は、プレイセンター活動を象徴する特徴のひとつとなっている。プレイセンターでは、保育士などの専門家に子育てを委ねるのでなく、親自らが保育学や子育て法を学び、親として成長することが重要視されている。「プレイセンター・ピカソ」では、当初、月1回の学習会を提供していた。そこでは、メンバー同士を知る機会を作るため、コミュニケーションを重視した学習形式を採用した。学習会の会場は、隣接の喫茶室を貸しきって行われた。その後、参加メンバー間の関係性が構築されるようになったため、日本プレイセンター協会が2001年に発行したテキスト『プレイセンターへようこそ！』（表3-5-2）を使用し、討議する形へと移行した。このテキストは、プレイセンター協会がニュージーランド・プレイセンター連盟の協力を得て、現地の入門コースであるコース1のテキストを日本語版に改定し作成したものである。日本語版では、入門コースを「パート1」とし、入門コースを修了した者に向けては実習コースである「パート2」を設けることにした。「プレイ

表3-5-2　日本版学習テキストの構成内容

入門1	プレイセンターの理念	実習1	子どもの観察実習
入門2	日本におけるプレイセンター	実習2	遊びのワークショップ
入門3	プレイセンターの遊び	実習3	子どもに関する施設見学
入門4	子どもの安全と衛生	実習4	遊びのセッション参加
入門5	センター運営に必要な実践的技術		

出所：日本プレイセンター協会（2001）『プレイセンターへようこそ！』

センター・ピカソ」では、現在でもこのテキストを用いながら、学習会を開催している。その後、親の学習ニーズが高まったことと使用していた会場が閉鎖したことを機に、月2回、公民館や社務所の別室にて学習会の実施を行うようになった。さらに具体的にいえば、「パート1」を、毎月第1土曜日の10：00～12：00に国分寺市の並木公民館や北町地域センターを会場に開催している。一方、実習編の「パート2」は、月1回、いずれかの金曜日に通常セッション（10：00～12：00）の時間内を利用して社務所の別室にて開催している。いずれも託児付きで、託児希望者は、1回につき300円（おやつ代含む）を託児料として支払い、学習会に参加する。託児は、地域の子育て広場「きらら」の保育者に委託している。

　学習会では、親が集中して学習会に臨めることが前提となっているため、原則としては、親と子が一緒に出席しないことにしている。その結果、親たちは、2時間というまとまった時間を自分の学習のために費やすことができ、集中して学習に取り組むことができているという。また、こうした機会は、子育てに従事する親たちの息抜きの時間にもなっている。学習会でのコースは前述のとおり、入門編のパート1（全5回）と実習編のパート2（全10回）に分かれており、講座を受講するだけではなくレポートの提出も課している。

　学習会の進行は、次のようなプロセスが実施されている。まず、最初にどの学習会においても、自己紹介とそれぞれの近況報告を行っている。その後、テキストを輪読し、その日のテーマや関連テーマに沿ってディスカッションを行っていく。

　ここで、学習会の一事例を紹介してみよう。入門コースの3回目では、あ

る2歳児の母親が「1つの遊びばかりしているが、他の遊びをさせたほうがいいのか」という質問を投げかけていた。すると、他の親たちから「2歳なのでもう少し大きくなれば、他者との関わりが出てくるので今は満足するまでやらせていい」「いくつかの遊びがあって、その中から1つの遊びを選び出したと考えてみればいいのでは」といった意見が次々と出た。スーパーバイザーは、親たちの意見をくみ取り、関連したトピックを提供することで、さらに親たちの学び機会を広げていく。この時、スーパーバイザーは、決して親たちを指導したりはしない。なぜなら、スーパーバイザーとは、指導者ではなく、講座のファシリテーター（日本では促進者と訳されることが多い）であり、参加者の学習を側面的に支援することがその役割として期待されているからだ。スーパーバイザーがこのようなスタンスを貫いているのは、親同士の議論を通じて、自分たちの問題を自分たちで解決ができるようにするためでもある。既述したとおり、スーパーバイザーは、ファシリテーター役として学習会全体のサポート役割を担いながら、親たちの潜在能力を引き出している。

（3）「プレイセンター・ピカソ」に通う動機づけ
1）インタビューの語りから

　参加するきっかけとしては、「本[16]でプレイセンターのことを知りプレイセンターに興味をもった」や「家がプレイセンターに近かったので」「同じ社宅の人からチラシを貰って」「友人に誘われて」「スーパーバイザーと出会って」という声が親たちから挙げられた。しかし、プレイセンターは自主運営という性格から親に対する貢献度や参加度が高く求められる。また、親の学習会もあることから、他の子育て支援センターや子育てひろばなどと比較し親の負担は大きい。そのため、あえてプレイセンターを選び継続する者は、子どもの育ちや環境に対する意識が高く、教育熱心な親が集まりやすい傾向がみられた。インタビュー調査に応じてくれた元小学校教諭のIrさん（2歳3カ月・男児）がプレイセンターに参加するようになったきっかけは、同じ社宅の友人の紹介であった。

> 同じ社宅の人から、こういうとこあるよってチラシをもらったんです。それで、息子を連れていくようになって、もともと学ぶことも好きなので、学習会もあるしいいなって思って参加しました。もう（プレイセンターに）入って2年になりますね。
>
> （Ir さん）

Ec さんの場合は、スーパーバイザーであるビーンズの人たちが、参加していた市の奨励教室に Ec さんも通っていたため、そのことがきっかけとなり、プレイセンターと出会うこととなった。初めて、プレイセンターに行ったのは、その奨励学級関係の書類を届ける用事があったからであり、それ以前はプレイセンターに参加するつもりはなかったという。

> Mj さん（スーパーバイザー）に、（奨励教室の保育の申し込み用紙を）「じゃあ、ここ（プレイセンター）が近いからここに来て」と言われて、来て。ああ、こんなところがあるのかって。何となくプレイセンターというのは、夏ぐらいかな、その「森で遊ぼう（野外保育）」とかでちらっと行ったことはあって知ってはいたんですね。だけど詳しくは知らなくて。
>
> （Ec さん）

Ec さんは、何気なく「プレイセンター・ピカソ」に行くことになったが、1回でプレイセンターの雰囲気が気に入ったという。

> それで、ピカソに何回か見学に来て、自分がここ（プレイセンター）にいないのはおかしいとかって思って（笑）。すごい思い込みなんですけど、この出会いっていうのかな、Mj さんとか Hp さん（スーパーバイザー）とか、みんな（プレイセンター・ピカソの親たち）の持っている空気感とか、それに呼ばれたというか（笑）。私はここにいなきゃみたいに。こんないいところがそばにあるのならと思って。それで、子どもも楽しそうだったし、自分の子どもも。面白そうなお母さんがいっぱいいたので、これはいいと思いまして。
>
> （Ec さん）

このように、参加する親たちやスーパーバイザーたちの姿に魅かれて参加を決めたのは、Ec さんだけではない。Fc さんは、福井県から結婚を機に上京し、隣人の紹介で入会を決めている。最初の頃は、プレイセンターの活動風景に圧倒され、「この中で子どもを遊ばせるの？」と一歩引いて見ていたという。しかし、親たちのイキイキとした姿や先輩格の親たちの優しさに触れ、プレイ

センターで子育てをしたいという気持ちに変化したと語っている。

> みなさん、ママがイキイキしている感じがしました。（中略）そのお隣さんも、すごくいい人でしたし、今はいないけどIちゃんって言う、私が入った2か月後に卒業しちゃったけど、そのお母さんがすごくステキに見えたんですね。優しく私にピカソでのやり方を教えてくださったり、すごく優しくて、なんか私自身が、うれしかったのを覚えています。（中略）話を聞いてくれる…。「子育てどう？」みたいなこととかも聞いてくれて、ピカソのことも話してくれて、すごくうれしかったのを思い出します。 （Fcさん）

当初は、プレイセンターの活発な親たちに驚き、それらの者たちとは異なる参加の仕方をしていたFcさんは語っている。ところが、その後、活動するなかで、Fcさん自身が理想とするある親との出会いから、プレイセンターに対する参加がより積極的になっていったとFcさんは自己分析する。

一方、Waさんは、再婚し4歳の娘とプレイセンターに通っている。最初の結婚でもうけた3人の子どもは、現在、父方の家族と長崎で暮らしている。直接のきっかけは、子どもを幼稚園の3年保育ではなく、2年保育に決めたことにある。Waさんは、入園までの1年間を親子で過ごせる場所がないかと模索していた。

> きっかけは、幼稚園を2年保育にしたので、じゃあ、あと1年子どもと何をしてすごそうかなと思ったときに、プレイセンターのパンフレットを、リーフレットを見て。で、ピカソに来て、これだって思っちゃったんです。プレイセンターと、ピカソのリーフレットを児童館で見つけたんです。早速電話して、体験したのが、2007年1月の「午後まで遊ぶ日（プレイセンターは、通常午前中の2時間だが、午後まで居残って遊ぶ日もある）」でした。一度で気に入って即入会しました。 （Waさん）

Waさんは、ピカソの緩やかな雰囲気や居心地のよさに触れ、やっと自分の居場所を見つけたような気持ちになったという。また、長崎に残してきた子どもたちと深く関われなかった分、現在、同居しているWbちゃん（Waさんと一緒に暮らしている娘）に対しては、自分の手で子育てをしたいと思うようになりプレイセンターへの入会を決めた。また、YcさんもWaさんの参加動機と似たようなきっかけでプレイセンターと出会っている。

やっぱりそれまでは国分寺に越してくるころに、もう４月から働くつもりでいたので、それまでを楽しもうという感じでいて、保育園とかも、この近くの保育園を申し込んだりしていたんですけど、結果的に会社の都合で会社がなくなっちゃったので、必然的に「じゃあ、毎日どうしたらいいんだろう」という「子どもと２人でどうしようかな」みたいな。そしたらちょうど家の前でこういうのをやっていて、なんかすごく楽しそうだったので。　　　　　　　　　　　　　　　　　　　　　　　（Ycさん）

　Ycさんの場合、Ycさんの会社が育休中に廃業となったことから、やむを得ず申し込んでいた保育所への入所を断念せざるを得なかった。Ycさんは、家族会議を開き、家族で協議した結果、しばらくは、家庭で子育てに専念することにした。しかし、それまでフルタイムで働いていたYcさんが、地域で子育てをしていくには、あまりにも情報が少なかったという。Ycさんは、１歳を迎え、日ましに活動的になってくるわが子とともに、日中、どのように過ごしたらよいのかを悩んでいた。そんな折、プレイセンターの活動をたまたま目にすることがあり、「こんなに近くに雰囲気のいい場所があるなら」と即座に入会を決めたという。

　一方Irさんは、親になっても学ぶ機会が得られるプレイセンターの理念に賛同して入会を決めている。また、Ecさんについては、プレイセンターの理念というよりは、「プレイセンター・ピカソ」の人的資源が豊かであることを参加動機として指摘していた。

　プレイセンターの雰囲気にすぐに順応する人はピカソへの活動理念への理解が早いが、逆にプレイセンター独自の理念や活発な親たちに気後れする親も少なくないという。Irさんは、両親学級や地域の友達にプレイセンターの良さを伝えるものの、登録に踏み切る人はごく一部であるという。

　　　やっぱり（プレイセンターに参加したくない親の）理由を聞いてみると、結局学習会なのね。「えー勉強？」って感じだったり、後はやっぱり皆、結構余裕がないというか。子どもと一緒に自分が遊ぶことにあまり重視していないんだろうね。（Irさん）。

　また、最近では、少子化対策の影響により、子育て支援の活動が増加している。そのため、無料で子どもを遊ばせる施設数も多くなっており、子育てに関

するサービスという点では、一般家庭が利用のしやすいシステムへと進歩している。しかしその結果、プレイセンターのような会費制の団体で、なおかつ親への負担が多い場所は敬遠される傾向となっている。

> これは、実際にあった話なんだけど、「エンジョイ！プレイセンター」というプレイセンターの体験会では、100円のおやつ代を払うのね。それで、あるお母さんが「なんで自由遊びなのにお金払わなきゃいけないの」って言っていたんだよ。(中略)そういう人に訳を聞くと、リトミックやピアノにお金を払うならわかるけど、そこら辺のおもちゃで遊ぶのになんでお金払わなきゃいけないのって考え方のひともいるんだよね。　　　　　　　　　　　　　　　　　　　　　　　　　　　　(Ir さん)

> …でも今児童館とかでも子育て支援のいろいろイベントがあったりしちゃって、結構もうサービスが整っちゃっているから、「自分で重い腰をおこさなくてもいいわ」っていう人たくさんいるよね。　　　　　　　　　　　　　　　　　(Ec さん)

Ir さんや Ec さんは、無料で子育ての支援をしてもらえる場所があるならば、あえて苦労が伴うボランティア活動を親たちが選ばないのは、当然の心理だと述べている。Ir さんによると、今の親たちのゴールや関心は、いかにして幼稚園の就園を迎えるかになっており、自ら子どもの教育に関与したいという発想が少ないのだという。

> 私が、この2年間（プレイセンターに通い始めてから現在まで）で感じたのは、意外と幼稚園に上がるまで何も講じない（親が多い）ということだよね。それがよいのか悪いのかわからないけどビデオの教材で充分って感じで全然外遊びもしないし。大人同士が集まると、どうしても家の中でお菓子食べながらお喋りして、子どもはほったらかしになっちゃっている。それが時々ならいいけど、毎日だと…。こんな大事な時期にこのままでいいのかなと。おもちゃはいっぱいあるだろうし、幼児教材で一応しつけしていますって理由にはなっているかもしれないけど、やっぱり体使わなくていいのかなと思ったりして。産後疲れしている人も多いし、いろいろあると思うから何とも言えないけど、お母さんたちの意識がインターネットの子ども服が安いとか、どこの予防接種の質がいいとかに向いていて、そういう情報はよく知っているの。だから集まれば情報交換はできるんだけど、それは衣食住や見た目の健康の範囲内で、心を育てるとか、その月齢に応じた一番成長の著しい3歳とか幼稚園に上がるまでの時期をどう過ごすかあまり考えていないみたいなんだよね。だから、毎日毎日お家の

中で遊んでご飯まで一緒に食べて、お昼寝の時間も全部その人たちに合わせる人も居るんだよね。やっぱり幼児教材で留まっているお母さんたちから見たらピカソに来ている人は、そういう意味ではちょっと特別かもしれない。　　　　　　　　　（Ir さん）

　日本の場合、主として保育の選択肢が保育所か幼稚園のどちらかになっている。特に、専業主婦世帯であれば、必然的に子どもを幼稚園に通わせることになる。Ir さんは、在宅で子育てをしている親たちの多くが、幼稚園入園までの3年間を負担なく、気楽に過ごすことを念頭に子育てをしているのだと指摘する。そのため、プレイセンターに参加する親は、一般の親と比較して異なるタイプの親集団を形成しているのだという。Ne さんも Ir さん同様、他の子育て支援施設の経験から、参加する親たちの子育てのあり方に疑問を感じ、プレイセンターへの参加を決めたのだと語っている。

　　引っ越してきたときに、支援施設というか、国分寺の児童館とかいろいろ回ってみて、近所で、親子で行けるところを探していたんですけど、なんかあんまりしっくりこなくて。(中略) なんか、うちの近くにも児童館があって、おもちゃとかもすごくたくさんあるんですよ。すごく内容的には充実しているんですけど、毎回毎回違う顔ぶれが集まっていて、グループで来ている人もいれば個人で来ている人もいて、いろいろなんですけど、なんかその時その時での付き合いというか。その場に居合わせた人で付き合い、その時間を共有するということが、なんかすごくお互いに気を使うし、子どもがトラブルになったときに全く見ていない親がいたり、注意するにも注意できないとか。すごく居心地が悪いというか。(中略) そういう意味ではピカソはやっぱり会員で、みんなでやっているというのがいいかなと思ったんですけど。それだったら、親子サークルみたいなのも探せば他にもあって、それとピカソが何が違うのかなというのもあるんですけど…。やっぱり、例えば学びあいがあったり、お互いに共有している子育てに関する知識、認識というか、子どもはこういうものだからとか、こういうときにはこう対処しましょうとか、そういうものがある程度のレベルで、みんなで同じように認識して共有されているから、他の子、自分以外の子どものこともみられるし、そういう意味で、普通の、他の子育てのサークルとは違うような気がするんですけど。　　　　　　　　　　　　　　　　　　　　　（Ne さん）

　つまり、Ne さんは、現行の子育て支援について、サービスや施設の充実は認めるものの、どうしても一時的なつきあいであったり、専門家に依存する傾

向になりがちであると主張している。そして、専門家に依存するのではなく、自分たちの力で、子育てをしていくには、プレイセンターにみられる固定メンバー制を敷くことが重要であるとしている。

　俳優業をする Ec さんも、人に子育てをしてもらう子育て法には賛成しないという。Ec さんは、プレイセンターの活動を通じて、子どもに対してより主体的に関われるようになったと「プレイセンター・ピカソ」でのこれまでを振り返り述べている。

> 　そうね。でも私はそれ（受動的に参加する育児のあり方）がつまらない。何かさみしい。いつもお客さんになっちゃうのが。やっぱり自分が役者というのをずっとやってきているからなのかもしれないと思いますね。表現したいという気持ちがあるし、もっと子育てを他人任せにしないで（自分たちでやろうよ）という気持ちもあるんだろうし。やっぱり遊びって芝居とすごく通じていると思うから。　　　　（Ec さん）

　また、参加する親たちだけでなく、プレイセンターを主催するスーパーバイザーにひとりである Mj さんも、親が受動的にサービスを利用するというわが国の子育て支援のあり方を問題視していた。

> 　別に私も専門家ではないじゃない。だけど主催者側になると、どうしてもサービスする側と、遊びに来る側の、サービスされる側みたいな、サービスの受け手とね、そういう関係になるのはなんとなくちょっと疑問を感じるっていうか。もっと子どもと自由に親が遊ぶべきなのに、やっぱり遊べることのできるお母さんというのはなかなか少ないんだよね。　　　　（スーパーバイザー　Mj さん）

　Mj さんは、子育て支援の活動をすればするほど、現代の子育てのあり方に対し危機感を持つようになっていったと語る。このことに対して、何かいい方法はないのだろうかと模索していたところ、偶然、新聞でプレイセンターの記事を見たという。そこには、「親たちが自分たちで主体的に動いていくプレイセンター」と記載されていた。そのコンセプトに共感した Mj さんは、迷わず、「スーパーバイザー養成講座」を受講することにしたそうだ。Mj さんは、プレイセンターで活動した約 8 年間を振り返り、親たちの姿が明らかに変化し、遊び上手になっていると指摘する。最近では、プレイセンターの親た

ちが、より能動的に子育てを楽しむようになったと語る。そして、こうした姿は、他の子育て支援施設の親たちには、みられない姿だと指摘している。さらに、親たちの変化に気づいているのは大人ばかりではない。現在、「プレイセンター・ピカソ」に通う2歳児のR君は、母親と参加した他の子育てイベントの会場で、「ここの大人と、プレイセンターの大人は違うね」と発言し、周囲を驚かせたという。

　Tmさんについては、入会当初、プレイセンター以外にも児童館や子育て支援センターにも参加していた。しかし、他の施設ではメンバーが一定していないため、今は、プレイセンターだけに参加しているそうだ。

> ピカソはいつも大勢集まっているし、いつも知り合いがいるというか。みんな知っている安心感というのもあるし、子どももすごく慣れているし、いつも決まったおもちゃで遊べるし、外でも遊べるというのがすごくいいですね。児童館とかだと、行くと誰もいないか、あとは他のサークルの人がほとんど児童館を占領しちゃっているような状態だったりして、ちょっとつまらないというか。　　　　　　　　　　（Tmさん）

　Mhさんも、当初は、子育てひろばに参加していた。しかし、子どもが歩くようになり、室内遊びだけでは物足りなくなり、筆者が講師として招かれた小平市の家庭教育講座に参加することにした。そこでの参加者には、一般の親以外にも「プレイセンター・ピカソ」の親たちが何人か来ていたという。Mhさんは、講座で知りあった親たちから、プレイセンターは、「誰でも受け入れてくれる場なんだよ」と聞きプレイセンターへの参加を強く意識するようになったと述べる。その後間もなくして、Mhさんは、「プレイセンター・ピカソ」に入会することを決めた。現在では、子育てが安心してできるようになり、生活が楽しくなってきたと次のように語っている。

> プレイセンターは、いつも同じメンバーで遊べて、安心して遊べますね。お母さん同士もみんな知っている人だから、ここだと安心して動けるし、自分の子だけ見なくちゃいけないというわけでもないので、ホッとできますね。1人目でもいっぱい、いっぱいだなとか思っていたんですけど、プレイセンターへ来てから、もう1人いいかなって思えるようになって、もう1人子どもを産みました。　　（Mhさん）

プレイセンターの親たちの姿は、Mh さんに、子育てに対するゆとりを感じさせたようだ。その結果、Mh さんは、もう1人子どもを産みたいという気持ちになったのだと当時を振り返る。

　以上のように、プレイセンターへの参加理由として、学習会などのプレイセンター独自の特徴、つまり、「親は、子どもにとっての最初の教育者」という理念に賛同し、他の施設にはない利点として、プレイセンターを選ぶ親が多くみられた。また、「プレイセンター・ピカソ」の参加者の雰囲気やスーパーバイザーの人柄などセンター内の人的資源を理由に参加する意見も目立った。いずれの意見でも、親自らが子どもの育成に深く関わっていきたいという意欲や姿勢が見受けられた。現在では、子育て支援という名のもとに多様なサービスや事業が普及している。しかし、参加者の多くは、あえて、そうしたシステムを利用していないことが明らかになった。

　本調査から、子育て中の親たちは、「子どもの育ち方や自分自身の向上に価値を置く成長型子育てタイプ」と「サービスや情報に身を委ねる手探り型子育てタイプ」とに二極化していることがわかった。そして、「プレイセンター・ピカソ」には、前者の参加者が大多数をしめていた。

　落合（2004）は、「主婦化」した現代女性たちの子育ての特徴として「母親の全エネルギーとストレスが『少子化』した一人が二人の子どもに向かい、母子はともども他の人々との絆を失って『家族』というカプセルに閉じこもる。そして母親は育児ノイローゼに陥って子どもにあたり、子どもは社会性を発達させる機会もないまま母親に依存し続ける」傾向にあることを指摘している。こうした状況下で親たちは、家庭内での子育てから解放される手段として、子どもの就園を捉え、その時期を待ち望むようになってきているのだろう（大日向：2000、213）。しかしながら、子育ては幼稚園に入園したからといって終了するのではなく、その先もずっと継続していくのである。むしろ、乳幼児期をいかに過ごしてきたかが、幼稚園に入園してからのその後の生活に反映してくるのではないだろうか。

　「子どもを社会化」することは、単に子育てを外注化することだけではなく、子どもたち一人ひとりを社会的な存在と捉え、その発達や成長を保障するとい

う文脈でも捉えていく必要がある。このような意味でも、単に子育てを保育者に依存するのではなく、親も保育者のひとりとして協働していくことが重要になってくる。こうした問題意識は、プレイセンターに参加する親からも指摘されており、彼らは、地域における互助的な子育て活動であるプレイセンターを他の施設では経験できない場所として高く評価していた。

2）「プレイセンターの魅力と参加動機」（学習会のレポート記述より）

学習会のパート1では、親たちに「プレイセンターのどこに魅力を感じたのか」を尋ね、レポートにまとめることを課題としている。その理由は、参加者自身に活動の原点を振り返る作業をしてもらうためだという。ここでは、学習レポートに書かれた親たちの綴りから「プレイセンター参加に至る動機づけ」を探っていく。Fuさんは、最初のきっかけは、子どもの遊び場を求めており、偶然「プレイセンター・ピカソ」に出会ったのだと記している。

> 私の場合、最初のきっかけは単に子どもの遊べる場所を求めてピカソを見学した時に、そこには"プレイセンター"という奥深い理念があって堅苦しいところかなという印象でした。実際に入ってみると堅苦しいとはちがうあたたかい雰囲気の場所で入会することにしたのです。きっとそれは入っている人たちが"家族といっしょに成長する"ことを目指しているからこそ出る雰囲気だったのだと気づいてからプレイセンターってすごいと入会した後に魅力を感じたわけです。　　　　　　　　　　　　（Fuさん）

Ykさんの場合は、子どもが双子ということもありFuさんよりも深刻な子育て環境下にあり、子育てに行き詰まっていた。そのようなYkさんの状態を見かねた友人が、プレイセンターを紹介してくれたという。

> 子どもが産まれる前は、社会の中で働いていたので社会に参加できている実感がありました。しかし、専業主婦となった現在、周囲から「〜ちゃんママ」と呼ばれることが多く、子育てに追われ一人で悩みがちになり、自分はだれからも認めてもらえていないのではないかと不安になることが多々あります。双子ということもあり、ほとんど一人きりの育児に限界を感じていました。そんなときに友人の紹介でプレイセンターを知りました。もちろん入会時には、プレイセンターに対する知識はほとんどなく、とにかく子どもを連れて出掛けられる場所を求めての入会でした。　　（Ykさん）

Mm さんや Yy さんも Yk さんと同じような経験をしている。

　実家が遠いため、ちょっとした子育ての悩みの相談も大人と話したい時などもすぐにできずにいます。母へ相談しても「それでいいのか？」と疑問がわいてきたり「他のお母さん方はどうしているのか？」「子育ての先輩達はどうしてきたのか？」と知りたくなり最近は母として学びたいと考えていました。ピカソを知り、今回の勉強会に参加させて頂き「家族が一緒に成長する」という所に魅力を感じています。
(Mm さん)

　入会する前は、子育てに専念している自分をどこかで受け入れる事ができず、随分悩んだりしていました。心のどこかで「専業主婦なんて、なんて狭い世界だろう…」と偏見がありました。
(Yy さん)

Yk さんや Mm さん、Yy さんの記述からは、現代日本の多くの子育て世帯が抱えているとされる「閉塞感」がリアリティーをもって伝わってくる。プレイセンターは、Yk さんや Yy さんにとってその閉塞感に風穴をあける活動であった。しかし、Km さんは、プレイセンターに参加する以前に通っていた児童館では、保育士が中心となってプログラムが組まれていたので、「お客さん」になりがちであったという。今は、プレイセンターの「自分のできる範囲でできることを」という温かい雰囲気と参加する親子との交流に気持ちが落ち着き、子育てに対する焦りがなくなったと語っている。

　同じ年齢や限られた地域等による区画がなされていない集まりであるという点がまず最初に魅力を感じた点だった。我が子より年上の子を相手にすることにより、発達の過程や連続性が理解できたり、単に"近所の子たちの集まる場"とは違い、きっと日常では出会えなかった子やその親たちと出会うことができ、そのことが新鮮に感じたのだと思います。
(Km さん)

しかし、Km さんは、入会当初、自主的な親運営であるプレイセンターのやり方に圧倒されたと記述している。ところが、異年齢の子どもと関わったり、自分のペースで親として成長できるプレイセンターに出会えたことで、今は感謝する気持ちに至っているという。

行政主催の受け身のプログラムではなく、その時々で変化する遊びや対話、コミュニケーションを重視した活動は私自身とても刺激を受け、学ぶことが多い。学習会でも様々な意見や情報、アイディアを聞き、「同じだ！」「それでいいんだ」等と励まされることがある。　　　　　　　　　　　　　　　　　　　　　　　（Km さん）

Re さんも他市の子育て支援センターと比較し、プレイセンターとの間に大きな違いを発見している。Re さんは、以下の２点、①信頼できる環境の中で放し飼いにできる子育ての場、②個人が尊重されることで母親本来の自信を取り戻す場としてプレイセンターを捉えており、そのことを理由に参加を決めたという。

信頼できるお母さん方に囲まれて安心して子どもを「放し飼い子育て」ができるピカソの環境はまさに現代では理想的だと思いますし、まず第一のピカソの魅力だと思います。何より自分の子どものように接してくれる大人がいる環境は子どもにとって天国のようです。（中略）ピカソの「一人ひとりを尊重する」という理念が自然に行き渡り、自由が確保されながらとてもいい雰囲気ができていて、改めてこの理念の尊さが分かりました。　　　　　　　　　　　　　　　　　　　　　　　（Re さん）

Km さんや Re さんは、従来の子育て支援施設と比較しながら、「お客さん」として参加する傾向が強い現代の子育て支援事業に対し危惧の念を抱いていた。Re さんは、「与えられる」だけの支援では、親としての自信や主体性が育たず、「お客さん」のような存在は、自分の居場所をつくる実感さえもなくなっていくのだと指摘していた。

以上のレポートを総括すると、多くの親たちが、かつては、閉塞した環境のなかで、子育てをしていた。しかし、プレイセンターへ参加することによって、その閉塞感が徐々に減少していくことを経験していた。そして、プレイセンターが提供する学習会や活動を通じて、親同士が助け合い、プレイセンターの組織運営に関わるようになっていった。

また多くの親は、子育てに対する取組み方が、プレイセンターの参加前と比較して変わったと自己分析しており、参加後は、「家族一緒に成長すること」を実感したと指摘している。このように、プレイセンター活動がもたらす付加

価値は、参加者のプレイセンターを継続する意思を支えていたことが明らかとなった。

（4）親に対する教育効果
1）インタビューの語りから
　日本では、家庭教育など親に対する学習機会の必要性が指摘されているものの、座学のような講義スタイルのものであったり、単発のイベント企画であったりと、親が主体となって講座を運営する学びの機会は少ない。このようなことから、プレイセンターにおける学習会は、プレイセンター独特の特徴として参加する親たちにも捉えられていた。プレイセンターでの継続的な学習を通じて、ピカソの親たちはどのような影響を受けたのだろうか。Irさんは、以下のように語っている。

> 　正直、楽しかったです。今まで育児サークルでも社宅でも児童館でもまともに育児の話をすると引かれましたからね。なんだか、お母さんたちの中では、経験主義というか先に産んだ人勝ちみたいな文化があって、何も口出せないし、結局は世間話で終わっちゃう。私の周りにいたお母さんたちって子どもの育て方や子どもの特性、その子の生かし方をアドバイスしても受け入れてくれなかった。でもプレイセンターでは、こういうこと言っても誰も引かなかった。だから、私にとっては、ありがたい場所でしたよ。私は、世間話しているのなら、子どものあっという間の3年間を大切に考えたかったので学習会にはよく参加するんです。「今度どこどこ行こうよ」とか「えーゴミゴミしているから嫌だ」なんて会話はどうでもいいんです。　　　（Irさん）

　Irさんは、もともとプレイセンターの学習会にひかれて参加しているため、学習会に対する満足度は高い。世間話だけの親たちとの会話には、物足りなさを感じていたようだ。そのため、プレイセンターで学ぶ保育学や子育ての知識の習得、価値観のあう親たちとの会話は、Irさんにとって子どもと向きあいながら、教育について深く考える機会となった。しかし、学習会の存在が、一般の親たちにとっては、プレイセンターへの入会を決断する際の足かせとなっていることを指摘している。

やっぱり理由を聞いてみると、結局学習会なのね。「えー勉強？」って感じだったり、後はやっぱり皆、結構余裕がないというか。子どもと一緒に自分が遊ぶことにあまり重視していないんだろうね。（中略）子どもを育てるってことは、子どもが生まれた以上、親に課せられるものじゃない。でも、保育することの適応・不適応はあるわけで、小さい子どもを育てるのは、かわいいけど荷が重くてどうしていいのかわからないという人もいるんですよ。同じように、親のペースで自分が外に出たいけど、子どもを置いていくわけにいかない。じゃあ子どもも一緒に遊ばせられるところで、自分も気楽になれる場所はないかしらって自分たちのニーズに合った場所を探すお母さんもいるんですよ。　　　　　　　　　　　　　　　　　　　　　　　　（Ir さん）

Ir さんは、まわりの親たちの特徴として、親の負担が軽く、気楽に遊べる場所にニーズが集中しているという。また、一部の親からは、「幼稚園にいけばなんとかなるでしょ」という発言もあるとのことだった。Ir さんは、こうした周りの親たちの様子から、余計にプレイセンターで学習することの意義を感じるようになったという。子どもの特性を知り、他の親たちと学びあう経験は、Ir さん自身の意識にさまざまな変化をもたらした。

自分一人で生きているのではないという意識が芽生えたんです。幼い子どもでも自分で行動したい、誰かと関わりたいという感性を持っていることを大切にしなきゃと強く思いましたね。　　　　　　　　　　　　　　　　　　　　　　　　　　（Ir さん）

Ec さんも Ir さん同様、他の親たちと学びあうことで、メンバー間のつながりを感じている。「プレイセンター・ピカソ」では、座学のような形式的な学習方法を採用していない。むしろ、親自身や日々の生活について報告する機会を多く設けている。Ec さんは、このような経験が、他の親との関係性の構築に深く寄与しているという。さらに、その効果は、大人同士にとどまらず、子どもとのコミュニケーションにも役立っていると評価している。

やっぱり職場とかだけだと、わりとまとまった人数の前でお話をする機会、1 人ずつあいさつというか、そういう経験がずっとなかったので、すごい久しぶりに「今の自分はこうです」みたいな、あいさつとか自己紹介とか、今こんなことを思っているということをみんなが静かな中で順番に話すということは、すごくいい経験になると思いましたね。

やっぱり子どものいうこともよく聞くためにも、自分が思っていることを誰かに聞いてもらえるというか、それはすごく大事なんだなってわかったかな。またその聞いている空気というか、すごく温かいので、いろいろなことを素直に話せる。格好つけなくていいというか、やっぱりありのままでいいというのは、なかなかできるようでできないところがあるんだけど、ここはできるなって思いましたね。　　　（Ec さん）

　Ec さんにとって最大の学習効果は、等身大の自分を出せることであり「上から言われるのではなく、みんなで共有している感じ」を体感できたことだと語っている。さらに、Ne さんは、学習会の場で子育ての悩みを吐露することが多いという。こうした経験は、「つらい思いをしているのは自分だけじゃない」という自分自身へのなぐさめにもなり、また子育てに対する自信を醸成する場にもなっているのだという。

　　毎回、（学習会の最初に）自己紹介をしていて、そのときに自分で、今置かれている状況とかをみんないろいろ言って、発表するというか、発するということも、すごくいいというか。緊張するんですけど。たぶん、人に言うことで解消される部分もあるのかなとか思ったり。あと、そういう話を聞いて「ああ、あの人もそうだったんだ」とか、お互いにメンバー同士で思えたりとか。（中略）子育ての面では、自分だけじゃないという、そういう…。子育てで一番つらいのは孤独感というか、煮詰まるというか。そういうところが、やっぱり、みんなピカソに通っていることでけっこう解消されているんじゃないかなと思いますけど。　　　　　　　　（Ne さん）

　また Fc さんは、プレイセンターで遊ぶ他の子の姿やその親の育児法に触れることで、わが子の成長を見通せるようになっただけでなく、親として成長できたと自己評価する。

　　（学習会で）悩んでいたこととかを話して、そのあとでまたお友達からいろいろ、仲間がアドバイスしてくれたりとかしてくれたし。あと、この子がまだ1歳とかちっちゃかったときには、上のお子さんの話を聞くと「こういう状態になるんだ。次はMちゃん（娘）もこういう時期がくるんだ」とかっていう、すごい勉強にもなったりしました。あと、やっぱり、もうビーンズ（ピカソのスーパーバイザー）の一言一言がすごく勉強になりましたし、なんかそれを勉強している自分も成長しているなって感じ。だからいつも「学びあい（学習会）」が終わると、すごくいい気持ちというんですか。有意義な時間を過ごせたという…。お金を払ってでも参加する価値がある気が

して…。そう思います。 (Fcさん)

　今、みんながどんな悩みを抱えているかとか、どんな状況だっていうのを言ったりするんですけど、それを聞いて安心したりとか。逆に自分のほうが「こうこうこういう状況だ」っていうのをみんなに知ってもらったりだとか。そういうのがすごくいいと思う。あと、テキストはプレイセンターそのものの理念とか、子どもに対しての接し方とか、遊び方とか、そういうのを再確認するのにとてもいいと思います。
(Tmさん)

さらにTmさんは、悩みの共有や他の親に対する理解だけでなく、子どもに対する理解が深まり、しだいに子ども嫌いが解消していった。そして、子育てが楽しく変化していったと語っている。

　他の子どもを見ることで、いろいろ勉強になるというか。いろんな子どもがいていいんだというふうに思えるし。あと、他の子がすごくかわいく思えるようになりました。本当に小さいころから見ていたり、一緒に遊んだりしているうちに、すごく一人ひとりが、個性があって、みんなで見守っていかなきゃいけないというか。そういう気持ちになりましたね。私、子ども産む前は、全然、子どもとか嫌いだったし。どうやって遊んでいいかわからないというのがあったんですけど。今でも遊ぶのは苦手ですけど、こういうのが子どもは喜ぶんだなとか。こういうことを言ったら喜んでくれて嬉しいなとか、そういうふうに感じられるように変わったと思います。(Tmさん)

MhさんもTmさんと同様、子どもが苦手であったが、学習会やプレイセンターの参加を通じて子育てが、前向きになり、子どもとの関係も改善したと話す。

　すごい、（学習会が）終わったあとなんかすっきりしているし、前向きになれているし、気分ががらっと変わる。みんなのお話を聞いたりとか、自分が思っていることをシェアしたりとか。（中略）なんか責任持って、子育てを、仕事としてちゃんとできているかなとか。あと、逃げなくなったというか。（中略）うちの子は言葉が遅かったんですけど、やっと最近話し出すようになって、やり取りとかも、やっと相思相愛になれたような感じで、今は子育てが楽しいというか。 (Mhさん)

第3章　日本におけるプレイセンター活動の実践　171

　Tm さん、Mh さんの語りからは、子育てが苦痛なものから、楽しいものへと変化していることがわかる。Wa さんは、学習会や「プレイセンター・ピカソ」の経験が自分の人生さえも変えたと述べている。

> もう変わりました、がらりと。子育て大変っていうのが、ここまで楽しいっていうふうに、すごく変わっちゃったし、子どもに教えられることがこんなにあるとは思わなくて、自分で本当に…一緒に、先輩と一緒に成長させてもらっているかなって。本当の意味での親になれそう…なれてきたかなっていう。だっていろいろな人がいるので、いろいろな考え方とかあるし。自分の知らなかった世界をみんなに教えてもらっているような。
> 　　　　　　　　　　　　　　　　　　　　　　　　　　　　　　　　　（Wa さん）

　親同士の悩みや日々の生活について吐露し、共有する過程こそが、グループを運営していく上での欠かせない学びのひとつになっていると、スーパーバイザーの Oc さんも認めている。

> 半分ぐらいはお母さんたちの話を聞く時間じゃない。学ぶというよりはみんなで吐き出しあうみたいな時間。あれがすごくよくって、「ああ、私だけじゃないんだ」とか「ああ、私はそんな時期は通り越した」とか、「大変なのは自分だけじゃない」という共感を、昨日なんかもそうだけど、得られてすごくホッと安心している姿を見ると、こういう時間はすごい必要だなって思うのと、一応テキストもやるから、学びあいの中で、みんなで共通理解を得て話し合ったことが、セッションの中で生かされるという形が増えてきてるから、あれがなければただの子育てサークルと一緒だから。
> 　　　　　　　　　　　　　　　　　　　　　　　　（スーパーバイザー　Oc さん）。

　一方、Yc さんの場合、プレイセンターに参加する前は、子どもがいる女性でも、社会貢献をするために仕事を持つことがよいと思っていた。しかし、プレイセンターに参加するようになり、社会貢献に仕事の有無は関係ないのだと認識を新たにしたという。そして、プレイセンターでは、学習会を通じて、互いの子育て観やプレイセンターで大切にしている理念を共有しながら親同士が協働運営を行っており、そのことも、社会の役に立っているのだと述べている。

やっぱりなんか、仕事を持っていたときと、なんだろうな、子どもを産んでもやっぱり働かなくちゃなっていう、女性もやっぱり社会に出て貢献したり、やっぱり自分自身もそのほうが成長できるし、社会に関わりたいなっていうふうに思っていたんですけど、なんかピカソと出会ってから、そういう、働くとか働かないとか関係なく、別に世の中と離れたわけじゃなく、全然自分も社会の中に関わって、ピカソを通していろんな人に、こういう場があることを伝えたりするのもひとつの役目だし、そういうふうに考えられるようになったところが大きいかもしれませんね。（中略）やっぱりこういう子育ての集団で、みんなでやるというのには、やっぱりそれなりにルールみたいなのも必要だし、やっぱり共通理解みたいなものが大事だなってすごく思うので、そういうことは学びましたね。
（Ycさん）

　以上のように、プレイセンターにおける学習効果は、1人の親として成長し、子どもについての特性を学び、親にとって必要なことを認識できるところにあるとピカソの親たちは話っている。そして、スーパーバイザーのHpさんは、学習会があるからこそ、プレイセンターの活動が他の子育てグループのように自然消滅することなく継続しているのだと指摘する。

　やっぱりプレイセンターというような場所で、テキストがあって、「学びあい（学習会）」があってという、それ。つまり、芯があることで続いていくわけよね。
（スーパーバイザーHpさん）

　Hpさん（スーパーバイザー）は、親たちが互いに学びあうことによって、親たちの表情がしだいに和らいできたと指摘する。また、Hpさん自身もスーパーバイザーとして、活動に関わるうちに、以前よりも他者に対して、心を開くようになったとその変化を述べている。

　私もオープンになってきたわ。それって、自分を開くことって、自分を大切にすることでもあるのよね。一人ひとりが自分が大事にされていると感じられれば、人を大事にできるようになるのよ。とどまらないで、循環することが大事。風とおしのよさが大切なの。
（スーパーバイザーHpさん）

　また、多くの親からは、母親だからといって背伸びすることなく、素の自分が受容されていくような感覚をプレイセンターでは得られるとして高く評価されていた。Waさんは、これまで誰にも自分の身の上話を話してこなかったと

いう。しかし、ピカソの仲間には安心してすべてを打ち明けられ、自分らしくいられるように変化していったのだと語る。スーパーバイザーのMjさんは、子育てについて真剣に向き合い、一緒に問題を解決していくことこそ、学習会の意義であり、「プレイセンター・ピカソ」の良さであると言及している。

> （ピカソのあるメンバーが）いろんな子育ての悩みとかを、今の社会のことと絡めて（プレイセンター以外の場所で）真剣に話そうとすると、なんかしらけちゃったりして、「せっかく楽しくおしゃべりしてるんだからそういう話はしたくない」みたいな、そういうのがあったりするって言ってたけど、ここは本当にみんながしっかり、自分が発したことをきちんとキャッチしてくれて、話が聞けるっていうことがすごくうれしいって言っていたけどさ。そういう場って、きっとすごく貴重なんだと思うのね。
> 　　　　　　　　　　　　　　　　　　　　　　（スーパーバイザー　Mjさん）

　Waさんは、このような雰囲気を作り出す要因は、学習会での語りあいや学びあいの蓄積によって得られた互いの「信頼感です」と話している。Mjさん（スーパーバイザー）もこうした信頼感があるからこそ、子ども同士のトラブルや問題が起きたときに、その子どもを阻害するのではなく、逆に、受け入れながらどう対処していけばよいかをメンバー同士で話し合えるようになれるのだという。つまり、親が子どものことを学ぶことによって「子どもの気持ちの揺れやいろいろなエネルギーが働いて子どもが表現するさまざまな行動」について理解できるように変化し、子どもに対する適切な対処法を身に付けていくのだとMjさんは指摘する。

2）「親たちの教育効果」（学習会のレポート記述より）

　Koさんは、当初、学習会に参加することに対して好意的ではなかった。しかし、学習会に参加してみるとKoさんが想像していた学習会の雰囲気とは違い、内容がよかったと語る。

> 親の勉強会も初めての時はおっくうでしたが、内容が具体的で身近なことだったり、基本の考えがしっかりしていて、とても為になり、頭の片すみに勉強会でやった事があるだけで自分の中でゆとりを持って子供にも接する事ができていると思います。周りの子と（自分の子を）どうしてもいろいろと比べてしまったりするのですが、以前よりは「この子には、この子のペースがある」と割り切れたり、いずれできる様

になるだろうと長い目で見れたり、余裕が持てる様になったと思います。（Ko さん）

Ko さんは、1 人目である長男の子育て期には、いつもイライラしていたが、学習会に参加するようになり、2 人目では、ゆとりを持って子どもに接することができるようになったと振り返る。また、Fu さんは、プレイセンターの参加を通じて、子育てに対する自信が持てるようになり、子育てが楽しくなったと話している。

> 丁度 4 年前で R（息子）の 2 歳児特有のこだわりやかんしゃくに手を焼いていた頃です。よっぽど自信がなかったのか「自分の手元に置くより保育園へ子供を預けた方がいいのでは」というようなことを思っていたようです。ようです。というのはそんな気持ちをすっかり忘れていました。（中略）「そう言えば、そんなこと思っていたんだなぁ」と遠い目をしてしまうくらい、この 4 年で子育てが楽しくなったんだと思います。
> （Fu さん）

Yy さんも Fu さんと同様にして、ピカソに出会っていなかったら、より楽な子育てへと流れていただろうと語っている。

> ピカソに来ていなかったら、自分も気がつかないうちに、自分が楽するために家庭支援センターに通ったり、まわりから誤解されてしまうような行動をとってしまったかもしれない…と思いました。そして、そのまま何の疑問をもたずに今の世の中で問題になっているような子育てやしつけを保育園、幼稚園、学校にまかせようとする親になってしまっていたかもしれません…。そう考えるとぞっとします。（Yy さん）

しかし、プレイセンターで過ごすうちに Yy さんや Sm さんの意識に変化が訪れたという。

> 私は、「プレイセンター・ピカソ」の中で「子育ての楽しさ」を実感したり、少しずつでも子どもと共に自分自身も成長したいと思えるようになりました。それは、学び合いや日々のセッションで過ごすうちに自然にそう思えるようになったんです。
> （Yy さん）

> 入会当初は活動に距離を置いていました。幼稚園に入れば、親子で楽しめることを知っていたので、入園までの三年間を公民館などでしのげるのではないかと正直なと

ころ思っていたんです。今では、乳幼児期の親子での密な時間をピカソで過ごせて、とても幸せ。せっかくの時間を親子とも楽しまなくてはもったいないと思えるようになったんです。日々の生活もやるべき家事に縛られたりせず、楽しく過ごしたいと思うようになり、気持にゆとりができました。　　　　　　　　　　　　　　　（Smさん）

　YyさんやSmさんは、プレイセンターに参加していない親たちの多くが、幼稚園に入るまでをどう過ごしていいかわからず悩んでいるので、そういう家庭にこそプレイセンターの活動を知ってもらいたいという。そうすれば、自分たちのように活動していく中で少しずつ何かを感じ、変わっていけるのだと続ける。また、こうした積み重ねが日本の子育て状況をよくする第一歩であり、「子育てを楽しむ環境」作りにもつながっていくのだと指摘する。また、プレイセンターの場を築いていくのも、学び手である親同士の支え合いがあってこそ初めて成立するのだとGoさんは語る。

学習会で誰が何を悩んでいるのか、どう考えているのか参加した人たちが共有の話題を持てるということで普段からそのことに気にかけたり、気にしてくれたりするので、他の子の成長などを含めよく周りを見るようになった。　　　　　（Goさん）

　つまり、学習による個々の意識の変化が、子育てに対する自信へとつながっているのだ。Reさんは、「プレイセンター・ピカソ」のことを「個人が尊重されることで母親本来の自信を取り戻す場」であると表現している。

ピカソの「一人ひとりを尊重する」という理念が自然に行き渡り、自由が確保されながらとてもいい雰囲気ができていて、改めてこの理念の尊さが分かりました。私は、自分自身がかけがえのない存在であることを信じる力は親にとっても子どもにとっても、とても重要だと思います、その実感を得ているからこそピカソのお母さん方は子どもたちに対しても「そのままでいいよ」というメッセージが送れているのではないでしょうか。　　　　　　　　　　　　　　　　　　　　　　　　　（Reさん）

　Reさんにとって、ピカソの仲間との協働運営や学習会は、Reさんが1人の女性として受け入れられ、尊重される場を意味している。つまり、プレイセンターでの活動経験は、Reさんに自信を取り戻す機会を与えていたのだ。昨今の日本における子育て支援の議論では、親たちの自尊感情を育てることへの

検討が不足している。ところが、プレイセンターでは、一時的な子育ての代替で親を癒すのではなく、親同士助け合いながら成長できる環境が提供されていた。Re さんは、このような特徴こそ、プレイセンターらしさであり、プレイセンターの良さであると指摘する。

（5）参加者とコミュニティにおけるネットワーク形成に関する影響
1）インタビューの語りから

　わが国の家族形態は、1980年以降急速に変化し、都市部を中心にして核家族世帯が増えていった。そのため、専業主婦世帯では、母親が子育てに孤軍奮闘する傾向となり、育児ストレスや育児不安に陥るケースが多くみられるようになった。昨今では、地域コミュニティの崩壊も叫ばれており、ますます子育てに専従する親たちを追いつめる結果となっている。このことからも、現代社会では、失われつつある子育てを介した関係性の構築や社会的なネットワークを意識的に作り出していくことが必要とされている。Ir さんは、社宅に住んでおり、その閉鎖的な子育て環境に息をつまらせていた。彼女は、その生活を「ガラス張りの生活」と表現している。

> 子どもが生まれるまでは、もちろんお母さんたちとの付き合いはなかったよね。それで、子どもが生まれて子どもを通じての付き合いが始まると、やっぱり一緒に遊ぶことになって一日中一緒にいるでしょ。社宅では、そうやって生きていくしかないの。幼稚園もみんな同じところに行くの。　　　　　　　　　　　　　　　（Ir さん）

　こうした子育てのあり方に疑問を感じていた Ir さんは、学習しながら親として成長するプレイセンターの理念に共感し、社宅から外の関係へと移行しようと決意したのである。Ir さんは、プレイセンターに入会し、参加する親たちとの距離間がとても居心地よいものであったと感じている。そして、価値観が似ている者同士の集まりだからこそ、プレイセンターという組織にまとまりができたのだと語っている。さらに、Ir さんは、自身の子育てに対し、「もっと真剣に取り組みたい」と思うようになったと振り返る。また、そのように思えたのは、集まるメンバーの力が大きいと語っている。

> ピカソは、本当に、火がおこせないようなジメジメとしたところを乾燥させて、火種がポッとついて、今に至ったって感じ。だからあそこに集まって来ているお母さんたちは、かなり意識の高いお母さんたちだと思う。中には、引っ込み思案で大人しい人ももちろんいるんだけど、「～ちゃん、今日は何かやりますか？」って聞くと「あ、やるやる！」って感じだから。　　　　　　　　　　　　　　　　　　　　(Irさん)

Irさんは、親たちの信頼やつながりが、地域のなかに「プレイセンター・ピカソ」という火をともしたのだという。そして、この連携がさらに町全体へと広がってほしいと切望する。Neさんは、無理をせず自分のやれる範囲で協力しあうプレイセンターの体制が自分には合っていると述べ、それが現在の仕事にも役立っているのだという。

> 自分でできることというか、できる範囲で、お互いやりあうというか、手伝いあうというか、そういう雰囲気が結構徹底されているから、そういう考え方ってすごい他のことにも生かせると私は思うんですよ。私は他にもそういう仕事とかやっているから、そういう中でもすごく生かされていて、逆に教えられているというか。いっぱいいっぱいにならないというか。　　　　　　　　　　　　　　　　　(Neさん)

Neさんは、無理せず、自分たちの可能な範囲で相互扶助をしていくというプレイセンターのやり方だからこそ順応できたのだという。そして、次第と、子育てに対する余裕が得られるように自分自身が変わっていったと語っている。

逆にWaさんは、責任感が強い母親であったため、「できる範囲」について、そのさじ加減が難しかったと語る。そして、Waさんにとってプレイセンターの協働運営は、想像以上にプレッシャーが大きかったそうだ。しかし、Neさんのようなメンバーの存在や頑張りすぎなくても許されるというプレイセンターの考え方に救われたと話している。

> 私は責任を感じてしまうタイプなので、例えば、(プレイセンターの)当番とかちゃんとやらなきゃって思ったときは、すごく精神的な負担を最初のころは感じていたんですけど、でもそれを周りのみんなが、そんなに無理しなくっていいんだよってカバーをしてくれて、癒してくれるというか、励ましてくれ…補ってくれて。そこで、何か…うん、すべて仲間の存在を温かく感じたというか。　　　　　(Waさん)

Fcさんは、みんなができることをしていけば、一部の人だけが頑張りすぎず、もっと充実したプレイセンターになるのではないかと期待を込めている。Fcさん自身、出身が福井であり、まわり近所に育児の仲間も少なく、不安な子育てのスタートとなったが、プレイセンターで仲間やスーパーバイザーに出会えたことが活動をしていて一番の収穫になったと回想している。

> 　私も仲間ができたということが、やっぱり一番…参加してよかった。お話ができる仲間ができて、頼れるビーンズにも出会えて。やっぱり田舎者なので、「どうしようかな」と思っていたことが、（今振り返ると）うそみたいに思えるっていう感じですかね。
> 　　　　　　　　　　　　　　　　　　　　　　　　　　　　（Fcさん）

　Tmさんは、プレイセンターの良さは、皆で子どもを見守る安心感と仲間とつながりながら役割を遂行できるところにあると述べている。

> 　いいところは、やっぱりみんなで子どもを見守るというところ。例えば、ポッと行った公園なんかだと、自分の子どもしかみんな見ていなかったりするんだけど、ここ（プレイセンター）だとちょっと親が離れても、誰かが見てくれているっていう安心感があるので、そこはすごくいいと思います。あとは、みんなで運営していくところが。みんな、それぞれ役割を持って、責任感を持ってだんだんとやっていくので、そういう、コミュニケーション…がとれる。ただおうちにいるだけじゃ、他とのつながりってなかなか持てないけど、何かに参加するということが、すごくやりがいがあると思います。
> 　　　　　　　　　　　　　　　　　　　　　　　　　　　　（Tmさん）

　EcさんについてもTmさん同様、プレイセンターの仲間や活動をサポートするスーパーバイザーとの深いつながりを経験していた。また、お互いの力の偉大さに気づかされるだけでなく、自分たちの地域が次第によくなったことを実感している。

> 　よかったことは、やっぱり仲間…いろいろな話ができる仲間が地域にいなかったので、その…深い話ができる。そういう人たちと出会えたことは本当に大きな財産だし、スーパーバイザーの3人みたいな、そういう人たちに出会えたこともすごいね。ボランティアでもここまでできるんだとか、ものすごいなっていうか。（中略）やっぱり「子育て＝ネガティブ」じゃない、それは1人で抱えてしまうからそういう気持ちになってしまうのであって、こういう仲間作りができるということを広めていけれ

ば、その地域地域でいろいろな話ができる仲間ができれば、またその地域もどんどん広がる。みんなプレイセンターを卒業しても、それが学校とか幼稚園とかで、何かプレイセンターのノウハウが生かせるとやっぱり思うんです。　　　　　（Ec さん）

　Ec さんの言うように、一人では不可能なことも、仲間が集まることで偉大な力となり、組織を動かす原動力となるのかもしれない。さらに、Ec さんは、プレイセンターで培った組織運営のスキルや人脈を卒園後も地域の大切な資源として有効利用することができるのだと指摘する。その結果、子育てがネガティブであるとする発想から楽しい営みであるという発想へと転換していけるように Ec さんは変化したのだと語っている。

　Yc さんの場合は、プレイセンターに第1子である長男と通っている時に、第2子を妊娠している。しかし、第2子は、病気で生後すぐに亡くなっている。しかし、その時の、メンバーの精神的な支えに助けられたのだと語っている。Yc さんは、現在第3子を妊娠中だが、もしもプレイセンターでの親たちの助けがなければ、おそらく現在お腹にいる子どもは諦めていたかもしれないと当時を振り返る。

　　すごくやっぱり特別な経験だったので、けっこうおなかが大きい9か月ぐらいのときに、おなかの赤ちゃんの病気がわかっていたので、そのときすぐにはみんなに言えなかったんですけど…。いろいろ入院したりしている間に、おばあちゃんとS（長男）がここにお世話になってたり、私もおなかが大きいうちに何回か来て、おなかの赤ちゃんにみんなの赤ちゃんの声を聞かせたり、周りから温かい声をかけてもらったり、入院中は色紙をもらったり、やっぱり中には同じような経験をした人もいるので、そういう人の話を聞いたり、手紙をもらったり、家にお線香をあげに来てくれたり、みんなそれぞれいろんな形で積極的に関わってくれたので、私も精神的にこもらずにオープンにできたので、そういう意味で…。大変な思いをしているのは自分だけじゃないんだというのをすごい感じられたので。やっぱり同じような経験をしている人もいて、それを乗り越えて、もう4人目を作っていたりとか、そういう人の話を聞いたりする中で、自分もがんばろうかなというふうに、みんなの経験をいろいろ聞けてすごくよかったなって。ピカソがなかったら、どうだろう、今おなかに赤ちゃんが本当にいたかなって思いますね。そういう意味でも、子どもだけじゃなく私自身にも、すごいピカソは本当にかけがえのないものになっていますね。　　　（Yc さん）

Ycさんは、第2子が亡くなったとき、「私は世界一不幸だ」と思い込みそうになったと語っている。しかし、その時にプレイセンターの親たちが、Ycさんと一緒に彼女の困難と向き合ってくれたのだという。今や、Ycさんにとって「プレイセンター・ピカソ」がない生活は考えられず、ピカソの親たちとの活動を経験して、お互いのつながりの深さを実感したと振り返っている。Mhさんは、プレイセンターの親たちについて、周りの情報に左右されず、自分の考えをしっかりと持っていて、それをお互いに伝えあいながら、支え合う仲間であると述べている。

　　　（プレイセンターの仲間は）なんか本当に長い目で見て、子どもがこの先成長しても、「あ〜、○○君。結婚したね」とかってずっと関係が続いて言いあえるような仲間だと思う。　　　　　　　　　　　　　　　　　　　　　　　（Mhさん）

プレイセンターの親子は、Mhさんにとって生涯の友であると捉えられている。また、スーパーバイザーのHpさんの言葉を借りれば、プレイセンターは彼らにとっての「家」そのものであるという。

　　　ここがいつの間にか、その親子にとってのもうひとつの家みたいになっている。居場所になっている気がする。性格的にオープンになれないタイプの人も、継続していく中でどんどん変わってくるの。表情からして違う。自然な感じになるのよ。花が開くように。　　　　　　　　　　　　　　　　　　（スーパーバイザー　Hpさん）

Hpさんは、プレイセンターは、参加する者にとっての第二の家であり、参加親子はその家のなかで成長を遂げているのだと説明する。人とのつながりが苦手な現代の親世代だからこそ、その苦手な部分から逃避するのではなく、むしろそのことと向き合っていくことが大切なのだとスーパーバイザーのMjさんは以下のように続けている。

　　　やっぱり人と関わることが得意じゃない人っていっぱいいるじゃない。それって、きっとなんかやっぱり恐怖心があるんだと思うんだよね。それは本当に子どものときから今に至るまで、家族や友達や学校とか社会の中で、人を信頼する心地よさみたいなものを、あんまりそういうのに出会えないできた人たちが結構いるんだろうなという感じ。自分も含めてなんだけど。そういう人たちが、誰かにやってもらうとかじゃ

なくって、自分から動いていくことを身につけることによって、本当の意味で自分を守れるっていうのかな。遠ざけたりとかそういうことじゃなくって、ちゃんと人と人がつながり合いながら自分をガードしていくことができる。本来の意味で。そういうなんか人間関係を作っていくことの大事さみたいなのが（プレイセンターでは）理解できるんじゃないかなと思う。　　　　　　　（スーパーザイザー　Mjさん）。

Mjさんは、こうした人間関係を上手く構築できない親たちを傍らでサポートしていくことこそ、スーパーバイザーである自分の役割であると述べている。さらに、Mjさんは、「プレイセンター・ピカソ」の場が、今後、より一層、コアな関係でつながりあえる場所になって欲しいと望んでいる。

なんかね、M1ちゃんが、3人目が双子だったじゃない。それでおなかにいるときに結構安静にしてなきゃなんないときに、上の子の幼稚園の送り迎えをピカソのOBたちでローテーション組んで助け合いをしたんだよね。（中略）パパが朝送っていって、お迎えをね。それを本当に何か月かローテーションで、みんなで支えたっていうのが、すごいと思うのね。そういう、なんていうのかな、互助関係みたいなもの。もうちょっとコアな関係をみんなで作りあえたらいいなぁと思うんだけど。

（スーパーザイザー　Mjさん）

Mjさんは、以前のメンバーが互いに助け合いながら子育てを補完していく姿を見て、親たちがサービスの受け手ではなく、担い手として活躍できることの確証を得たという。こうした親主体の互助活動を維持するためには、今後もプレイセンター内での親子相互の信頼関係をしっかりと構築し、活動を続けていくことが大切になってくるのだと語っている。

2）「地域におけるネットワークの形成について」（学習会のレポート記述より）

学習会の記述には、現代日本の子育て環境を危惧する記述が目立つ。地域のつながりや連携を強めていくためには、子育てを社会的に支援していくことが不可欠である。子育てを社会全体で支えることの重要性は、親たちの記述からも明確に示されている。

自分の子どもは、自分で育てたいと思いつつも、手元に置くよりも保育園に預けている方が社会性やしつけができると思っていた。それは、裏返すと自分に自信がない

ということだと感じた。最近、子どもが加害者になる事件、虐待事件など子どもに関する事件があるとすぐに親のせいにされる、とくに母親。確かに親の責任である部分がかなり大きいと思う。けれど、母親の孤軍奮闘だけで子どもを育てるのは限界がある。もっと周りの社会が一緒に子どもを育ててくれるような環境になればいいのに。
(Fu さん)

　Fu さんが述べるように、特に専業主婦率の高いわが国においては、密室育児になりがちな子育ての環境が、切実な問題であるとして捉えられている。そのため、Fu さんが語るように、地域コミュニティの成員が積極的に子育て参画できるような社会を構築することが重要となってくる。しかしそれとは別に、子育ての当事者である親同士が互助的に支え合うことも必要ではなかろうか。Ju さんは、自分たちで遊びの場を作り上げていき、そこを運営していくことがプレイセンターの魅力であり、楽しさであると語る。さらに、こうした気持ちは、コミュニティへの愛着にもつながっているのだと指摘している。

　　用意された場で遊ぶ場合と比べ、プレイセンターでは、親の側にも「積極的に参加し協力し合おう」という姿勢が生まれる。「一人ひとりができることをする、自分たちで作り上げていく場」という気持ちはそのコミュニティへの愛着につながる。また、学習会を通じて皆で共通の認識を分かち合い、日々の活動に活かしていける点が(プレイセンターの)魅力になっている。
(Ju さん)

　Ju さんは、子ども目線に立ち、子どもと一緒に成長し、生活していくプレイセンターでの活動は、専業主婦の親だけではなく、地域のすべての親にとっても経験されるべきだと述べている。また、他者とつながりを持つ場所は、誰にとっても必要なのだと指摘している。

　　プレイセンターは、親に居場所を与え、子どもをあるがままの姿に戻し、お互いに素直な気持ちになって向き合える場所だと思う。子育てに従事する母親はもちろん、仕事を持つ母親にとっても職場や保育所とはまた違ったコミュニティを提供してくれる場となるのではないか。プレイセンターでは、子育てについてより深く話し合う機会を与えてくれ、自らの子育ての指針となるものを見出していくための一助になると思う。
(Ju さん)

Juさんの指摘するように、専業主婦の家庭にとどまらず、子育て世帯全体が地域の中でつながりあえるようなプレイセンター活動にしていくことが、地域の子育て力向上へと結びつくのであろう。現在でも、仕事の都合に合わせて参加する母親と父親が少数ながら存在している。そのため、今後は、有職者でも参加ができるような仕組みづくりをプレイセンター側でも検討していくことが必要となってくる。Etさんは、プレイセンター活動について、わが国の子育て環境における負の部分を正に変えていく活動であると記している。

> 　プレイセンターは今の日本の子育てのつらい部分に光をあてる方法だと思う。自由な遊び、子どもどうし・親どうしのつながり、そして親として絶対はずせない学びの場。かつて大家族や地域社会が持っていたであろう「子育て力」が、プレイセンターで違った形で返り咲く。遊び、学ぶことで子育ては楽しいと気づき、余力がうまれる。目の前の我が子のことだけでなく、社会全体を見据える視野も育つと思う。
> 　　　　　　　　　　　　　　　　　　　　　　　　　　　　　　（Etさん）

　Etさんにとってプレイセンターは、大家族を象徴しており、かつて子育ての相互扶助が成立していたころの日本の地域社会そのものなのだという。Mbさんは、プレイセンターの親同士のつながりや関係性を部活動であると形容する。

> 　なんだか学生時代の部活動のような気持ちがしていて、とても楽しく、また同じ目標に向かってみんなで進んでいるような安心感がすごく支えになります。（Mbさん）

　Fmさんも、「子どもの親同志という関係でなく、自分の友人が増えたことが嬉しい」と記述し、そのことにより、自分自身の視野も広がったという。Unさんは、個人が重視され人間関係が希薄な今の子育て世代にこそ、プレイセンターの活動が重要かつ、不可欠な子育て支援となるのだと以下のように指摘する。

> 　今の時代に合った地域のネットワーク作りが必要であり、プレイセンターはそんな社会のニーズに応えられ、表面上ではなく根本的な地域の子育て環境につながるシステムであると思う。　　　　　　　　　　　　　　　　　　　　（Unさん）

これらの語りから、プレイセンターは、地域の子育て環境とつながりながら大家族的な集団を形成するソーシャルキャピタルの場所として機能していることが明らかになった。「プレイセンター・ピカソ」に通う多くの親たちは、プレイセンターに参加することによって、子どもの親としてだけでなく、1人の人間として地域の仲間と関わることができ、その結果、「安心感」や「信頼感」が獲得できたのだと明記している。

(6)「プレイセンター・ピカソ」の参加者像

　本節では、「プレイセンター・ピカソ」の活動状況やその参加者たちの意見を概観してきた。親たちやスーパーバイザーの語りを総括すると、「プレイセンター・ピカソ」はニュージーランドのプレイセンターの理念を引き継ぎつつ、独自のスタイルを構築しながら、地域の子育て事業に貢献してきた。「まだまだ、ピカソは発展途上なのですよ」とビーンズの3人は、語っている。しかしながら、スーパーバイザーの力を借りながらも、親たちの努力がプレイセンターの協働運営を支えていた。これら「プレイセンター・ピカソ」の親たちの姿を見てもわかるように、彼らは、子どもの教育者となるべく学習を重ねながら、子どもに対する遊びの機会を保障していた。つまり、こうした親たちの子育て活動は、サービス利用が主流となる、わが国の子育て支援のあり方を再考する契機を与えてくれている。

　「プレイセンター・ピカソ」は、約10年もの歴史があり、日本のプレイセンター活動としては先駆的な活動を実践している。そのため、メンバーである親たちにも安定感があり、活動理念がぶれることはなかった。さらに、親たちの意識の中にもソーシャルキャピタルの拠点として、プレイセンターが位置づけられており、活動外の時間でも互助的な活動が実現していた。活動を開始する動機としては、多くの親が、プレイセンターの利便性や子育ての場所を求めてプレイセンターに参加しており、プレイセンターの理念や協働運営、学習会の意義などを理解して入会してくる親は少なかった。けれども、学習や活動実践の継続が、親としての意識や仲間との深い信頼感、子どもへの理解へとつながり、個々のメンバーの成長を促していた。さらに、親自身も「親としての成

長」を実感しており、「プレイセンター・ピカソ」が生活の一部になっていると語っていた。場所や施設数の増大など、ハード面での不満はあったものの、プレイセンター活動におけるソフト面への満足度は相対的に高い結果となった（図 3-5-3）。

今後の「プレイセンター・ピカソ」の課題として、以下の 4 点を提示しておこう。

① 常設のプレイセンターを開設すること
② 先進的プレイセンターとして全国発信していくこと
③ 地域コミュニティへの拡大・拡充
④ 後継者を育成すること

最初に提示した、常設のプレイセンター設置であるが、現在の「プレイセン

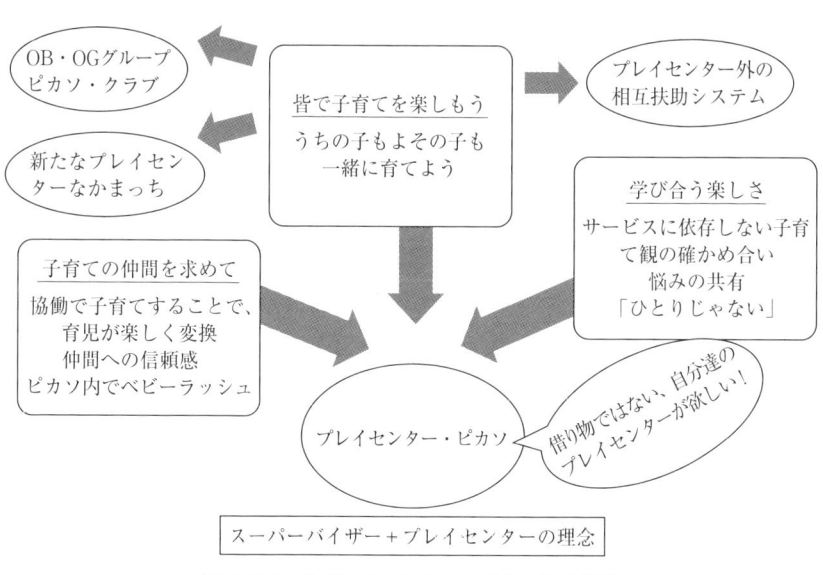

図 3-5-3 「プレイセンター・ピカソ」の活動
（筆者作成）

ター・ピカソ」は、神社の社務所を借用して活動が行われている。多くの調査対象者からも今後の期待として指摘があったように、将来的には、常設の場所へと移行していくことが望ましいであろう。

　2点目として、「プレイセンター・ピカソ」は、日本のプレイセンター活動のモデルケースとなる先駆的な団体であることから、今後もその活動実態を広報していくことが求められる。すでに、日本におけるプレイセンター活動への「プレイセンター・ピカソ」の貢献は大きい。しかし、今後は、日本型プレイセンターの重要なモニターとして、その実践をさらに広げていくことが期待されている。

　3点目は、地域への拡大である。参加者からは、「ひろば」や「子育て支援センター」のようにプレイセンターを各地域に作ってほしいという要望が多い。こうした声に応じるためにも、プレイセンターを地域のなかで拡大・拡充していけるように働きかけていくことが重要となってくる。

　4点目は、3点目の課題と重なるが、プレイセンター開設志願者や賛同者がいる場合は、プレイセンターの開設に関するノウハウを伝授し、開設へのバックアップしていくことが求められる。日本プレイセンター協会でスーパーバイザーコースを修了した「プレイセンター・ピカソ」の元メンバーであるKiさん（8歳男児・4歳男児・1歳女児の母親）は、「ニュージーランドでは、自然と子どもが居ながらもスーパーバイザーとして働くことができるらしいが、日本では乳幼児を抱えてプレイセンターを開設したり、活動したりする体制や認識がととのっていない」と指摘している。この点についても、日本プレイセンター協会と協力しながら検討していくことが求められるであろう。すでに、「プレイセンター・ピカソ」からは、6名のスーパーバーザーを輩出していることから、今後は、センター内においてもスーパーバイザーの養成講座を開催していくことが望まれる。

第6節　行政先導型の事例：「恵庭市プレイセンター」

（1）　行政先導型プレイセンターのさきがけ：「恵庭市プレイセンター」の略歴

　「恵庭市プレイセンター」のある北海道恵庭市は、札幌市と新千歳空港のほぼ中間にある新興住宅地である。恵庭市は、「花のまち」や「子ども読書のまち」としてまちづくりを推進し、全国的に知られるようになった。恵庭市の人口は、約6万9,000人であり、市内には、認可保育所が5カ所、私立幼稚園が7園ある。

　札幌市からも通勤圏内ということで、転入者が8割と高い。そのため、本調査においても恵庭市出身の対象者は少数であった。「恵庭市の子育て支援に関する調査」(2004)では、2歳以下の9割が在宅で親や保護者と過ごしていた。また地域柄、特に冬場は、首都圏の親子と比較すると家の中で過ごす家庭が多い。そのため、地縁のない環境のなかで、他の親子と関わり合いを持つことなく孤立に子育てをしている世帯が増えているという。恵庭市の元市長である中島興世氏は、「北海道の場合、冬は寒さが厳しく、なおさら親子がカプセル化しやすい」と述べ、恵庭市に住む世帯の子育て環境について危惧している（2009年10月2日、中島興世氏と筆者のインフォーマルな会話より）。中島元市長は、こうした家庭に対し、乳幼児の遊び場を提供するだけでなく、子育て中の親支援ともなるプレイセンターを新たな事業として取り組むことにした。中島氏は、親同士が助け合い、支えあいながら役割を分担して子どもたちを遊ばせることで、子育てが前向きになるのだと主張する。さらに、親が自分の能力を発揮できる場を得る機会は、子どもをめぐる問題発生への予防にもなるのだと明言している。中島氏は、2005年の市長就任時に「子どもたちの問題こそ最重要の地域課題」とし、マニュフェストのなかにプレイセンター事業を加え、その開設によって地域の子育て環境を改善していくことを公約した。

　恵庭市は、プレイセンター事業の本格実施の前に、2007年に「プレ・プレイセンター事業」を計画し、プレイセンター事業への配置となった市の職員や臨時職員とともにプレイセンターの体験会を実施した。このプレ・プレイセン

188　第Ⅱ編　日本・子育て支援施策モデルとしてのプレイセンター活動

表3-6-1　「恵庭市プレイセンター」の歩み

2005年11月	中島興世氏、恵庭市長就任。マニュフェストのなかでプレイセンター事業を実施することを公約。
2007年	「プレ・プレイセンター事業」開始。
2008年1月	日本プレイセンター協会元代表・池本美香氏基調講演 テーマ：「プレイセンターへの挑戦」（於　恵庭市民会館）
2008年4月	恵庭市子ども家庭課内でプレイセンターのプロジェクトチームが設置される。
2008年9月	内閣府「地方の元気再生事業『恵庭型プレイセンター』社会実験プロジェクト」が採択、厚生労働省と受託契約締結。恵庭市プレイセンターが誕生する。「恵庭市プレイセンター」専任職員（臨時職員として保育士2名、一般事務員1名）を採用する。
2008年10月	プレイセンターに火曜日と木曜日の2つのグループが発足。
2008年11月～	プレ事業が母体の木曜日（週1回）グループが「もくぷれ」、新たに募集したグループ「木のおうち」が火曜日・金曜日（週2回）に開催が決まる。1,429人の市民がプレイセンターに参加。
2009年3月	「恵庭型プレイセンター社会実験プロジェクト」共同研究報告書が発刊となる。「恵庭市プレイセンター」が事業内評価トップ12に入る。
2009年10月	「恵庭市プレイセンター・シンポジウム」開催。（於　恵庭市民会館）
2010月1月	登録数180世帯におよぶ。

（恵庭市職員に聞き取りのもとに筆者作成）

ターの体験会に参加した親たちは、主に子育てサークル連絡会の傘下サークルで活動をする親たちであった。

　2007年からの「プレ・プレイセンター事業」では、60組の親子が活動に参加し活動の発展性が見込まれたため、2008年初頭には、市の担当職員がニュージーランドのプレイセンターに視察に赴いている。また、同年1月には、恵庭市子育てフォーラムとして、日本プレイセンター協会元代表の池本美香氏が「プレイセンターへの挑戦」というテーマで恵庭市民会館を会場に基調講演を行っている。さらに、2008年9月からは、恵庭市が内閣府の「地方の元気再生事業『恵庭型プレイセンター』社会実験プロジェクト」として委託を受けることが決まり、プレイセンターの開催がより現実的なものとなっていった。

　その後、2008年9月25日、プレイセンターがいよいよ発足の運びとなった。オープンセレモニーには、28組64人の親子や関係者が集まりその誕生を祝っ

た。プレイセンターの会場となったのは、ビアホール（ライオン）の跡地であり、恵庭市がその場所を借り上げる形となった。「恵庭市プレイセンター」は、JR恵み野駅より徒歩1分とアクセス便利な立地にあり、プレイセンターの施設は2階建てログハウス内に設置されることとなった。

　翌10月には、2つのグループが曜日ごとに分かれ、プレイセンター活動の実施に挑んだ。11月末の累計では、1,429人の市民がプレイセンターに参加しており、その反響は予想を上回るものであった。また、プロジェクトの中では、「プレイセンター事業協同研究チーム」が発足され、恵庭市、北海道文教大学、および日本プレイセンター協会の研究者らによって恵庭市プレイセンターの活動に関する調査研究がなされた。筆者もこの研究チームに加わり、調査を行っている。恵庭市プレイセンターの成果は、内閣府「地方の元気再生事業」のトップ12の事業として認められ、その功績は高く評価された。こうした結果、2009年度も引き続き、プレイセンター事業が内閣府から委託されることとなった。

　2009年2月には、親たちの有志と恵庭市の職員が上京し、プレイセンターの先進事例として「プレイセンター・ピカソ」を視察訪問することとなった。さらに、2009年10月、恵庭市市民ホールにて、プレイセンターの国際シンポジウムが開催された。その第1部では、汐見稔幸白梅学園大学学長（東京大学名誉教授）が「日本の子どもたちの現状とプレイセンターへの期待」というテーマで基調講演を行った。また、特別講演では、ニュージーランド・プレイセンター連盟会長のマリアン・ピルキングトン氏およびニュージーランド・プレイセンター教育総合責任者スザーン・マニング氏が招聘され「魅力あるプレイセンター」というテーマで講演会を開催した。

　さらに、シンポジウムの第2部では、日本プレイセンター協会元代表の池本美香氏、北海道文教大学の大滝まり子教授、恵庭市プレイセンターの親を代表してGcさん、「プレイセンター・ピカソ」のスーパーバイザーであるHpさんが加わり、シンポジウムが実施された。このシンポジウムは、その翌月に、恵庭市市長選を控えての一大イベントであった。しかし結果としては、恵庭市プレイセンターの立案者である中島興世氏の再選はかなわなかった。それ

でも、自治体初のプレイセンターを実施した中島氏の偉業は高く評価され、現在でも全国の地方自治体、幼児教育関係者、マスコミ各社からの問い合わせや見学、取材の申し込みが絶えないという。

2010年度は、政権交代や内閣府との委託事業が終了することも影響し、少ない予算内でのプレイセンター実施となった。それでも、プレイセンターに対する潜在的なニーズが高いことは、下記に示す恵庭市の子育て支援調査でも明らかになっており、新市長のもと、プレイセンター事業の継続が公約されている。

恵庭市が、2009年に実施した「次世代育成支援行動計画策定のためのアンケート結果概要」によると、子育て支援事業に全く参加していない親子は全体

表3-6-2　恵庭市子育て支援事業の利用状況

	知っている	利用したことがある	今後利用したい
①妊婦教室・両親教室・赤ちゃん育児教室	89.5	58.7	31.9
②保健センターの赤ちゃん訪問・育児相談・母乳育児相談	92.6	59.7	37.7
③子育て支援センター・子育てセミナー	83.5	41.1	43.8
④つどい事業・サンデーパパ	60.8	14.0	26.8
⑤プレイセンター	64.8	11.3	40.7
⑥仲よし子ども館・家庭教育セミナー	46.6	13.6	33.7
⑦保育所・幼稚園の地域交流	69.0	37.7	49.0
⑧保育所や幼稚園の園庭開放	65.9	33.9	52.5
⑨児童館	78.4	13.2	50.0
⑩ブックスタート・ブックスタートプラス	76.2	55.3	59.5
⑪子ども相談・家庭児童相談・母子相談（子ども家庭課）	73.7	9.1	39.5
⑫スクールカウンセラー・教育相談	50.1	1.8	38.2
⑬子ども発達支援センター・発達相談	69.4	13.1	33.3
⑭ファミリーサポート事業	64.9	8.7	40.2
⑮えにわっこサポート事業	64.0	12.0	45.7
⑯子ども情報センター	44.9	5.8	39.8
⑰子育てガイドブック（情報誌）	64.0	28.0	51.4
⑱情報Eねっと（情報誌）	64.9	23.6	47.5

出所：恵庭市「次世代育成行動計画策定のためのアンケート結果概要」2009年2月より。

の80%を占めたが、利用している20%のうち、プレイセンターを利用している世帯は6%いた。また、プレイセンターの認知度は、64.8%と高く、全国的に普及するつどいの広場事業としての「つどい事業・サンデーパパ」の60.8%よりも上回る結果となっている。さらに、今後の利用したい子育て支援施設については、「プレイセンター」が40.7%であるのに対して、「つどい事業・サンデーパパ」は、26.8%と低く、そこでも有意差が現れている（表3-6-2）。

　恵庭市は、上記の調査結果を受け、親たちの潜在的なニーズに応えるべく、プレイセンター事業の拡大に取り組んでいる。その一例としては、日本プレイセンター協会に業務委託をし、学習会のテキスト教材の開発に手掛けた[17]。以上のように、恵庭市の取組みは、行政による初のプレイセンターとして注目を集めており、今後も、その波及効果が期待されている。

（2）「恵庭市プレイセンター」の活動内容

　「恵庭市プレイセンター」においても、ニュージーランドのプレイセンターや東京の「プレイセンター・ピカソ」と同様にしてプレイセンターの理念に沿って活動が展開されている。具体的なプレイセンターの目標は、「家族が一緒に成長する」こととされ、その目標を達成するために、①自由遊び：子どもの創造性、自主性を伸ばす、②学習：育児を学び、理解し合う、③協働運営：学び、交流して共に成長するという3原則を定めている。

　以下ではピカソの事例と同じように①、③に挙げた通常のセッションについてと②学習会の2点に分類し説明をすることにする。

1）遊びのセッション

　「恵庭市プレイセンター」は、JR恵み野駅にほど近い、2階建てのログハウスで開催されている。現在は、登録家族が多数いるにもかかわらず、開催しているプレイセンターが市内に1か所しかない。そのため、恵庭市は、その需要に応えるため、2つのグループに分けて、プレイセンター事業を実施することとした。ひとつは、サークルで活動中の母親たちが中心となるグループである。このグループは、各サークルの活動日と重ならない木曜日にプレイセンターを実施したことから「もくぷれ」と名付けられた。現在は、木曜日だけで

なく月曜日も活動をしている。もう一方は、市内にある子育て支援施設からの親たちによって開催されている「木のおうち」と呼ばれるグループである。この名称は、ある親子がプレイセンターのことを通称で「木のおうち」と呼んでいたことがきっかけとなり名付けられた。「木のおうち」は、火曜日と金曜日に活動している。いずれのグループでも、9：30～11：30までが開催時間となっている。

　室内は、常設のため、コーナー遊びが設定しやすく、「フィンガーペインティング」「ボールプール」「木の玩具」「段ボールなどの廃材」「小麦ねんど」「絵画コーナー」「絵本」「ごっこ遊び」「楽器」「外遊びスペース」などのコーナー遊びが用意されている。恵庭市プレイセンターでは、十分なコーナー別の自由遊びを子どもたちに対し提供できるよう環境設定に留意している。そのため、他の子育て支援施設に見られるような日案や保育プログラムはあえて組んでいない。恵庭市職員であるスーパーバイザーたちは、親たちと協働しながら遊びの設営を行っているのだ。具体的には、「小麦ねんど」や「木の砂場」といった「固定コーナー」、「絵本」などの「動くコーナー」、「おやつ」などの「時間のコーナー」に区分けし、分野別に遊びのコーナーを配置している（こども未来財団：2010）。各コーナーには、コーナー担当役がつき、子どもの遊びを見守っている。子どもたちは、親たちに見守られながら2時間じっくりと自主自由遊びに興じている。一方、親たちは、自分の子どもだけではなく、他の参加者の子どもとも遊び、相互の関わりを深めている。

　親たちは、「プレイセンター・ピカソ」の親たちと同じように「Aちゃんのママ」ではなく、個人の名前かニックネームで呼び合っている。なぜなら、プレイセンターでは、親としての立場だけでなく、一個人としての人と人とのつながりを重視しているからである。また、恵庭市プレイセンターでは、子どもに「ダメ」と言わないことを独自の保育方針として活動を進めている。ニュージーランドやピカソにおいても子どもの遊びを妨害しないために、自由に遊ばせるということを基本理念としているが、ここまでは徹底していない。恵庭市の職員によると、「ダメ」といわない約束があることで、子どもの自主性が尊重できるという。さらに、こうした子育て法は、親たちにも影響を与えている

ようだ。つまり、「子育てに悩んでいてもそれでいい」「ありのままの子どもを受け入れる」という親に対するメッセージにもつながっている（こども未来財団：2010）。

現在は、親たちの運営に対する主体性も高まってきており、外遊びの実施、リトミック、季節行事、広報紙作り、ホームページの管理、保育計画の立案、成長記録づくりなどにも親たちが参加するようになってきている。

2) 親の学習会

ニュージーランドのプレイセンターでは、学習会への参加が親に対する義務となっている。また、学習会において、ニュージーランド各地にあるプレイセンター協会が発行するテキストを使用している。しかし、それらは、全国統一のテキストではない。このような背景には、各協会の学習内容が、プレイセンターの設定する学習到達基準を満たすものであれば、その方法論はそれぞれの地域に委ねるべきだとするプレイセンター連盟の方針が反映されている。そのため、日本国内のプレイセンターにおいてもニュージーランドの方針に倣い、統一テキストで学習をするスタイルをとっておらず、それぞれのセンターが取り組みやすい学習方法で進めている。前述のように、「プレイセンター・ピカソ」においては、日本プレイセンター協会が2001年に発行した『プレイセンターへようこそ！』と呼ばれるテキストを使用している。恵庭市は、「プレイセンター・ピカソ」のように、そのテキストをメイン教材としておらず、日本プレイセンター協会とともに、開発した3冊のブックレットを使用したり、講座を開催するなどの工夫をしている。

現在、恵庭市のプレイセンターでは、両グループともに月2回の学習会を実施している。プレイセンター事業が始まって数年ということもあり、学習会に関しては、徐々に進めていくという段階である。2009年の10月のスケジュールによると第2週目の水曜日が「もくぷれ」と「木のおうち」の合同学習会となっており、保健センターより講師を招き、「慌てないで子どもの急病」をテーマに出前講座を実施している（恵庭市プレイセンター「もくぷれ」通信第15号より）。さらにもう1回は、それぞれのグループがやりたいテーマをもとに学習会を実施している。

また、学習会の名称については、親たちの話し合いにより決められている。月曜日と木曜日にプレイセンターを開催している「もくぷれ」は、「まなびあい」と、火曜日と金曜日に開催している「木のおうち」は、「プレ学スタジオABC」と名付けている。また、学習内容は、学習会担当の役員を中心に決定し、それぞれのテーマに添って実施されている。実施月やグループによって異なるものの、おおむね、外部講師を招いての講座や、親たちから寄せられたテーマをもとにした学習スタイルとなっている。

(3) 「恵庭市プレイセンター」に通う動機づけ

　北海道の地域では、首都圏と比較しプレイセンターに対する知名度がかなり低い。このことは、恵庭市職員からもプレイセンター発足にあたっての懸念材料としてたびたび指摘されてきた。そのため、恵庭市では、プレイセンター設立するにあたって、プレイセンターという活動を市内の子育て世帯に周知させることが課題となっていた。

　恵庭市がプレイセンターの参加者を獲得するために最初に取り組んだことは、市内で活動している育児サークルを集め、1つの組織に束ねることであった。恵庭市は、その集合組織を「育児サークル連絡会」と名付け、そこに集まった親子に対しプレイセンターへの参加を呼び掛けた。また、これと同時に、恵庭市が子育て支援事業として実施している「子育て支援センター」「つどいのひろば（この節では、以下「ひろば」と記す）」においても参加者の募集活動を行った。後者の方法では、職員が遊びに来ている親たちに直接、プレイセンターを紹介するという形式をとった。こうした結果、調査対象者の半数以上が、参加理由として「育児サークルの連絡会で聞いて参加しようと思った」と答えている。また、「子育て支援センターで職員に奨められた」という意見も多くみられていた。プレイセンターに参加する前に、育児サークルに参加していたOoさん、Cbさん、Gcさん、Yrさん、Amさん、Mpさんは、プレイセンターへに参加するきっかけを以下のように述べている。

第3章　日本におけるプレイセンター活動の実践　195

（育児サークルの集まりである）子育連絡会というのができまして。そのときにこのプレイセンターをやってみようということで、試行でやり始めたのがきっかけで参加しました。　　　　　　　　　　　　　　　　　　　　　　　　　（Oo さん）

「子育て支援センター」というところがあって、そこに行っていて、「こちらで、プレイセンターをやっているので見学に来ませんか」って職員の人から言われて知りました。(中略) 恵庭って、公園に行っても、あまり子どもたちと会うことがないんですよね。こっち（恵庭）に戻ってくる（もともと、恵庭に住んでいたが、夫の転勤で旭川市にいた）、うん、旭川にいたときは、公園に行ってうちの子とちょっと一緒に遊ばせる子たちがいたので、こっち（恵庭）でもお友達を作っていかなきゃというので、なるべく子どもたちがいるところに行こうということでプレイセンターに参加することにしたのです。　　　　　　　　　　　　　　　　　　　　　　（Cb さん）

育児サークルに。そこは古くからやっている育児サークルで、そこに入ったんですよね。で、ちょうど私が持ち回りというか、だんだん古くなっていって代表をすることになったんですよ、そのサークルの。そのときぐらいから、この市でもプレイセンターの話が出ていて。それで、プレ・プレイセンターの時から参加することにしたんですよ。　　　　　　　　　　　　　　　　　　　　　　　　　　　　　（Gc さん）

育児サークルに入っていたんですけど、そこで始まるよということで教えてもらって。スタートの日があったんですけど、なんて言うのかな、オープンの日？　その日に来ました、初めて。　　　　　　　　　　　　　　　　　　　　　　　（Yr さん）

プレイセンターを知ったのは、前、ここに来る前はサークルに入っていたんですけど。ここのプレイセンターを立ち上げるにあたって、市とサークルが連携してやりませんかみたいな。こういうことをやるので協力してくれませんかって言われたのが、きっかけ…だったんですよね。　　　　　　　　　　　　　　　　　　（Am さん）

育児サークルに入っていて、上の子が小さいときから育児サークルに入っていたんですけど。そこでプレイセンターの前身のプレ・プレイセンターという月1回やっていた会に参加して。そのままここに来るようになりました。　　　　　（Mp さん）

　育児サークルに入っていた親たちの中には、「子育て支援センター」と並行して活動を行っていた者が数名いた。しかし、親が主体的にグループを運営するサークル活動よりも専門のスタッフが常駐し、親同士が交流できる「子育

て支援センター」の方がその気楽さから好まれる傾向にある。プレイセンターは、親による自主運営の組織という観点からも、より育児サークルに近い活動だといえる。他方、「子育て支援センター」では、親をサービスの担い手とするよりは、受け手として捉えられることが多い。

　恵庭市としては、親も支援者のひとりとして活動を行ってほしいというねらいから、育児サークルだけではなく、「子育て支援センター」や「ひろば」を利用する親子にも積極的に声掛けをすることでプレイセンターの周知を図っていった。

　Akさんは、保育士養成校を卒業した後、道内で保育士として働いていたが、出産を機に退職している。自分の手で子育てがしたかったからだという。しかし、わが子の子育てと保育所の保育実践とでは、異なる部分があり戸惑うことが多かったという。そこで、Akさんは、他の親子と触れ合い、交流をするために「子育て支援センター」に通うことにした。ところが、娘が周りの子どもとの間でトラブルを起こすようになり、そのことで悩むようになっていった。こうしたAkさん親子の様子を見ていた「子育て支援センター」の職員は、Akさんにプレイセンターに行ってみてはどうかと提案したという。Akさんは、その職員から、プレイセンターについて「親同士が保育観を共有しながら活動を行う場所」であると説明を受けた。Akさんは、そこであれば、親子ともにストレスを溜めることなく参加できるのではないか思い、思い切ってプレイセンターに行ってみることにしたと語っている。

> 「子育て支援センター」に上の子を連れて通っていまして。そこでちょっと上の子が、時期的なものもあったんですけど人を叩いちゃったりとか、結構ケンカのトラブルが多くて悩んでいて。Kちゃん（恵庭市の職員）っていう先生、今ここにいないんですけど、その「ひろば」の先生がここ（プレイセンター）がもうすぐ立ち上がるから来てみたらいいんじゃないかって誘ってくれて、来てみたのがきっかけです。
> 　　　　　　　　　　　　　　　　　　　　　　　　　　　　　　（Akさん）

　Akさんは、当初、プレイセンターに対して、「ひろば」や「子育て支援センター」に参加する感覚、つまり、サービスを利用する気持ちで来ていたと

述べている。しかし、まわりの親たちが子どもたち全体を見守る姿勢を持っており、わが子に対しても注意を促す様子を見て、その子育て法に安堵したという。そして、次第に、Ak さん自身もプレイセンター活動に貢献したいと思うように変化していったと述べている。St さんや Kz さんについても Ak さんと同じように「子育て支援センター」や「ひろば」から、プレイセンターに転向した者たちであることが語りの中から示されている。

> 最初、「子育て支援センター」に行っていたんですけど、そこの先生に「プレイセンターというところがあるんだけど行ってみない？」って言われて。それまで全然知らなくて。そのときはホームページとかなかったんですよ。なので、全く情報がなかったので、「子育て支援センター」の人から聞いたり、広報で見るかとかそんな感じで参加しましたね。　　　　　　　　　　　　　　　　　　（St さん）

> そうですね、えーと、「ひろば」って、まあ…。まあ、市でやっている、開放している、ここ（プレイセンター）もそうなんですけど。（中略）それでなんとなく（「ひろば」で）プレイセンターのことを聞いていたのですけど。登録制みたい話で。登録？なんて思っていたし、なかなか決まった時間に来られないので躊躇していたんですけど、実際その「ひろば」に行った時に、Yk さん（プレイセンターのスーパーバイザー、市の職員）からお話を聞いて。で、「見学に来てみて」って言われて。体験しに来て、それからずっとここ（プレイセンター）にきていますね。　　（Kz さん）

Kz さんは、プレイセンターを見学し、プレイセンターの親たちが仲良くしている姿や、わが子と年齢の近い子どもがプレイセンターに多かったことを理由に登録を決めている。また、親たちの協働が Kz さんにとっては、子育てをひとりで抱え込むのではなく、親同士が協力し合っているように映ったようだ。Hi さんも、当初は、「子育て支援センター」に通っており、そこの延長としてプレイセンターがどのようなところか見てみたいという理由で参加している。そして、Kz さんと同じく、新しい人でも温かく受け入れられ、他人の子どもに対しても、わが子のように接するプレイセンターの方法を知り、精神的に楽になったと当時を振り返っている。

また、Hi さんは、プレイセンターと「子育て支援センター」とを比較し、「子育て支援センター」では、子どもとその親との間だけで遊びの関係が展開して

いく、プレイセンターでは、みんなで子育てを楽しめる場所であると指摘する。Hi さんは、前者（「子育て支援センター」）のことを個人プレイ、また後者（プレイセンター）については団体プレイと表現している。Mp さんについては、他の子育て支援施設について以下のように述べている。「子育て支援センター」や「ひろば」では、グループができていて、新しい人には閉鎖的で入りづらく、そこで行われている子育てのあり方にも疑問を抱えていたということだった。

> そうですね、なんか自分自身にあんまり友達がいなかった状態から、こう育児が始まったんですけど。本当、最初に「子育て支援センター」に行ったときに、お友達のグループがいっぱいあって、あまり人見知りをしない方だと思っていたんですけど、さすがに何かああいうふうにあからさまにグループを作られると入っていけないみたいな、そういうちょっとなんか、仲間に入れないことがあったんですけど。今でも…まあ、最近はあんまり行かないんですけど、やっぱり「子育て支援センター」とか「ひろば」は、お母さんの息抜きの場というのがすごく大きく見えて、お母さんが集まってお話をしていて。保育士さんがいるからだと思うんですけど。わりと子どもは野放しにして勝手に遊ばせておくっていうのが、すごく多い所だなと思います。それは「子育て支援センター」も「ひろば」も同じなんですけど。やっぱりここ（プレイセンター）は、自分が子どもと遊ぶ、自分の子ども以外の子とも遊ぶというのが、すごくあるので。楽しいです。　　　　　　　　　　　　　　（Mp さん）

まさに、これらの語りは、プレイセンターがその理念として掲げている「Families growing together：家族が一緒に成長する」を裏付ける証言となっている。しかし、プレイセンターのメンバーを募集する際に、育児サークルや「子育て支援センター」「ひろば」に通う人たちを主に招集するという形をとっていたことがかえって、それらに属さない親たちをプレイセンターから遠ざける結果となっていた。そのため、プレイセンターに興味を持っていても、うまくアクセスできずにいた親もいた。

> シンポジウム。プレイセンターできる前にシンポジウムに参加して、恵庭にもプレイセンターができるんだって聞いて、すごく楽しみにしていました。（中略）幼稚園とか保育園に入れなくても、小学校に上がれるんだっていう、そのシステムの流れが気に入っていました。（中略）で、その（シンポジウム）後に「学び館の横にでっか

くできるんだよ」っていうのが最初の話だったんですけど、それが結局、「お金がなくてできないんだって」って聞いて。じゃあ、なくなったのかなって思っていたら、「今度ここ（現、プレイセンターの場所で恵み野駅前）にできたんだよ、でもサークルさんしか入れないんだよ」っていうふうに、私の情報では聞いていて。なんだ一般の人は入れないんだと思っていて。そうしたら今度、違う情報から、「新規会員で入れるんだよ」っていう情報が流れてきて、9月か10月ぐらいでしょうかね。気持ち的にはもうずっと前から「できました」、「はい、入ります」っていう気持ちでいたんですけど。私の情報の中には、とにかくサークルさんしか入れないんだっていう情報しかなくて。 (Sc さん)

　公設である以上、参加対象となるすべての市民にプレイセンターの情報が周知されなければならない。しかし、Sc さんのケースのようにプレイセンターに入りたい気持ちを持っていたとしても、その機会に恵まれない市民も存在していた。実際、プレイセンター参加者の多くが、「育児サークル連絡会」や「子育て支援センター」または、「ひろば」のスタッフを経由して入会に至っていた。Tc さん、Ro さんの場合は、広報や友人を通じてプレイセンターを知ることになったが、いずれの場合でもプレイセンターの参加者からの口コミであり、そのことが参加の決め手となっている。そのため、プレイセンターへの入会に至るプロセスでは、一般の参加者が入りづらい構造となっていた。
　それでも、恵庭市のプレイセンターの広報戦略が、誤算であったとは、一概にはいえない。なぜなら、恵庭市は、市報や恵庭市ホームページへの掲載、プレイセンター・シンポジウムを実施するなどプレイセンターのキャンペーン活動を積極的に行ってきたからだ。さらに、当市は、プレイセンターの体験バスツアーや子育て情報誌にプレイセンターの記事を掲載するなどの情報発信を広く行ってきている。このことからも、市民に対してプレイセンターを周知させる際に生じた諸問題は、プレイセンター独自の問題として捉えるではなく、行政の新規事業には必ず付いてまわる課題として捉えることができるであろう。

（4）親に対する教育効果

　「プレイセンター・ピカソ」の場合は、活動歴が11年ということもあり学習スタイルが定着している。しかし、恵庭市のプレイセンターでは、活動から

2〜3年を経過したところであり、まだまだ学習会への参加者を定着させるまでには至っていない。普段のセッションに参加するものの、学習会への参加となると躊躇する親が少なくないという。Ooさんも学習会の意義は認めるものの、学習会が活動の壁になることもあると「プレイセンター・ピカソ」の視察を終えて以下のように語っている。

> 多分、このピカソへの視察で、「(都内のプレイセンターでは)こうこうこういうことをやってましたよ、だからうちも本格的にやるためにはこういうことをやったり、学習会をしたりというのを考えなくてはなりません」と発表した場合、お母さんたちの意識は「ええ、そういうことをするんだったらいいわ」と言う人たちが増えてきそうなんですよ。　　　　　　　　　　　　　　　　　　　　　　　　(Ooさん)

しかし、Cbさんは、まわりの親たちが躊躇したとしても、プレイセンターの活動をきちんと皆に理解して参加してもらうためには、学習会の存在は欠かせないと述べている。

> 学習会に、学習会をしていかないと、やっぱり働くお母さんたちも入って来るし。ここがどういう親たちの集まりということを広めていくためには(学習会は)必要なものだと思います。　　　　　　　　　　　　　　　　　　　　　　　　　　(Cbさん)

TcさんもCbさん同様、学習会があったからこそ、プレイセンターのルールや方針が理解でき、自分自身でも子育ての仕方や遊び方を考えるようになったのだという。

> そうですね、遊びましょうというのはやっぱり、子どもとちゃんと遊びましょうというのがありますよね。学習会に何回か参加して、「他の子とも遊びましょう」というのとか、「子ども遊びを妨げないようにしましょう」とか、「ダメって言わないようにしましょう」という、その…なんて言うんでしょうね、方針があるおかげで、ある意味自分も「ダメ」と言わないでどうしたらいいんだろうっていうことをすごい考えるようになったり、他のお子さんとだいぶ遊べるようになったり、その中でなんか子どもってこういうことが楽しいんだなって、自分の中の子どもと遊ぶ時の引き出しが増えたかなと思います。　　　　　　　　　　　　　　　　　　　　　　　(Tcさん)

ところが、Ooさんからの指摘にあったとおり、親学習をスムーズに受け入れるCbさんやTcさんのような親ばかりが存在するわけでははい。恵庭市のプレイセンターの場合、公設であるという性格上、誰でも受け入れなければならない。したがって、学習会に参加しないことを理由にその親を活動から除外するということは難しい。しかし、それでもなお、プレイセンター活動を市の事業として実施するというのであれば、親の協働を支えるために、その運営主体である親たちに、最低限のレベルまでは、学習の受講を義務化していくことを検討していくことが必要となっている。実際、学習会に参加する親たちの多くが、当初は学習会の参加に消極的であったと語っている。しかし、参加するにつれて学習会のリピーターとなり、その意義に気づくように変化している。ことからも、親が嫌がるから学習会をなくすのではなく、親が受講しやすい学習会へとそのイメージを転換させていくことが重要となってくる。

> 最初は、（学習会で）何するんだろうと思っていたんですけど。（私は）学習の役員なんですけど。でもなんかお母さん方、結構本音でしゃべれて、涙あり笑いありで。すごい（学習会に参加して）気持ちが軽くなったんですよね。それこそ、何か自分の苦しくて言えなかった思いとかも、学習会でなら言いやすかったりして。このお母さんがこういう考え方するんだというのも、こっちも何となくわかってきて、お互い子どもを見る目も温かくなってくるので。やっぱりプレイセンターでは、お母さん同士の理解が、大切な場になってくるんですけど、なかなか参加者が増えないのが悩みですね。
> (Akさん)

Akさんは、現在、学習担当の役員をやっている。学習会は、親同士が理解し合う重要な場所だとAkさんは述べており、参加者が増えないことをもどかしく思っている。また、Akさんは、参加者が増えない理由を以下のように語っている。

> 意識の差というか、「自分はそこまでちょっと関われないわ」という人もいるし、学習会の間は、子どもを託児してもらえるんですけども、「まだちょっと子どもが離れられないから」っていう人もいて。やっぱりなんでしょうね、（学習会の時は、子どもを）隔離しなきゃいけないと思っている部分もあるのかな。あとは子どもが自分と離れられないから、「またもう少し大きくなってから参加します」という人もいたし。
> (Akさん)

Ak さんは、親たちが抵抗感を抱えている学習会について、もっとハードルを下げて参加しやすいものにし、参加者数を増やしていきたいと提案する。また、一度参加すれば、学習会が決して難しいものではなく、逆に役に立つものだとわかってもらえるはずだと述べている。メンバーの中には、子どもから離れて託児することに躊躇する親が多いと Ak さんは指摘しているが、その一方で、子どもと離れて学習することが、育児・家事からの息抜きやリフレッシュ効果につながっていると指摘する親も存在する。

　　そうですね、私はやっぱり自分が…ここ（プレイセンター）の場合ですと、やっぱり子どもとまるっきり離れて、学習会していますね。他のところはちょっとわからないですけど。なので、子どもと離れてちょっと時間があるというのも、すごく自分にとっては助かることだったのと、やっぱりみんなの話を聞いて、共感が持てるような部分だったりとか参考になる。やっぱりそこまで頑張らなくてもというようなこともあるんですけど。これならやってみようという話を聞けたりですとか。結構みんなとも、お友達になれるというか、ほかのお母さんたちのことも何となく話しやすくなるので。学習会に出ると（メンバー同士）より一層話しやすくなりますね。（Tc さん）

　　子どもを託児で預けられるというのが、すごく…。自分にとって子どもと離れることがなかなかないので、リラックスできる時間であると同時に子育てについて話をしたりとか、普段セッションの時間では話せないようなことを話せたので、より参加しているお母さんたちとに親しみを感じることができたし、そのあとで、やっぱり学習会のあとで話をいっぱいしたりとか、仲良くなれたりとか、そういうことがあって、すごくいいなと思いました。　　　　　　　　　　　　　　　　　　（Ro さん）

　ニュージーランドにおいても、プレイセンターの発足の歴史を紐解いてみると、「子育てからの一時的な解放」と「親としての仲間作り」が活動の目的として掲げられている。ニュージーランドの初期の参加者と同じように、Tc さんや Ro さんにとって学習会とは、「子どもと離れて自分だけの時間を持てる機会」や「悩みや子育ての情報を共有できる仲間作りができる機会」を得られる場となっていた。Ro さんは、以前、子どもと 1 対 1 の生活でストレスを溜めることが多かったが、プレイセンターに参加する今は、ほとんどストレスを感じなくなったという。そして、他の親子に親しみがもてるように変化していっ

たと自己分析している。

> 自分も子育てとか家事の負担から一時的に解放されるような感じがあって。ここ（プレイセンター）に来ているときは、この（学習会やセッションの）時間はいいかなっていう。それと、子どもたちを見る視線も、前は、ここに来る前に、例えば公園で遊んでいた時は、よその子にちょっと注意するとか、叱ったりしなきゃいけない部分が出てきたときにどうしようかなってためらいがあったりとか、なんて声掛けしようかなとか、ちょっと関わらないでおこうかなとか、そういう気持ちがあったんですけど。今は外に出たときでも、気軽に子どもたちにも話しかけられるし、子どもと一緒にその輪の中に入っていけるようになったというのもありますし。お母さんたちとの関わりというところだと、外で知り合うと、そこまで心を開けないですよね。
> (Roさん)

Kzさんも、学習会では、他の親の話を聞くことで、自分自身の子育てを振り返ることができるようになったと話している。

> （学習会に参加して）よかったです。ほんと雑談みたいな感じで、ああそうなんだって。私が本当適当なので、何でも。みんなすごいと思いますね、いつも。きちんと子育てしているなーって。（中略）毎回お話を聞くたびに感動するばかりですよ。
> (Kzさん)

学習会を通じて他の親の話が聞けたことで、自身の子育ての参考になったという意見は多い。例えば、Hiさんは、学習会に固いイメージがあったが、参加してみると、「雑談プラスいい話、深い話」をする会であることがわかったという。そして、参加するにつれて、精神的に楽になったと語っている。

> そうそう、プレイセンターの効果って、目に見える効果じゃなくて心の効果だから、ちょっとなかなか説明しづらいんですが、（プレイセンターのセッションや学習会が）あるとやっぱり気持ちが明るくなるという。それが一番大きいところだと思うんです。
> (Hiさん)

小学校の元教諭で育児サークルの代表を経験してきたGcさんも学習会のお陰で、自分の殻を打ち破ることができ、周りの親とも打ち解けられるようになったという。その結果、心に余裕が持てるようになったと述べている。

> やっぱり自分で家に帰って子どもと接するときに、あのお母さんがこういうことを話していたとか、みんなが言っていたことを思い出したりする。そうすると、今まで気が付かなかった見方ができたりとか、うん、今までだったら怒っていたようなことも怒らないで済んだりとか、ちょっと余裕ができたかなって感じますね。(中略) プレイセンターの遊びに対しても子どもにとってどういうものがいいんだろうって意識して考えるようになったりとか、そうですね、先ほども言いましたけど人とのコミュニケーションを改善しようって思うようになりましたね。 (Gcさん)

他方 Yr さんは、最初はプレイセンターがどういう場所かわからず、「お客さんみたいな立場で遊びに行く場所」だと思い参加していた。そのため、役員の仕事や学習会があって面倒だと感じていたという。しかし、プレイセンターの活動や学習会への参加を通じて、プレイセンターに対する考え方が180度変化したと述べ、Gc さんと同じような学習効果を経験している。

> 勉強したりとかもして、東京（プレイセンター協会やピカソ）のこととかもいろいろ調べているうちに、やっぱり自分で、プレイセンターに対する考え方がどんどん変わってきて。なんか本当に今はもうあれですね、どうやってもっとよくしていこうかとか、やっぱそういうふうに考えるようになったから、もう全然、180度立場が変わったのかなと思います。(中略) そうですね、例えば日常で心配事とかあるじゃないですか。例えば子どもの叱り方とか、注意の仕方とかそういうのなんですけど。やっぱり自分以外の意見を聞いて、なるほどなと思うこともあるし、自分の考え方が間違っているばかりじゃないんだなという、そういう安心感もあるし。とにかくホッとすることが多いです、人の話を聞いてね。 (Yrさん)

「恵庭市プレイセンター」では、プレイセンターに参加し、子育ての仲間が増えたことで「ホッとした」「安心した」という意見を持つ親が非常に多く存在していた。St さんは、プレイセンターに参加する前は、昔からの友達がいれば、新たにママ友を作らなくてもよいと感じていた。しかし、プレイセンターに入会することで「きちんと子どもを育てようという人たちに出会えた」と話す。そして、親同士のコミュニケーションの大切さを実感している。

> いや、もう、やっぱり人との話を聞いたりとか、コミュニケーションですね。このことを勉強できたではなく、人とコミュニケーションが取れるというか、あの人のこ

とが知れたとか、そういうことがすごい勉強になります。(中略)もちろんテキストの読み合わせとかをするので、そのたびにプレイセンターの主旨を忘れちゃいけないなとか、そういう気持ちにももちろんなるんですけど。地道に続けていくことが大切ですね、学習会って。　　　　　　　　　　　　　　　　　　　　　　　　　　　　(Stさん)

　Stさんは、お互いの子育て観を確かめあったり、仲間を知る上で学習会は重要であると強調している。Amさんは、当初は、学習会に参加すれば、子育てを助けてもらえるのではないかと受け身の立場で参加していた。しかし、現在は、「自分から知ろうとする主体的な態度が必要なのだ」と気がついたと述べている。

　　　初め(学習会に対して)思っていたのは、私はアドバイザーの人たちがテキストを読んで、いろいろ、何か教科書を見て勉強するようなイメージが私はあったんですね。なんかその学習会とかに出ていれば、育児…自分自身の育児も助けてもらえるんじゃないかなって思っていて。何か子どもとの関わりが、年齢が大きくなればなるほど、うまく子どもと私との歯車がきっちり合わないというか、そういうのでここに来て学習会をすることによって、何か助けられる…助けてもらう、何かヒントをもらったりとか、こうですよっていうのがあるのかなって思っていたんですけど、そういうのではなくて。何かちょっとした誰かの言葉だったり、学習会だけではなくてセッションの中でもお母さん同士とか、職員のYkさんたちの話とかで忘れていたものを思い出させてくれたりだとか、こういうふうな考えもあるのかとか…が知れましたね。　　　　　　　　　　　　　　　　　　　　　　　　　　　　(Amさん)

　Stさんにとっても、親同士で学ぶ機会は、他の子育て支援施設では体験できない魅力として捉えられていた。また、学習会への参加を通じて、学習会を高く評価するようになったと以下のように語っている。

　　　このプレイセンターと(「子育て支援センター」)のやっぱり違いは、運営、親の運営、親の学習というところがあって。やっぱり子どもにとって、親がどれだけ学んで勉強するのかってところが、大切なことだと思うんですよね。それを1人で学ぶんじゃなくて、学びあえる喜び、これがプレイセンターにはあるっていうのがすごく最近わかるようになったのかなっていうか。やっぱり講義とか受けていても、一方通行で「ああ、そうだな」で終わっちゃうけど、ここではああ返ってきたら、こう返ってくるみたいな、そういうキャッチボールも学習会でできるというので、私にとっては

> すごくそれが勉強にもなるし、人とのコミュニケーションの難しさも学べるし、自分が今まで足りなかったことを気づいて直していかなきゃいけないなという部分も、今のこの歳になってわかったりだとか、そういうのもプレイセンターのいいところであり、「子育て支援センター」では経験できなかったことですかね。　　　　（Stさん）

　StさんやAmさんは、学習会のメリットを指摘するだけでなく、恵庭市プレイセンターの今後の課題も語られた。具体的には、学習参加者の確保の問題とともに、本格的な実施に向けての働きかけが必須であることの言及がなされた。

> やっぱり学習会にみんなが参加して、お客さん状態ではない、来るところではないんだって、最低そこのラインはみんなが共通理解できるようにしていかなくちゃいけないかなーって思います。　　　　（Amさん）

> 理念だとかそういうのを、浸透させていく難しさがあるので、やっぱり一緒に会える時間というのを増やしたいというのと、学習会。学習会を月に2回じゃなくて、週に1回にして、子ども抜きの交流会の場をもっとたくさん増やしたい。まあ、託児で子どもを見ていてもらって、大人同士の触れ合う時間を、もっと話せる時間を増やしていって。信頼関係が持てるようになれば、何かができてくるんじゃないかなー。その土台をやっぱりしっかりさせないと、あとからすごくふらついちゃうような気がするので。まずは、一人ひとりの考え方を知りたい…。うん、どんな方向にプレイセンターをしていきたいかとか、求めているものは何なのかとか。　　　　（Scさん）

　Mpさんも、AmさんやScさんと同じように、学習会の必要性を指摘している。彼女は、プレイセンターの学習効果として、「ここへ来たすべての時間で自分が前向きになり、もっと子どもが欲しくなったこと」だと表現し、もっと多くの親に参加して、自分と同じ経験を積んで欲しいと願っている。Mpさんは、学習会の内容について「そんなに難しいことはやっていないし、楽しいんだということを（学習会に来ない人に）伝えるのは難しい」と述べている。活動実績が浅い「恵庭市プレイセンター」にとって、学習会への参加者拡大が、プレイセンターの今後の活動と親子の成長を支えるカギとなっている。スーパーバイザーのYkさんは、あるお母さんの成長についてこう語っている。

ずっと子ども中心で、かがんでばかりいるお母さんがいたんだけど、活動をしていくうちに、だんだん姿勢も起き上がってきて、「この人、こんなに背が高かったっけ？」なんてことに気づくこともあるんですよ。　　（スーパーバイザー　Ykさん）。

スーパーバイザーであるYkさんは、親として成長していく親たちの姿に触れ、お母さんたちを「その時だけ癒せばいい、その時だけ楽しませればいい」という考えから脱却することができたのだと語る。そして、学習やセッションのなかから、親自身が気づきながら変化していく姿が、少しずつ見え始めているという。さらに、今後も親たちの学びと成長を見守っていきたいとその抱負を述べている。

（5）参加者とコミュニティにおけるネットワーク形成に関する影響

北海道市町村振興協会（2010）によると、恵庭市の人口構成は、約8割が転入者となっており、3年以上の居住者は4割ほどにとどまっているという。そのため、近隣の住民同士の継続的な関係性が築きにくく、特に乳幼児を抱える世帯は、家庭内に孤立化する傾向にあるという。本調査においても、対象者の多くが他県での居住経験を持っていた。さらに、居住経験を「北海道内のみ」と回答する親であっても、子ども時代から恵庭市で暮らしていたケースは、ごく少数であった。具体的数字を示すとすれば、恵庭市の職員を除く対象者13名中、恵庭市出身で現在も恵庭市に暮らしている者は、3名のみであった。対象者のほぼ全員が母親という性格上、結婚を機に、恵庭市に新居を構えているケースも少なくはない。しかし、いずれにしても恵庭市に血縁、地縁のない若い世帯が多く転入していることは事実である。このことはまた、参加者の子育てのネットワークがそれほど厚くないことを示唆している。恵庭市元市長の中島興世氏は、北海道では、冬の気候が厳しいことから、特に冬場は親子がカプセル状態に陥りやすいと指摘している（こども未来財団：2010）。そのため、行政が積極的に親子の居場所を確保することが必要となっている。

現在、市民である乳幼児とその親たちは、地域における仲間やネットワークを求めて、「子育て支援センター」や「ひろば」、プレイセンターを利用しながら生活を送っている。そこで、参加者である親たちにとってプレイセンターが

どのような場所であるかを尋ねてみた。すると、多くの親たちが、「子育て支援センター」や「ひろば」では、登録制をとっていないため、メンバーが固定されておらず、その場限りの関係になりやすいと指摘した。逆に、プレイセンターでは、お互いをよく知る仲間とともに活動を展開しているため、情緒的な関係が持ちやすいと回答している。

　そう、「子育て支援センター」だと親子で完結してたり、お友達同士で完結していたりして。何となく子ども同士がちょっともめたりすると、「ああ、すみません」って引っ張って戻って来ちゃうような感じで。その時点ではわからなかったんですけど、プレイセンターに来てみたら、こういうふうに親同士が関われて、お互い子どもがちょっと四の五のやっていても、引いてみられるというところに魅力を感じるようになって、遊びに来るように、こちら（プレイセンター）の方は多くなりました。（中略）…住まいはアパートなんですけども、やっぱりアパートの中でもそんなに近所の人とお話とかっていうのはあまりないですし、だからといって町内会にポンと入る勇気もなくて。（プレイセンターは）地域のコミュニティっていうんですかね、そういう雰囲気がある…ところに、ちょっと魅力は感じていますね。やっぱり家庭に孤立しているよりは、地域に知り合いのお子さんとかお母さんがいっぱいいるということは、子どもを育ててみると特に安心感がありますよね。　　　　（Tcさん）

　（プレイセンターの）よいところは、やっぱり人の子ども、ほかの子どもと遊べることと、それに自分の子どももほかのお母さんと遊んでもらえるところ。気づくと、自分がほかの子と遊んでいて、自分の子が全然また違う子のお母さんと遊んでいて。例えば、私の子が今どこにいるのかなと思っていたら、2階でまた別のお母さんと遊んでたりだとか、そういうことがすごいあるんですよね。やっぱりそういう雰囲気はすごくいいなと思います。なかなかそういうのがほかのところではないから。

（Yrさん）

　プレイセンターは自分の子だけを見ているだけじゃなくて、ほかの子の遊んでいる様子とかも同時に見ていたりとか、一緒に遊んだり、お互いに親も子も関わって遊んでいるのに対して、「子育て支援センター」はもう自分の子どもと自分自身のほとんど1対1で、滑り台に登っていって落ちないかとか、ほかの子とトラブルになっていないかとか、そういうことばかりに頭がいって、子どもはもちろん遊んではいるけど、ほかの子と関わるというよりは自分の好きな遊びを親と子で2人でやったりとか、そういう感じで。（中略）最初はやっぱりこの（プレイセンターの）環境に慣れ

ていない状況もあったし、プレイセンターの概念とか、どのように（ほかの親子と）接していったらいいかとか、いろいろちょっと緊張感もあったんですけど。だんだん慣れて知っている顔ぶれが増えてきて、どんどん、どんどん、プレイセンターが心地よい空間になってくると、今日は遅くなったけどやっぱり行こうかなとか、できる限り行ってみたいなという気持ちになってきました。　　　　　　　　　　（Roさん）

　上記の3人は、ともに、わが子だけではなく、よその子どもも同じように保育していくプレイセンターの子育て法に賛同している。そして、プレイセンターを通じて、社会で子育てすることの意義を実感したと語っていた。
　一方、Cbさんは、当初4歳になる息子とプレイセンターに通っていた。息子が幼稚園に上がることを機に、プレイセンターをやめることを考えていた。しかし、Cbさんが普段当たり前だと考えていた、夫やまわりからの子育てサポートが他の親にとっては、当たり前ではなかったのだということを、学習会を通じて理解するようになったという。そして、親である自分だけでもプレイセンターを継続して、他の親を支えていこうと思うようになったと語る。

　　　休みがあるときには、来られるときには（息子も）連れてきたいですし、学習会には参加したいというのと、あとは知り合いで小さい子を連れていると、やっぱり行ってみたら楽しいよというのをちょっと伝えながら。手伝えたときには、そういう人たちに「今度はいつ来るの？」って声をかけています。「じゃあ、1人で行きづらいんだったら、私もそのときに顔を出すわ」っていうふうにはしています、今も。（中略）なんだろう、子どもが笑いながら近づいてくるのが、何とも言えず心地いい。（中略）だから、その子どもの無邪気さがここに関わっていきたい理由かなと。私もそれに支えられる。　　　　　　　　　　　　　　　　　　　　　　　　　　（Cbさん）

　Cbさんは、育児に困窮する親たちをプレイセンターに連れてきて子育てを楽しんでもらいたいと話す。また、プレイセンターでは、自分の子どもだけでなく、よその子もみていくので、そのことによって子どもの可愛さが実感できるという。そして、自分自身も子どもたちの存在に支えられているのだという。Gcさんは、プレイセンターでは、親同士がたくさん話すので、お互いがより密接になり、自分らしくいられる場所になるのだと加える。

> プレイセンターは…そうですね、親同士のつながりがすごく強いので、親同士が、自分のことを、子どものこともそうなんだけども、自分のことを話すようになるのでより親密になれるというか、そういうところがある。　　　　　　　　　　　（Gcさん）

StさんもGcさんと同じくプレイセンターの親同士のつながりを実感している。そして、つながりの持ちづらい現代の子育て世代だからこそ、プレイセンターを介して関係をもっていくことが必要だと語る。

> プレイセンターのよいところは、やっぱ人間関係ですかね。つながりがどんどんできるというのは絶対必要ですよね、こういう時代は。（中略）つながりができていることを感じます。切に感じますね。そうすると自分も、最初、そのママ友とか嫌だなとか（思ったり）、あまり積極的に人と関係を作ろうという立場じゃなかったから、余計に、私もこれに（プレイセンターに）出会っていなかったら、そっちの方に行っていたかもしれないと思うのでよかったです。　　　　　　　　　　　（Stさん）

Stさんは、プレイセンターがなかったら、苦手な人とは関わることなく過ごしてきただろうと自身を振り返る。そして、公設の強みを生かして、いろいろな世代が今以上にプレイセンターに関わるようになればと期待を込めている。

> みんなにもっと長い目で関われるような、自分が子育て終わった後も関わっていけるような、（プレイセンターを）そういうような存在するためにはどうしたらいいかなって。私は子育てが終わって、高齢者とか、会社に勤めている方も職業研修の一環でこういうところに来て、子どもの環境というものをわかってほしいとか、障がい者も来て高齢者も誰でも来られるような施設になったら、きっとみんなに重要性が伝わるのかなって。子育てしている人しか来ていないから、ほかの人に伝わりにくいって思うし。（中略）いや、ちゃいますよと。誰でも来ていいし、見ていいところやと思いますよって。（中略）もっと地域性を出していいと思うんですよね。敬老会とつながっていたりとか、中学生がもっと見学に来るとか、高校生が来るとか。（中略）もう大学も専門学校もいっぱいあるのに、なんで来いへんかなと思って。もったいないですよね。　　　　　　　　　　　（Stさん）。

Amさんは、コミュニティでのつながりが希薄なのは、地域性でなく、年代であり、いろいろな世代がプレイセンターに関わることで、今の閉鎖的な子育

第 3 章　日本におけるプレイセンター活動の実践　211

 でもなんかいろいろな人の話を聞いて、子どもに対する考え方を、いや、考え方？見方をちょっと変えようかなとか、そういう気持ちになることは…あります。（中略）プレイセンターは、やっぱり親同士が学びあえる。1人で育児をしているのではなくて、いろいろな手助けがあって成り立っているんだとわかり…わかるところ。（中略）（つながりが希薄なのは）地域って言うよりも、年代…のような気がするんですよね。（中略）なんかの本に書いてあったんですけど、ちょっと前だと子どもをお隣さんに預けたりとか預かったりというのが気軽にできたり、お醤油の貸し借りが気軽にできていたのが、なんかそれができなくなってきて、相手に申し訳ないというのが今の人たちにはあるから、なかなか自分も外に出られなかったりとか閉鎖的になってしまっているというのが書いてあって、そうだなって。ここのプレイセンターの中のお母さんにも、やっぱりそういうふうに考えている人たちもいるので、あの本言っていることは本当なんだって。（中略）やっぱり（子どもを）見ていてもらうのが申し訳ないとか、なんかそういう気持ちのお母さんも中にはいるので。「いいのよ、そんなの気にしなくったって」って、言えば言うほどさらに（相手への）申し訳なさ度が増していくというか。
（Am さん）

　恵庭市の職員でありスーパーバイザーの立場にある Yk さんも Am さんが述べるように、今の子育て環境が 20 年前と比較して大きく異なってきていると指摘する。Yk さんは、長年、保育士として公立保育所に勤務してきた。その後は、「子育て支援センター」を経て、現在は、プレイセンター事業のスタッフとして働いている。Yk さんは、この 20 年間の親子の変容を受け、自分の役割を新たに発見したと語る。そして、その役割のひとつは、「地域のいろいろな手を借りながら子育てをすることが大切」と親たちに伝えることだと加える。

 子どもは、お母さん 1 人の胸だけでなく、いろいろな胸で育った方がいいんですよ。このことを、ようやく、参加するプレイセンターのお母さんたちも気づいて来ましたね。昔は、こういうことって普通だったんだろうけど、今は、声にしてやっていかなきゃならないのよ。
（スーパーバイザー Yk さん）

　しかし、Mp さんは、Am さんやスーパーバイザーの Yk さんと同じように子育てを協働していくことの必要性を感じつつも、現実は、育児サークルやプ

レイセンターなどの親が主体的となる活動は敬遠され、人との関わりが少なくてすむ場所が、現代の親たちには好まれているのだと語っている。

> 実際、ここ（プレイセンター）にも登録している人すごくたくさん数はいるんですけど、いつも来ている人というのはそんなにはいないので。なんか育児サークルも、本当に最近は人が少なくなっているみたいな感じで、育児サークルの方の連絡会とかでも、いつも言われているんですけど、あんまり多くの人との関わりを持ちたくないとか、何かをやりたくないという人が増えているのかなっていう話をしていたんですよね、サークル連絡会の方で。やっぱりサークルの方も役割をやったり、そういうことが結構あるんですけど、それが面倒だっていう人もいるし、自分の仲のいい友達とだけ定期的に遊んでいればいいやという考えの人が結構多いみたいなので。
> 　　　　　　　　　　　　　　　　　　　　　　　　　　　　　　　（Mpさん）

ところが、プレイセンターの係の仕事は、決して負担を強いるものばかりでなく、やっていく間に協働の素晴らしさに気づけたり、まわりの親との絆も生まれ、楽しく変化していくものなのだとMpさんは述べる。

> 自分たちで考えて、それを実行していくということはすごい楽しいことだなと思います。たぶんほかの役員の親たちもみんなそういう同じ思いでやっていると思っていて。本当にイベントとか、セッションとか、学習会ではそれぞれの親たちが、自分たちのやってみたいことをどんどん案を出して、できる範囲でやれることは当日のセッションとかでどんどんやっていくし、大きなことは役員会議とかで、みんなにどうかなっていう感じで相談するんですけど。そういうのって日常の育児とはまた全然違うんですけど、みんなで考えて、それを、準備は多少大変なこともありますけど、それを準備してやり遂げるという達成感みたいなものもやっぱりあるのかなと思います。（中略）それによって、すごく役員の絆みたいなのもやっぱり深まるし、大きなイベントをやったりとかすることで、役員とか、あとそれ以外にも手伝ってくれる人を毎回探して一緒に手伝ってもらうんですけど、そういうことの1つ1つで、また人とのつながりが増えて。ただ遊んでいるだけよりも、人とのつながりがすごく深くなっている感じがします。だから結構、ほかの人とかに「役員大変じゃない」とか、「何やっている」のとか、「忙しそうだね」とか言われることも多いんですけど。でもなんか、私自身は全然大変だと思うことはひとつもなくて、楽しんでやっています。はい。
> 　　　　　　　　　　　　　　　　　　　　　　　　　　　　　　　（Mpさん）

Mpさんは、「こうした思いをもっと多くの親たちに知ってほしい、プレイセンターという場所が楽しいところであることをもっと伝えていきたい」とさらにつけ加える。また、スーパーバイザーであるTkさんも親たちを受け身にさせるのではなく、親たちのエンパワーメントを支えることが大切なのだと語る。そして、職員のひとりとして親の成長を阻害しない支援を心掛けたいと述べている。

　　　恵庭の場合、「ひろば」的に使っている人もいれば、もっとプレイセンターの運営に関わっていきたいという人もいる。その違いが難しいでしょうね。まずは、その時だけ親を癒せばいい、その時だけ子どもを楽しませればいいという発想をなくすことでしょうね。　　　　　　　　　　　　　　　　　　　（スーパーバイザー Tk さん）

　親たちに対するエンパワーメント効果とその期待は、参加する母親だけに限ったものではない。Scさんは、父親を含む家族全体、さらには、地域コミュニティに対しても期待できるのだと語る。そして、プレイセンターでのつながりを基礎に、家族全体が成長し合えるような組織を今後は作っていきたいのだとその抱負を述べている。Scさんは、プレイセンターの仲間とならそれが可能であると確信しているようだ。

　　　私は家族ぐるみの付き合いがすごく好きなんですよね。だからプレイセンターで本当に、私と誰かの付き合い、子どもと付き合いが始まって、そこから旦那も加わって、家族と家族の付き合いがあって。また家族と家族の付き合いを増やしていって、プレイセンター全体が大家族になれるようなことを、すごい夢見ているんですけど。
　　　　　　　　　　　　　　　　　　　　　　　　　　　　　　　　　（Scさん）

　恵庭市子ども家庭課のIn課長もまた、Scさんの述べるように家族ぐるみの成長がコミュニティの成長につながると主張する。

　　　見てもわかるように、お母さん方がどんどん変わって行っているのさー。こんな所他にないよ。だから、自由遊びや「Families growing together（家族が一緒に成長する）」ってプレイセンターの理念はとってもいい。ここでのFamilyは、単に家族だけでなく、コミュニティをさしているんだよ。だから、地域が良くなっていくためには、プレイセンターが必要なわけ。あと1年で僕も役所を退職するけど、プレイセ

ンターはとうとう僕のライフワークになっちゃったよ。30年以上、恵庭市に勤めているけど、こんな場所見たことなかった。絶対、恵庭からプレイセンターが全国に広まると思うのさー。　　　　　　　　　　　　　　　　　（子ども家庭課課長　Inさん）

　恵庭市のプレイセンターは、まだ設立してからの期間が短いということもあり、プレイセンターの特徴や活動法は広く周知されていない、そのため、他の子育て支援施設と同様のサービスを期待して参加する親が存在しているという。そこで問題になってくることは、職員のTkさんも指摘するように、行政の事業である以上、ほかの子育て支援と同じように、どんな人であれ受け入れなければならないことである。しかし、In課長の指摘や親たちの語りの中でも示されたように、当初は受け身であった参加者の多くが自律的に変化してきている。こうした成長を支えるものは、やはり人の存在が大きいといえるであろう。人とは、活動を支えるスーパーバイザーや恵庭市役所の職員であり、ともに運営を担う親たちであり、子どもの存在である。こうした人々は、支え合い、助け合いながら、セッション運営と学習会を実践し、メンバー間の信頼感や互酬性を高めていく。そのため、本調査においても、「つながり」や「絆」、「深まり」というキーワードが親たちから繰り返し語られた。

（6）「恵庭市プレイセンター」の参加者像

　「恵庭市プレイセンター」の場合は、元市長がプレイセンターの開設をマニュフェストで掲げたこともあり、プレイセンター事業は、市の事業の一環として取組みが始まった。そのため、草の根的に参加者が集まったというよりは、恵庭市が参加者を戦略的に招集したという傾向が強い。具体的には、すでにあった育児サークルをネットワーキング化し、すべてのサークルが活動をしていない木曜日をプレイセンターの活動日として設定し、プレイセンター事業を立ち上げた。育児サークル出身の母親たちが中心となるこのグループは、後に「もくプレ」と呼ばれ、現在では、月・木を開催日として活動が行われている。もうひとつのグループは、恵庭市の「子育て支援センター」や「ひろば」からの母親が中心となって活動を行うグループとなっている。このグルー

プは、「木のおうち」と呼ばれ、火曜・金曜日を活動日としている。どちらのグループも、参加者の都合によって、グループを選択することができるが、多くの者はスタート時点のグループで活動している。現在では、両グループとも「プレイセンター・ピカソ」のように親からの口コミによる会員登録者が増えてきている。しかしながら、本書で述べたとおり、対象者のほとんどが、恵庭市からのアプローチによって参加登録を行っていたことが明示された。

　親教育に関して言えば、恵庭市のプレイセンターの場合は、公設ということもあり、親が学習会に参加しないことを理由に、登録を抹消することはできない。そのため、「恵庭市プレイセンター」では、参加者が学習会に積極的なグループと消極的なグループに二極化していた。ところが、親たちの語りからは、学習会に対して消極的な態度をとっていた者でも一度参加するようになるとその良さを実感するようになっていた。彼らは、継続的な学習会への参加を通じて、お互いの保育観を擦り合わせたり、悩みや現状を共有する機会を獲得し、子育ての方法が学べただけでなく、組織の理念やルールを確認できた点で、非常に役に立ったと語っている。

　さらに、インフォーマルなプレイセンターでの学習機会は、参加者の心の扉を開き、1人の親として生きていく力を付与していた。また、子育てで余裕をなくしている親に対し、家事や育児から一時的に解放する時間を提供しており、そのことについて高く評価する親が多かった。対象者からは、学習会に参加するようになり、「余裕がうまれた」「ホッとした」「安心した」「リフレッシュになる」「親同士のコミュニケーションが楽になった」という精神的なメリットを指摘する声が多く指摘された。さらに、このようなプレイセンターにおける仲間とのふれあい経験は、転入者の多い恵庭市の子育て世帯にとって、「つながり」や「絆」を醸成する機会となっていた。多くの親たちは、「他の子育て機関や公園などで、他の親子とトラブルにならないよう極力、知らない者とは関わらないようにしていた」とプレイセンター参加前の経験を語っていた。しかし、プレイセンターでは、決まったメンバーで保育観を共有するため、親同士の連携やネットワークが強固となっていた。そのことはまた、親たちにトラブルを乗り越える力を還元していた。さらに、プレイセンターの活動

を通じて、親たちからは、「自分ひとりで子育てしているのではない」「よその子どもも可愛いと感じる」と語られることが多かった。以上のような経験は、地域コミュニティにおける成員同士の助け合いこそが大切であることを親たちに実感させる機会となっていた。その結果、親たちは、プレイセンターに集うメンバーやその家庭を、1つの集団、つまり「大きな家族」として捉えるように自分たちの意識を変えていった（図3-6-3）。

今後の「恵庭市プレイセンター」の課題として、以下の4点を提示しておこう。

① 政治に左右されやすいこと
② 公設のしばりがあること
③ 親運営・学習会の文化を定着させること
④ 親をエンパワーメントすること

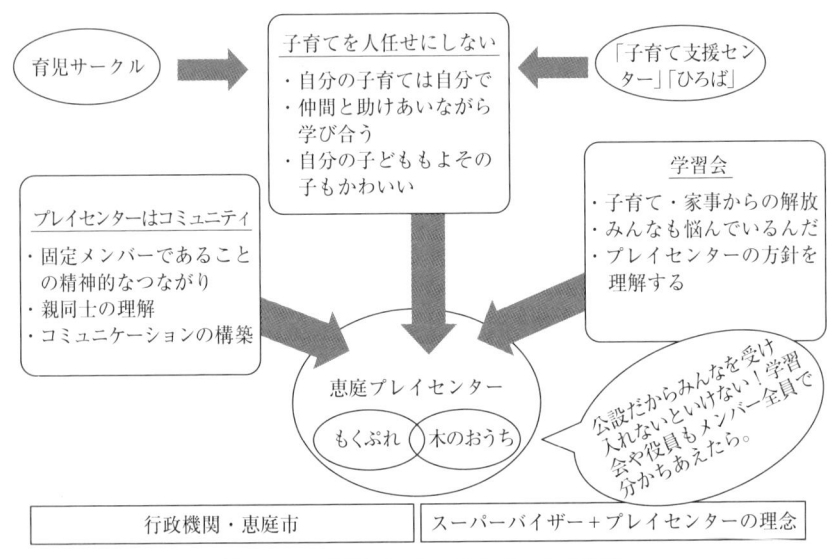

図 3-6-3 「恵庭市プレイセンター」の活動
（筆者作成）

最初に提示した、政治に左右されやすいという点は、政権が変わったり、制度が変わったりすると即座に運営に響いてくるという点である。本書のインタビュー調査においても、市長が交代となり、今後のプレイセンターの行く末を懸念する意見が多くみられた。この問題は、行政主体である以上避けられない命題ともいえるが、政治に左右されないようなプレイセンターの組織づくりを恵庭市のなかで築いていくことが必要であろう。
　2点目は、①の問題とも重複する点であるが、市民の税金を投入するという公立の施設である性格上、誰に対してもオープンでなければならないことである。また、大きな決定事項は、役所を通さなければならず、そのことに付随する不自由さについても複数の親から指摘がなされた。
　3点目は、プレイセンターの理念である、親による協働運営と学習会の習慣を定着させることである。現時点では、子育てのサービスを受けにプレイセンターへ来る親も少なくないということから、市民に公平な施設でありながら、他機関との差別化をより一層図っていくことが期待される。
　4点目は、今後、「恵庭市プレイセンター」の民営化や職員の削減といった事態に直面しても、親たちだけで運営できるように体制を再構築していく必要があろう。メンバーである親たちがエンパワーメントされ、親たちの力だけで組織を運営していけるようになれば、政治に左右されにくい恵庭市プレイセンターへと変化していくに違いない。

第7節　類型別の特徴と比較研究

　本章では、市民による「プレイセンター・ピカソ」と行政主体による恵庭市プレイセンターの活動事例を概観してきた。本節では、これら日本におけるプレイセンターの事例研究をもとに、それぞれを比較検討しながらおのおのの特徴を提示していく（表3-7-1）。
　ここでも、ニュージーランドの調査と同様にして、活動主体の異なる2つの日本の活動実践が、個人間のつながりや社会的なネットワークを醸成し、現

表3-7-1 インタビュー調査における参加者の声

	「プレイセンター・ピカソ」	「恵庭市プレイセンター」
参加理由	・友人からの紹介やチラシ、講座 ・理念:「家族が一緒に成長する」 ・受け身のサービスではない ・皆で子どもをみる保育観 ・参加者の楽しそうな雰囲気 ・子どもと過ごす場所を求めて	・育児サークルを通じて ・市の職員に奨められて ・シンポジウムに参加して ・子どもと過ごす場所を求めて ・皆で子どもをみる保育観 ・育児を人任せにしないところ
親への教育効果	・自分ひとりで生きているのではないという意識が芽生えた ・子どもについての知識習得 ・理念の共有理解が得られた ・育児の孤独感が解消した ・気持ちが前向きになった ・「そのままでいい」ということに対する自信がついた	・子どもについての知識獲得 ・子どもと接する際の引き出しが増えた ・親同士が理解し合い、親密に ・家事育児から一時的に解放されることで生活にゆとりができた ・気持ちが明るくなった ・理念の共有理解が得られた
コミュニティとの関連性	・独自の育児支援ネットワークを確立（幼稚園送迎、預け合い） ・地域の仲間との精神的なつながりを感じるようになった ・地域親子との交流 ・メンバーとの協働活動を通じて得た親子のコミュニティ ・わが子だけでなく社会全体を見据える視野を養った	・プレイセンターは、地域のコミュニティそのもの ・お互いの子どもを見守る ・地域親子との交流 ・地域の仲間との精神的なつながりを感じるようになった

（下線_____は、「プレイセンター・ピカソ」と「恵庭市プレイセンター」の共通点）

場を運営する親たちの互酬性や信頼感、すなわちソーシャルキャピタルの性質を蓄積する場所となっているのかを確かめてゆきたい。

（1）行政と民間主体によるプレイセンター参加への意味構成

「プレイセンター・ピカソ」のある国分寺市には、「子ども家庭支援センター」や「ひろば」「子育てサロン」、児童館など親子の居場所が多数存在する。そのため、参加者は、プレイセンター独自の活動理念や協働運営、学習会などに魅力を感じて参加する者が多かった。児童館や支援センターでは不特定

多数の親子が集まることから、そこに居合わせた人たちによって、同じ時間と空間を共有することになる。そうした場合、常によその家庭とトラブルが起きないように精神的な気遣いをしなければならない。しかし、「プレイセンター」では、会員登録制をとっているため、メンバーが固定している。さらに、学習会を通じて子どもについての理解を深めたり、親同士の話し合いの機会を持つため、トラブルが発生しても解決することができる。そのため、プレイセンターは、親たちにとって安心して過ごせる場所となっていた。

現在、わが国では、少子化対策の一環として、子育て支援サービスやイベントがさまざまな場所で開催されている。そのため、「プレイセンター・ピカソ」の親たちのなかには、こうした傾向を問題視し、「子育てを他人任せにしたくない」「お客さんにはなりたくない」ことを理由とし、活動に参加している者が数多くいた。また、見学時の印象がよく、「ママたちがイキイキしている」「ゆるやかさがいい」「居心地がよい」など「プレイセンター・ピカソ」の雰囲気に魅かれて参加する親たちが多くみられていた。

他方、「恵庭市プレイセンター」の場合は、行政機関という性格上、「プレイセンター・ピカソ」と比較して、他の施設との差別化に苦労していた。また、行政が仕掛け人であるということから、「育児サークル連絡会」を通じて参加する者や職員からの紹介によってプレイセンターに参加するケースが多かった。そのため、一部の親からは、学習会や役員の仕事があることでプレイセンターの敷居の高さが指摘された。しかし、発足から3年近い日々が経過した現在では、「恵庭市プレイセンター」の敷居が高いイメージは消えつつあった。

学習会や当番の役割に対しては、消極的な親たちがいまだに存在していることがわかった。それらの親たちは、「子育て支援センター」や「ひろば」と同じように場所だけを利用しにくる傾向にあった。「恵庭市プレイセンター」は、公設であるがゆえ、その参加を断ることはできない。恵庭市としても、今後、参加者の制限について検討していく計画がある。しかし、可能であるならば、現在参加している親のうち、消極的な参加者層をエンパワーメントしていきたいとその抱負を語っている。

「恵庭市プレイセンター」に参加する親たちの中には、「プレイセンター・ピ

カソ」と同様に、他の子育て支援施設の支援法に疑問を持っている者たちがいた。他の施設では、常連の親たちがグループになって固まっておしゃべりをしている場合が多く、子どもから目を離して職員に任せっきりだという。また、ある親は、「ひろば」で自分の子どもがよその子とトラブルを起こすたびに白い目で見られ、気疲れが多かったとその経験を語っていた。さらに、別の親は、他の子育て支援施設では、子どもと親との1対1の関係性で完結してしまうため、わが子以外の子どもは面倒を見ないという文化が広がっていると指摘する。

それに対し、プレイセンターでは、親の協働が基本にあるため、親たちは、おしゃべりをして時間を過ごすことよりも、1人の保育者として子どもたちと関わっていかなければならない。また、学習会を通じて子育ての方針や理念を学ぶことが必修となっているため、トラブルが起きた際も、みんなでその問題に対処していこうとする姿勢が貫かれている。そのため、恵庭市プレイセンターにおいても、プレイセンターの理念である「家族が一緒に成長していく」ことに賛同し、献身的に活動を行っている親が多く存在していた。

(2) 活動実績による親たちの学習に対する成果

「プレイセンター・ピカソ」の学習スタイルは、ここ 10 年間ほとんど変わっていない。まずは、どの会においても自己紹介をし、親同士の近況報告をする時間を設けている。このような機会は、参加者相互の理解へとつながり、楽しいことも辛いことも共有している実感を親たちに与えており、そのことは親たちからも指摘がなされた。つまり、学習会において、親たちは、新たな知識を獲得していくだけではなく、「自分ひとりで生きているのではない」「そのままの自分でいい」といった親としての精神的な拠り所を学習会のなかに見いだしていた。

学習会で習得した知識のうち、最も役に立った知識としては、「子どもに関すること」と回答する親たちが多かった。その結果、親たちは、「子ども」の個性や欲求を大切にしようと考えるように変化したと述べている。さらに、このような「子ども」に対する理解は、「子ども」に対する愛おしさにもつな

がっていた。そのため、「プレイセンター・ピカソ」ではベビーラッシュが起きていた。ここ数年のセンター内の出生率は、相対的に高く、少子化とは無縁の状態にあるのだという。

以上、「プレイセンター・ピカソ」の親たちの多くが、学習会に参加することで、「子育てが楽しくなった」「前向きになった」「明るくなった」「孤独感がなくなった」と精神的な効果を認識していた。

「恵庭市プレイセンター」の場合は、開設からの年月が浅く、学習会のスタイルは一定していない。現時点では、講座の講師を招いたり、テキストを使用したり、お互いを理解する場にしたりとさまざまな方法で試行錯誤している。それでも、最近では、学習会の役員が中心となって、自分達の学びたいテーマを出し合い学習会を開催するようになってきているという。

親たちからの報告によると、学習会への定着率は高いとは言えないが、親たちへの学習成果は明らかに現れてきているという。参加者たちは、「プレイセンター・ピカソ」の親と同様にして、お互いの状況を吐露することで、仲間意識が芽生え、結束が固くなったという。また、プレイセンターに独自の活動方針があることで、子どもへの接し方や遊びの提供の仕方などがわかるようになったと指摘している。さらに、学習会は、親同士のコミュニケーションの場として活用されており、協働運営に欠かせない人間関係を構築する場所にもなっていた。

ニュージーランドのプレイセンター創設者の一人であるSomersetは、育児ストレスを抱える母親たちに、「一時的な子育てから解放の場」を提供しようと、プレイセンターの開設に至っている。このような発想は、「恵庭市プレイセンター」の親たちからも指摘がなされた。例えば、「学習会で子どもと一時的に離れることでリフレッシュできた」「家事・育児から解放された時間を持ち、心に余裕ができた」「気持ちが明るくなった」などと親たちから語られている。こうした心理的な変化も、学習会を開催することによって得られた成果と言ってもよいであろう。「恵庭市プレイセンター」の役員たちは、学習会に参加しない親たちに、どのようにしたら学習に対して興味や関心をもってもらえるのか危惧していた。しかしながら、参加している者たちの学習会に対する

評価は相対的に高いため、現在の参加者を中心とする学習者のコミュニティが今後広がっていく可能性は大きいといえる。

（3） 参加者とコミュニティにおけるネットワーク形成に関する影響

「プレイセンター・ピカソ」の場合は、活動実績が長いため、多くのプレイセンター卒園生を輩出している。また、その中からは、卒園後もプレイセンター活動に貢献したいとする親たちが集まるようになり、同窓グループである「ピカソ・クラブ」が結成されている。現在、「ピカソ・クラブ」の親たちは、学習会時の託児やイベントの手伝い、日本プレイセンター協会への協力、講座講師など、意欲的にプレイセンター活動に従事している。さらに、メンバーの数名は、2008年より隣接する小平市の仲町公民館において、新たなプレイセンターである「なかまっち」をスタートさせている。ここでのスーパーバイザーは、「プレイセンター・ピカソ」の卒園生である母親と現役で「プレイセンター・ピカソ」に通う3人の親たちで構成されており、彼らが運営の中心を担っている。

以上のように、卒園した後でもプレイセンターに貢献したいという親が数多く存在している。このことは、プレイセンターが彼らにとってのソーシャルキャピタルの源泉として機能していることを証明している。彼女らは、プレイセンターの活動を軸に、そこから新たなプレイセンターを展開している。つまり、「プレイセンター・ピカソ」というハブを中心にソーシャルキャピタルの資源をより豊かなものへと拡大させている。また、現役で参加する親たちについても、同様の傾向が示され、インフォーマルな子育てネットワークシステムがピカソの活動から派生し構築されていた。ピカソのメンバーであるM1さんは、双子を妊娠中、絶対安静を医師から宣告されていた。M1さんは、長女の幼稚園への通園をどうすればよいか心配したが、プレイセンターの仲間がローテーションを組んで長女の送迎をしてくれたという。M1さんは、メンバーの協力があったからこそ、双子が無事出産できたのだと当時を振り返っている。

また、Ycさんも同じような経験をしていた。Ycさんは、第2子を出産後すぐに亡くしている。その際も、ピカソのメンバーが、入院中の家族へのケア

や気配り、精神的な支援をしてYcさんを支え続けた。Ycさんは、現在、第3子を妊娠中だが、プレイセンターのメンバーがいなかったら次の子は諦めていただろうと語っている。

以上のように、参加者は、プレイセンターでの活動外でもメンバー相互の信頼感を醸成しながら互酬的な関わりをしていた。これらの経験は、参加者に「プレイセンターこそ自分の居場所である」「今後もプレイセンターに関わりたい」という気持ちや、「一生涯の友としてずっと付き合っていきたい」という気持ちを付与した。

「恵庭市のプレイセンター」の調査では、対象者のなかから、インフォーマルな子育てネットワークについて言及されることはなかった[18]。しかしながら、参加者の多くが、「親同士の深いつながり」や「絆」を経験しており、多くの親が「よその子も自分の子どものようにかわいい」と述べている。このような経験は、ニュージーランドにおいても、また、「プレイセンター・ピカソ」においても同じようになされてきた。つまり、こうした先行事例は、「恵庭市プレイセンター」で構築されたネットワークについても、今後、センター外の活動へと広がっていく可能性を示唆している。

実際に、「恵庭市プレイセンター」のメンバーであるScさんは、プレイセンターを介した家族同士のつながりをさらに拡大することで、「プレイセンターをひとつの大家族」としていきたいとその抱負を述べている。また、別の親も、「プレイセンターは、地域コミュニティそのもの」と表現している。このように、親たちのネットワーキング・システムが狭義な範囲からより広義なものへと向けられてきていることが理解できる。

第8節　小　　括

以上では、日本のプレイセンターの活動事例として、民間主導である「プレイセンター・ピカソ」と行政主導である「恵庭市プレイセンター」について分析を進めてきた。その結果は、以下のとおりである。

①メンバーの獲得

　参加者の構成員は、行政主体であるプレイセンターと民間とでは異なっていた。このことは、メンバー獲得の時点から差異が生じていた。

　「プレイセンター・ピカソ」の場合は、プレイセンターの活動を始めるにあたって、広報活動や資金獲得を自分達でしなければならなかった。そのため、メンバーの募集については、少しずつ拡大していった経緯が示された。しかしながら、恵庭市の場合は、行政による事業ということもあり、シンポジウムの開催やプレ・プレイセンター事業の実施といった大規模なプロジェクトを短期間で実行することが可能であった。

②人的・物的環境

　「恵庭市プレイセンター」で働くスタッフは、公務員であったり、臨時職員であったりと有償の雇用者で構成されていた。つまり、行政主体のプレイセンターは、環境面、資金面で恵まれていた。そのため、事業発展のスピードが速く、主要メンバーの確保やセッションの運営は、民間グループである「プレイセンター・ピカソ」ほど困難ではなかった。

③活動に対する理解

　「プレイセンター・ピカソ」の参加者は、「プレイセンターの理念に対する理解」「学習会への参加」「月会費の支払い」に同意した上で入会をしていた。また、こうした入会へのプロセスは、参加者が子育ての場を選別する機会となっていた。

　しかし、恵庭市の場合は、公設事業ということもあり、運営費の徴収が難しかった。そのため、誰に対しても、オープンな施設となり、親が育ちにくい土壌を形成していた。

　このような結果、参加への動機づけも「プレイセンター・ピカソ」では、プレイセンター活動の中身に対する具体的な返答が目立つが、恵庭市の場合は、育児サークルや「子育て支援センター」「ひろば」の延長として参加している親が少なくなかった。

　しかしその一方で、行政主体の活動であることが、行政ブランドとしての安心感を親たちに与えており、市の直轄であることの価値を理由に参加す

る親が多数存在していた。以上に加え、行政主導のプレイセンターであることの信頼性は、プレイセンター事業が発展するスピードと不可分に結びついていた。

④学習効果とネットワーク

　学習効果については、両方のプレイセンターにおいて、高い評価が得られていた。具体的には、「孤独感から抜け出した」「前向きになった」「子育てが楽しくなった」「いっぱいいっぱいでゆとりがなかったが、子どもが欲しくなった」という意見がどちらのセンターでもみられた。これらの回答は、いかにわが国の子育て環境が閉塞した状態に置かれており、親たちが疲弊しているのかを指し示す結果だといえる。

　北海道では、とくに冬季の子育て環境について懸念されることが多いが、「子育ての孤立化」については、本書で検討したように、地域差が現れなかった。そして、どちらの地域においても親子が孤立しやすい状況にあることが明示された。

　学習効果については、両方のセンターの親たちがその経験を通じて、「プレイセンターの理念が理解できたこと」「他の家族と話を共有しながら人間関係が構築できたこと」を評価する親が多かった。さらに、「子どもについての知識」が得られたことにより、親子のつながりが深まり、嫌いだった子どもが好きになったというケースも散見された。

　最後に、親たちの協働ネットワークについて言及しておく。他の子育て支援施設に参加経験を持つ親は、そこでの対人関係や子ども同士のトラブルに悩まされていたと語っていた。一方、プレイセンターでは、固定メンバーで活動をしているため、知らない者同士で遊び合うことがまずない。また、学習会を通じて子育て観の擦り合わせができているため、プレイセンター内での衝突はほとんど見られなかった。つまり、プレイセンターでは、お互いの子育てを安心して託しあえる土壌が形成されていたということになる。

⑤家事・育児支援ネットワークの形成

　「プレイセンター・ピカソ」では、活動時間外でも家事や育児の互助システムが作られており、メンバーはその助け合いによって、精神的に「癒され

た」「救われた」と報告しており、「プレイセンターなしでは、私の生活は成り立たない」と述べる親もいた。また、卒園した親たちもプレイセンターへのつながりを求めて、「ピカソ・クラブ」という同窓会を結成し、現役メンバーのサポートをしたり、新たなプレイセンターの創出に貢献していた。

⑥地域社会とのつながり

「恵庭市プレイセンター」においては、「ママ友はいらない」と語っていたメンバーが、数カ月後には、「真に子育てを語りあえる友人ができ、つながりを感じている」と語っていた。さらに、この親は、プレイセンターを核に高齢者や障がい者、高校生や中学生などいろいろな世代にプレイセンター活動を知ってもらい、参加してもらうべきだと、地域に対するプレイセンターの拡大について、その意欲を語っていた。

⑦ソーシャルキャピタルの創出

両方のプレイセンターの参加者は、他の子育て支援施設では感じ得ることができなかった「つながり」や「絆」を実感していた。こうした、関係性の継続は、互いの信頼感となり、子育ての互酬性を高めていた。このことは、プレイセンターが、どちらの地域においてもソーシャルキャピタルの拠点として重宝されていたことを意味している。

⑧プレイセンターの拡充・拡大

「プレイセンター・ピカソ」においては、参加者が新たなプレイセンターを開設するなど、親たちのソーシャルキャピタル（活動資源）が彼らのネットワークによって一層拡大されていた。一方、「恵庭市プレイセンター」では、多くの親たちが市内に一カ所ではなく、各地域にプレイセンターを開設してほしいと切望していた。こうしたことからも、行政の訴求力を生かしながら、恵庭市に新たなプレイセンターづくりが推進されるならば、それらが拠点となり、プレイセンターを日本全国へと広げるための発信源となるであろう。

[注]

1) 厚生労働省、少子化に関する「参考資料」、p. 20
2) 資料：厚生省「エンゼルプラン」をもとに作成。
3) 資料：厚生省「新エンゼルプラン」をもとに作成、本書のテーマに関連しないものは割愛。
4) 育児休業、介護休業等育児又は家族介護を行う労働者の福祉に関する法律（1991年法律第76号）は、育児および家族の介護を行う労働者の職業生活と家庭生活との両立が図られるよう支援することによって、その福祉を増進するとともに、あわせて、わが国の経済および社会の発展に資することを目的とする。労働者は、子が1歳に達するまでの間、育児休業をすることができる。最終改正：2001.11.16 法律第118号。
5) 新エンゼルプラン関連予算　2,970億円（2000年度）3,170億円（2001年度）
　　・保育所の低年齢児（0.1.2歳児）受入枠の拡大（59.8万人→61.8万人）
　　・11時間を超える延長保育の推進（8,000カ所→9,000カ所）
　　・放課後児童クラブの推進（9,500カ所→10,000カ所）
　　・ファミリーサポートセンターの設置促進（82カ所→182カ所）
資料：厚生省「新エンゼルプラン」をもとに作成、数値目標のある本書に関連する項目のみ抜粋。
6) 保育所入所申込書が自治体に提出され、かつ入所要件に該当するものであって、現に保育所に入所していない児童を「待機児童」という。ただし、2002年度から、上記に該当するもののうち、家庭福祉員や保育室等の地方単独事業により、保育を受けているものおよび他に入所可能な保育所があるにもかかわらず、特定の保育所を希望し、保護者の私的な理由で待機しているものは、待機児に含まないとした（資料提供：葛飾区子育て支援部）。
7) 保育所入所待機児童数調査（厚生労働省雇用均等・児童家庭局保育課調べによる）
8) ILO156号条約である「家族的責任を有する男女労働者の機会及び待遇の均等に関する条約」いわゆる「家庭的責任条約」は、1981年に採択された。日本は1995年6月9日に批准している。具体的内容は、男女労働者が協力して育児や介護をできるように、また、家庭的責任を持たない他の労働者と比較し、不利益や不平等になることなく仕事と家庭の両立が果たせることを保障している。
9) Tei Yamaoka. 2003, *Survey on Child-rearing Anxieties and Information*, pp. 129-130.
10) 「日本プレイセンター協会」ホームページ http://www.playcentre.jp/index.html　最終確認日 2011年10月18日。
11) 池本美香「ニュージーランドの就学前教育改革」さくら総研調査報告、1997年1月発行、さくら総合研究所。
12) （株）イズミヤの関連会社。スーパーマーケットの中にある、ゲームコーナー等を運営する会社。
13) 上映会を機に現在も親が学習会などに参加するとき、保育を委託している。

14) 「プレイセンター・ピカソ」の活動が軌道に乗り始めた2002年9月からは、月1回の開催。
15) 土曜日に参加できない親のために、水曜日に通常の活動と並行して学習会の補講が実施される。
16) 日本プレイセンター協会前代表　池本美香『失われる子育ての時間―少子化社会脱却への道』勁草書房、2003年。
17) 筆者をリーダーとする3人の訳者によって、2011年3月に出版の運びとなった。
18) 調査時においては、恵庭市のプレイセンターが開始されて1年強が経過していた。しかしながら、ほかのプレイセンターと比較すると活動実績が明らかに浅いため、プレイセンター外で相互扶助活動を行うには至っていなかった。「恵庭市プレイセンター」において相互扶助のネットワーク構築が実現するためには、もう少し時間が必要なのかもしれない。それでも、現在では、セッションや学習会の時間内で解決しない問題や話し合うべき事項があった際には、セッション終了後にメンバーの自宅に集まって会議を開くように進歩してきたという。したがって、今後、恵庭市においてもプレイセンターの活動以外に相互支援の動きが出てくる可能性は高いといえる。

終編

総括

第4章
プレイセンター参加者の日本・ニュージーランド比較

　ニュージーランドでは、およそ70年前から、プレイセンター活動が始まっている。プレイセンターでは、親たちが子どもや組織運営について学びながら、子どもの保育者として活動を行っている。最近の研究では、親がプレイセンターへの参加を通じて、プレイセンターやコミュニティにとって有益なサービスの担い手となる、つまり、ソーシャルキャピタルの蓄積に貢献していることが実証されている（Powell et al.: 2005）。

　本書の目的は、プレイセンターに親が関わることによって蓄積されるとするソーシャルキャピタルの実態をニュージーランドと日本のプレイセンターに通う参加者への調査を通じて検証することであった。さらに具体的にいえば、ニュージーランドと日本の親たちは、プレイセンターを媒介として、ソーシャルキャピタルの特徴とされる信頼やつながりを獲得し、相互補完的な働きをしているのかを明らかにするということであった。

　以下では、ニュージーランドと日本の調査結果をもとに、比較分析を行い、それぞれの国で蓄積されたとするソーシャルキャピタルについて考察を深めていく。

第1節　比較1：参加の動機づけ

本節においては、第2章、3章で概観してきた日本およびニュージーランドの調査結果をもとに、両国の参加者が、なぜプレイセンターを始めたのかその動機を比較していく（表4-1-1を参照のこと）。

表4-1-1　プレイセンター参加者の参加に至る動機についての比較

Powellらの先行調査 （ニュージーランド）	プレイセンター調査 （ニュージーランド）	「プレイセンター・ピカソ」の調査（東京都）	「恵庭市プレイセンター」の調査（北海道）
（全国調査・上位から） ・**子どもの社会性を育む** ・*子どもと一緒に居られる* ・立地条件 ・親としての社会性を育む ・プレイセンターの雰囲気がよかった ・子どもに対する大人の数が多いところ ・参加しやすいコスト ・コミュニティ活動に参加したいため ・幼児教育としての設備が充実している ・プレイセンターの理念に賛同して ・親ための学習コースを提供しているため	（インタビュー調査） ・親本人がプレイセンター出身 ・*子どもと一緒に居られる* ・**子どもの社会性を育む** ・アクセスの便利さ ・親子の仲間づくり ・サークルでは物足りない ・親の力を活かすため （アンケート調査） ・立地条件 ・センターの温かい*雰囲気* ・安全で安心できる環境 ・参加する人たちの人間性がいいから ・友人・知人からの評判 ・親として子どもの教育に関与したいから	・友人からの紹介やチラシ、講座を受けて ・活動理念である「家族が一緒に成長する」に賛同 ・受け身のサービスではないところ ・わが子だけでなく、よその子も見る保育観 ・*参加者の楽しそうな雰囲気*にひかれて ・*子どもと一緒に過ごす場所を求めて*	・育児サークルを通じて参加を呼びかけられた ・市の職員に奨められて （支援センターやひろば） ・プレイセンターのシンポジウムに参加して ・*子どもと一緒に過ごす場所を求めて* ・わが子だけでなく、よその子も見る保育観 ・育児を任せにしない受け身でないところ ・*親たちがイキイキとし、プレイセンター全体の雰囲気がいいから*

（筆者作成。すべての調査に共通する部分は、太字・斜体で表記。それぞれの国で共通しているが、国を越えた共通点になっていない部分は、太字のみで表記している）

(1) 共通点

まず、Powellらの先行研究を含めた、日本とニュージーランドの対象者のすべての傾向として、親たちは、プレイセンターを「親子が一緒に過ごせる場所」として把握していた。また、「センターの温かい雰囲気」「参加者の楽しそうな雰囲気に魅かれて」「親やプレイセンターの活動する雰囲気がいい」など、誰でも受け入れるプレイセンターの穏やかで、温かく、楽しい雰囲気が日本とニュージーランドのプレイセンターで共有されていることがわかる。

【親と子の子育ての拠点】
- 親子が別々の場所で過ごすのではなく、一緒に居られる場所だから。
- 子どもと遊べる場所を求めて。
- 「Families growing together（家族が一緒に成長する）」が実現できる場所だから。

【プレイセンターの雰囲気】
- プレイセンターの温かい雰囲気に魅かれて。
- 参加者の楽しそうな雰囲気が見られたため。
- 親たちがイキイキとしているから。

(2) ニュージーランド特有の参加理由

ニュージーランドでは、73%の親が「子どもの社会性を育むから」という理由でプレイセンターに参加しており、筆者のインタビュー調査においても同意見が数多くみられていた。他方、日本の調査では、「子どもの遊び仲間を増やすため」や「わが子以外の子どもも面倒をみるところ」といった子どもの社会性に関する意見もあったが、ニュージーランドのように、「子どもの社会性を伸ばしたい」という直接的な意見は少なかった。

次に、ニュージーランドの調査で多かった意見は、「アクセスが便利だから」「きょうだいが通う小学校にあるから」「近所だから」といった立地条件を理由に参加する親も多かった。しかしながら、日本のプレイセンターは、ニュージーランドのように全国の各地域で開催されていないため、逆に「不便だが、プレイセンターの理念がいい」「もっと家の近くにあってほしい」と立地条件

表4-1-2　参加に至る動機・ニュージーランド

Powellらの先行調査（ニュージーランド）	プレイセンター調査（ニュージーランド）
（全国調査・上位から） ・*子どもの社会性を育む* ・**子どもと一緒に居られる** ・*立地条件* ・親としての社会性を育む ・**プレイセンターの雰囲気がよかった** ・子どもに対する大人の数が多いところ ・参加しやすいコスト ・コミュニティ活動に参加したいため ・**プレイセンターの理念に賛同して参加** ・設備が充実しているから	（インタビュー調査） ・親本人がプレイセンター出身 ・**子どもと一緒に居られる** ・*子どもの社会性を育む* ・**アクセスの便利さ** ・親子の仲間づくり ・サークルでは物足りない （アンケート調査） ・*立地条件* ・センターの温かい雰囲気 ・安全で安心できる環境 ・参加する人たちの人間性がいいから ・友人・知人からの評判 ・*親として教育に関与したい*

（太字：両国共通・太字かつ斜体：国内共通）

は悪いが、プレイセンターの活動に参加したいがために、他市や遠い場所から参加する者が日本のケースではみられた。もちろん、家が近いことを理由に参加する家庭は日本に存在していた。ところが、しかし、越境をしてまでプレイセンターに参加する者は、ニュージーランドの対象者では、ひとりもいなかった。

【子どもを社会化する近隣の教育施設】

・子どもの社会性を育むから。
・アクセスの便利さや立地条件。
・コミュニティ活動に参加したいから。
・地元の小学校との連携があるから。

（3）日本特有の参加理由

　ここで、わが国のプレイセンター参加者の特徴を示すことにしよう。日本では、ニュージーランドのように、子育て期にある親自らが主体的に活動を興していくという文化は、一般的になっていない。つまり、これまでの日本の子

育て支援においては、親を「お客さま」とするサービス提供型のものが多かったといえる。また、中谷（2009）は、これに対し、公的な子育て支援には「親と親をつなぎ、親を育てる」という発想がみられないと指摘している。その結果、わが国では、親の主体性を育む視点から離れた事業が増えていくことになったのである。そして、親たちの側も、気楽に負担なく参加できる、専門家主導の子育て支援施設を好む傾向を示してきた。

　もちろん、日本とニュージーランドでは、就業形態や父親による育児参加の状況など、社会の構造が根本的に違うため、単に、日本人の子育てのあり方を、依存性が高いものとして批判することはできない。しかしながら、昨今の日本社会では、他者への無関心と他者への関わり忌避の性向は確実に進んでおり（門脇：2003）、親が集い、子育てを助け合う機会がますます少なくなってきていることは事実である。

　そのため、日本の調査対象者のなかには、サービスの客体として親が扱われる現行の子育て支援に対して疑問を感じ、あえて、プレイセンターに参加するようになったと述べる親も存在していた。「プレイセンター・ピカソ」のEcさん（38歳・女児2歳、プレイセンター歴4年・俳優業）は、「子育て支援サービスやイベントがすでに整っているため、重い腰を起さなくてもよいが、それ

表4-1-3　参加に至る動機・日本

「プレイセンター・ピカソ」の調査（東京都）	「恵庭プレイセンター」の調査（北海道）
・友人からの紹介やチラシ、講座を受けて ・活動理念である「**家族が一緒に成長する**」に賛同 ・受け身のサービスではないところ ・*わが子だけでなく、よその子も見る保育観* ・参加者の楽しそうな雰囲気にひかれて ・**子どもと一緒に過ごす場所を求めて**	・育児サークルを通じて参加を呼びかけられた ・市の職員に奨められて（支援センターやひろば） ・プレイセンターのシンポジウムに参加して ・**子どもと一緒に過ごす場所を求めて** ・*わが子だけでなく、よその子も見る保育観* ・育児を人任せにしない、受け身でないところ ・親たちがイキイキとし、プレイセンター全体の雰囲気がいいから

（太字：両国共通・太字かつ斜体：国内共通）

ではつまらないし、何かさびしい」と語り、自らで子育てを表現していきたいと述べている。また、スーパーバイザーのMjさん（58歳・子ども5人、プレイセンター歴8年・専業主婦・日本プレイセンター協会認定スーパーバイザー）は、「サービスする側と、サービスの受け手に分かれる日本の子育て支援にずっと疑問を感じ続けていた」と述べ、そのことへの解決策としてプレイセンターの活動に踏み切ったと語っていた。

「恵庭市プレイセンター」の参加者たちも、他の施設では、学習会などを通じて、子育て観や保育方法の擦り合わせができていないので、子ども同士がトラブルを起こした際に、もめることが多かったと語っている。そのため、多くの親たちが、プレイセンター以外の場所では、トラブルが起きないように周りとの関わりを極力避けてきたことを指摘している。恵庭市のRoさん（29歳・女児2歳、プレイセンター歴2年・専業主婦）も、他の子育て支援施設では、別の親子と交流することなく、わが子と1対1で遊ぶことが多かったという。そこでは、たとえグループができたとしても、排他的な集団となりやすく、プレイセンターのように誰でも受け入れるといった体制が整っていなかったと指摘する。こうしたことから、プレイセンターのメンバーの中には、他の子育て支援施設が持つ独特の組織文化に窮屈さを感じ、そのことを理由にプレイセンターに移籍する者がいた。その一方で、恵庭市のプレイセンターの場合は、公設ということもあり、市の積極的な広報活動や職員による誘いを理由にプレイセンターに参加する親が圧倒的に多かった。しかし、後者の参加者も活動を重ねるうちに、「育児を人任せにしない」「親を楽にさせるばかりが子育て支援ではないはず」と従来の子育て支援サービスに問題意識を持つように変化していった。つまり、多くの参加者たちは、プレイセンターへの参加を通じて、他の施設との線引きを潜在的に行っていたことが明らかとなった。

【子育て支援の主体者として】
・受け身のサービスが嫌だったから。
・わが子だけでなく、よその子も見る保育観。
・育児を人任せにしないところ。

第2節　比較2：親の教育効果

　プレイセンターでは、「親を教育者」とみなし、参加する親たちが、子どもについてや施設運営の知識および技術を学んでいる。各プレイセンターの活動方針は、プレイセンターの理念である「家族が一緒に成長する」に基づき定められており、親たちは、プレイセンターにおける子育ての互助活動を通じて、自分に対する自信や仲間への信頼感を養っていた。

　以上の観点からも、プレイセンターでは、セッションとともに親に対する学習機会が重要な要素として捉えられている。そこで、プレイセンターでの学習機会がもたらす親たちへの教育効果について分析を試みることにした（表4-2-1を参照のこと）。

(1) 共通点

　教育効果に関して言えば、すべての型の調査対象者がプレイセンターにおける学習を通して、「子どもについて深く知ることができた」と指摘した。ニュージーランドの調査対象者であるJさん（30代父親・男児5歳、プレイセンター歴2年、コース3修了・大工）は、「子どもが何か悪いことをした場合、大人はその子がなぜそうしたのかに気がつかなければならない」と語っている。さらに、Jさんは、プレイセンターのコース1や2を通じて子どもへの接し方がわかるようになったとつけ加えている。また、Gさん（34歳・男児3歳・0歳、プレイセンター歴1年、コース1修了・専業主婦）も、「子どもたちが、どのようにして遊ぶのか、遊びがなぜ子どもにとって重要なのかがわかった」と述べ、そうした子どもへの理解が子育てへの自信につながったと述べている。

　日本の参加者も同じように子どもに対する知識が増えたことをその効果として指摘している。「プレイセンター・ピカソ」のTmさん（34歳・男児5・2・0歳、プレイセンター歴6年・専業主婦）は、子どもを生む前は、子どもが嫌いだったと話す。しかし、プレイセンターの学習会を通じて、子どもにつ

表 4-2-1　プレイセンター参加者の教育効果に関する比較

Powellらの先行調査（ニュージーランド）	プレイセンター調査（ニュージーランド）	「プレイセンター・ピカソ」の調査（東京都）	「恵庭市プレイセンター」の調査（北海道）
（全国調査・上位から） ・子どもにとって必要な学習資源を提供できるようになった。 ・*子どもの学びや発達がどのようなものか理解できるようになった。* ・プレイセンターの役割を責任をもって行う自信をつけた。 ・自分自身や自分の能力に自信をもつようになった。 ・*親であることや子育てについて知識を増やした。* ・自分のコミュニティについてよりよく知れた。 ・他の親たちと関わっていく自信をつけた。 ・自分が学び手であることを自覚するようになった。 ・自分が創造的な人間であることに気がついた。 ・家族との関わりに自信が持てるようになった。	（インタビュー調査） ・**子どもについての知識獲得**。 ・**親としての自信となった**。 ・他の親と教育理念の共有ができるようになった。 ・教育者としての親を自覚するようになった。 ・わが子以外の子どもへの関心がひろがった。 ・受講料無料が学習意欲につながった。 ・少しの努力でも、プレイセンターや他の親子の役に立つことがわかった。 ・**自分自身に誇りを持つようになった**。 ・社交的な親へと変化した。 ・子どもの遊びの関心を持つようになり、子どもとの関わりが増えた。 ・セッション運営法が知れた。 ・親として、人として人間的に成長ができた。	・自分ひとりで生きているのではないという意識が芽生えた。 ・**子どもへの接し方や子どものニーズ、行動、発達がわかった**。 ・理念の共有理解が得られた。 ・育児の孤独感が解消した。 ・気持ちが前向きになった。 ・「そのままでいい」という気持ちになり、自分に対する自信がついた。 ・他の親との学習機会によって、子どもの成長をイメージできるようになった。 ・辛いことや大変なことから逃げなくなった。 ・自分の知らなかった世界を他の親から教わり、皆で一緒に成長している事の実感がわいた。 ・気持ちがオープンになった。 ・社会や子育てについて真剣に話し合える仲間ができた。 ・子育ての楽しさを実感できるようになった。	・**子どもの遊びや接し方への理解が深まった**。 ・子どもと接する際の引き出しが増えた。 ・親同士が理解し合うことで、お互いの関係が親密になった。 ・家事育児から一時的に解放されることで生活にゆとりができた。ホッと安心した。 ・気持ちが明るくなるなど心の面での効果が大きく現れた。 ・理念の共有理解が得られた。 ・他の親の子育て法を聞いて、自分の子育てに参考になった。 ・他者とのコミュニケーションが円滑になった。 ・学習会に参加することで育児の助けが得られると思っていたが、自分の行動や気づきが大切であることがわかった。 ・親だけで交流できる時間が持てるようになり、お互いの信頼関係が生まれた。

（筆者作成。すべての調査に共通する部分は、太字・斜体で表記。それぞれの国で共通しているが、国を越えた共通点になっていない部分は、太字のみで表記している）

いて理解するようになり、「こういう遊びが子どもは喜ぶんだな、喜んでくれると嬉しいなと、そういうふうに感じられるように変わったと思います」と自分の子ども観が徐々に変化していったことを言及していた。

Ro さんは、学習前は、子どもの成長や発達をよその子どもと比較することが多かったが、学習やプレイセンターへの参加を通じて「この子には、この子のペースがあると割り切れたり、いずれできるようになるだろうと長い目で見られるようになった」と子育てに余裕が出てきたと自身の子育てを振りかえっている。

Fu さん（40歳・男児6歳・3歳、プレイセンター歴4年・専業主婦）は、長男が2歳児の時に、頻繁に繰り返される彼の癇癪に悩んでいた。そして、その解決策として、一時は、息子を保育所に預けようと考えていたという。しかし、結局は、プレイセンターに参加することにした。4年経った今は、当時、きちんとプレイセンターで息子と向き合ったからこそ、子育てが楽しく変化していったのだと語っている。一方、恵庭市のGc さん（38歳・男児6・2歳・女児4歳、プレイセンター歴2年・専業主婦・日本プレイセンター協会認定スーパーバイザー）は、プレイセンターで子どもについての学習を積み重ねるうちに、「子どもにとってどういう遊びがいいのだろう」と意識して考えるようになったと話す。また、Tc さん（35歳・女児3歳、プレイセンター歴2年・生花業）やYr さん（33歳・女児2歳、プレイセンター歴2年・専業主婦）は、「子どもにダメと言わないようにするには、どのようにしたらいいのだろう」と子どもたちへの注意の促し方を考えるようになったという。さらに、自身の子育て法を常に振り返り、改善していくことが習慣化されるようになり、その作業が、子どもにも自分に対してもよい影響を及ぼしたと語っている。

【子ども理解・育児法の習得】
- 子どものニーズ、発達過程、行動の仕方など、子どもについての知識が獲得できた。
- 子どもとの接し方、遊び方、子育てのコツがわかった。
- 親とは、どういうものなのか理解できるようになった。

（2）ニュージーランド特有の教育効果

　次に、日本とニュージーランドの教育効果の相違について見ていきたい。ニュージーランドでは、プレイセンターの活動が始まってすでに70年近い歴史を持っており、その施設数も全国500カ所までに普及している。こうした背景もあり、その参加者は、プレイセンターの理念を理解した上で参加していることが予測できる。しかし、日本の場合は、プレイセンターについて深く知らないまま、参加しているケースが多い。その結果、プレイセンターの学習会に参加しながら、プレイセンターについての理解を深めていく傾向にあった。

　ニュージーランドの場合は、「自分自身や自分の能力の発見」「プレイセンターでの役割に対する理解」「親として自信」が学習の成果として語られ、親自身の自信や自尊感情が育まれていた。もちろん、日本の参加者の中にも「自信をつけた」と語る親がわずかにだが存在していた。しかし、ニュージーランドの親たちのように、その効果を「自信獲得」として認識するまでには至っていなかった。

表4-2-2　参加者への教育効果・ニュージーランド

Powellらの先行調査（ニュージーランド） （全国調査・上位から）	プレイセンター調査（ニュージーランド） （インタビュー調査）
・子どもにとって必要な学習資源を提供できるようになった。 ・子どもの学びや発達がどのようなものか理解できるようになった。 ・プレイセンターの役割を責任をもって行う自信をつけた。 ・*自分自身や自分の能力に自信をもつようになった。* ・**親であることや子育てについて知識を増やした。** ・自分のコミュニティについてよりよく知れた。 ・*他の親たちと関わっていく自信をつけた。*	・子どもについての知識獲得。 ・*親としての自信となった。* ・他の親と教育理念の共有ができるようになった。 ・教育者としての親を自覚するようになった。 ・わが子以外の子どもへの関心がひろがった。 ・受講料無料が学習意欲につながった。 ・少しの努力でも、プレイセンターや他の親子の役に立つことがわかった。 ・*自分自身に誇りを持つようになった。* ・社交的な親へと変化した。 ・子どもの遊びの関心を持つようになり、子どもとの関わりが増えた。

（太字：両国共通・太字かつ斜体：国内共通）

【親として、一個人としての自信形成】
・自分自身や自分の能力に自信をもつようになった。
・親としての自信となった。
・自分自身に誇りを持つようになった。

（3）日本特有の教育効果

　日本のケースで多く、ニュージーランドではさほど見られなかったことは、子育てへの負担感や孤独感についての語りであった。日本の対象者は、「育児の孤独感が解消した」「そのままの自分でいいことがわかった」「育児で辛いことや大変なことから逃げなくなった」「家事育児から解放され生活にゆとりができた」などと語り、プレイセンター参加前は、子育てに疲弊していたことが垣間見られた。しかし、プレイセンターへの参加や親同士の学び合いを通じ、子育ての負担感が軽減され、気持ちが楽になっていることが明らかとなった。こうした心理的な効果は、ニュージーランドよりも日本で顕著に見られた。

表4-2-3　参加者への教育効果・日本

「プレイセンター・ピカソ」の調査（東京都）	「恵庭市プレイセンター」の調査（北海道）
・自分ひとりで生きているのではないという意識が芽生えた。 ・子どもへの接し方や子どものニーズ、行動、発達がわかった。 ・*理念の共有理解が得られた。* ・育児の孤独感が解消した。 ・*気持ちが前向きになった。* ・「そのままでいい」という気持ちへなり、自分に対する自信がついた。 ・*気持ちがオープンになった。* ・辛いことや大変なことから逃げなくなった。 ・*社会や子育てについて真剣に話し合える仲間ができた。*	・子どもの遊びや接し方への理解が深まった。 ・子どもと接する際の引き出しが増えた。 ・*親同士が理解し合うことで、お互いの関係が親密になった。* ・家事育児から一時的に解放されることで生活にゆとりができた。ホッと安心した。 ・*気持ちが明るくなるなど心の面での効果が大きく現れた。* ・*理念の共有理解が得られた。* ・他の親の子育て法を聞いて、自分の子育てに参考になった。 ・他者とのコミュニケーションが円滑になった。

（太字：両国共通・太字かつ斜体：国内共通）

【精神的なゆとり効果】
  ・気持ちが明るくなるなど心の効果が大きく現れた。
  ・学習前と比較し、気持ちがオープンに前向きになった。
  ・共通理念を共有することで、他の親と親密になり、トラブルが怖くなくなった。

第3節　比較3：地域コミュニティのネットワーク形成について

　ここで、地域コミュニティや子育てネットワークについての比較分析を試みる（表4-3-1参照のこと）。

（1）共通点
　まず、どの地域の対象者においても、参加者同士の親子交流が盛んに行われており、親も子も友人や仲間作りに成功していた。また、プレイセンターにおいて共通の理念があることで、子育てのトラブルが少なく抑えられ、平和的な活動状況を評価し、「よい仲間とめぐり会えた」「センター内の雰囲気がいい」と語っていた。
　さらに、地域コミュニティとの関連性では、「プレイセンターこそがコミュニティ」「自分達の活動がコミュニティに貢献している」「協働しながら親子のコミュニティを作っている」など、参加する親が子どもの教育者として、また、地域活動の担い手として意識しながらプレイセンターに参加するようになっていることが明らかとなった。

【コミュニティ活動をしながら、友人をつくるところ】
  ・プレイセンターは、地域コミュニティそのもの。
  ・地域の親子との交流ができる。
  ・友人ネットワークの構築。
  ・コミュニティに対する直接的な貢献を果たしている。

表 4-3-1　地域コミュニティ・ネットワーク形成に関わる参加者の経験

Powellらの先行調査 (ニュージーランド)	プレイセンター調査 (ニュージーランド)	「プレイセンター・ピカソ」の調査（東京都）	「恵庭市プレイセンター」の調査（北海道）
《他の大人との関係性》 ・*プレイセンターで出会った親同士の仲間がとてもよい。* ・*新しい友だちができた。* ・自分が価値ある人間として受け入れられている実感。 ・簡単に皆に溶け込めた。 ・自分の能力についての価値に気付くことができた。 ・サポートが必要な時にメンバーに頼ることができる。 ・プレイセンターの外での関心ごとを共有できる。 《コミュニティにおけるプレイセンターの役割》 ・家族に教育的恩恵を与え、コミュニティに対する間接的な貢献を果たしている。 ・他の幼児教育ない選択肢。 ・コミュニティに対する*直接的な貢献*を果たしている。 ・地域の施設とのつながり。	(インタビュー調査) ・施設間の連携ができる（特に地元の小学校）。 ・独自の育児支援ネットワークの確立（妊娠、出産時外出等の互酬システム）。 ・公共心や協働の精神の育み。 ・*地域親子との交流ができる。* (アンケート調査) ・小学校内にプレイセンターがあり地元との関わりができるようになった。 ・*親やセンターの雰囲気がよく子どもがなついている。* ・環境悪化するなか、プレイセンターでは、安全に遊べる。 ・徒歩圏内にプレイセンターがあり、地域と密着できる。 ・*親も教育者。コミュニティの活動に関われる。* ・友人ネットワークの構築。	・独自の育児支援ネットワークを確立（幼稚園送迎、預け合いなどの互酬システム）。 ・地域の仲間との精神的なつながりを感じるようになった。 ・*地域親子との交流ができる。* ・プレイセンターは、メンバーとの協働活動を通じて培った親子のコミュニティである。 ・プレイセンター活動を通じて、わが子だけでなく社会全体を見据える視野を持てるようになった。 ・悩みごとなどを率直に話せる親切で温かくていい人たち。	・*プレイセンターは、地域のコミュニティそのものだと感じている。* ・お互いの子どもを見守る親同士の関係ができた。 ・*地域親子との交流ができ友人が増えた。* ・心でつながっている地域の友人ができ情緒面で安定し気持ちにゆとりが生まれた。 ・友達はたくさんいるので、地域では、ママ友はいらないと思っていたが、今はプレイセンターの親たちをかけがえのない、よい仲間だと思っている。

(筆者作成。すべての調査に共通する部分は、太字・斜体で表記。それぞれの国で共通しているが、国を越えた共通点になっていない部分は、太字のみで表記している)

（2）ニュージーランド特有のコミュニティに関する語り

　次に、日本とニュージーランドの親たちの意見で相違していた点を示すことにしよう。ニュージーランドの参加者は、Powell らの全国調査でも示されているように、全体の約半数近くの対象者が自宅から 0 ～ 2km にプレイセンターがあると回答している。また、ニュージーランドのプレイセンターは、小学校内に設置されていたり、隣接されている場合も多く、地元の小学校との連携を評価する親が多数存在していた。しかし、日本の場合は、プレイセンターの数が全国で約 10 カ所と絶対数が少なく、広く普及していないため、地元の他の教育機関との連携やつながりは、ニュージーランドと比べ薄かった。

　さらに、メンバー相互のインフォーマルな子育て支援を重宝する参加者が非常に多く、そのことのメリットは、参加者によって自明視されていた。こうしたプレイセンター外のメンバー同士の育児や家事のサポート関係は、「恵庭市プレイセンター」以外のすべてのプレイセンターで構築されおり、そこを高く評価する親が多くみられた。

　プレイセンターにおいて相互扶助の関係があったからこそ第 3 子を産もうと決意したニュージーランドの参加者 L さん（30 代・男児 0 歳・女児小 2・4 歳、プレイセンター歴 7 年・コース 2 修了・専業主婦）は、「ここのプレイセンターの人たちというのは、何か家庭で、何か問題というか大変なことがあると、ほかのメンバーのお母さん方が食事を届けてくれたりとか、子どもさんの送り迎えを手伝ってくれたりとか、そういうのをみんな進んでやってくれるんですよ」と語り、そうした経験がコミュニティへの所属感にもつながったという。このような回答は、「プレイセンター・ピカソ」のメンバーからも指摘がされていた。Yc さん（39 歳・男児 3 歳・妊娠中、プレイセンター歴 4 年・専業主婦）は、第 2 子を妊娠中に、お腹の子どもの病気が発覚し、入院を余儀なくされた経験を持つ。Yc さんの状況を知った、「プレイセンター・ピカソ」のメンバーは、Yc さんの代わりにプレイセンターに来ることになった祖母や長男の面倒を見たり、手紙や言葉で Yc さんを励まし続けた。結果的に、第 2 子は、生後すぐに亡くなってしまったが、Yc さんは第 3 子がいるお腹をさすりながら「ピカソがなかったら、どうだろう、今お腹に赤ちゃんが本当にいたか

表4-3-2 コミュニティにおける参加者・ニュージーランド

Powellらの先行調査（ニュージーランド）	プレイセンター調査（ニュージーランド）
《他の大人との関係性》 ・プレイセンターで出会った親同士の仲間がとてもよい。 ・新しい友だちができた。 ・自分が価値ある人間として受け入れられている実感。 ・サポートが必要な時にメンバーに頼ることができる。 ・プレイセンターの外での関心ごとを共有できる。 《コミュニティにおけるプレイセンターの役割》 ・家族に教育的恩恵を与え、コミュニティに対する間接的な貢献を果たしている。 ・コミュニティに対する直接的な貢献を果たしている。	（インタビュー調査） ・施設間の連携ができる（特に地元の小学校）。 ・*独自の育児支援ネットワークの確立（妊娠、出産時外出等の互酬システム）。* ・公共心や協働の精神の育み。 ・地域親子との交流ができる。 （アンケート調査） ・小学校内にプレイセンターがあり地元との関わりができるようになった。 ・親やセンターの雰囲気がよく子どもがなついている。 ・徒歩圏内にプレイセンターがあり、地域と密着できる。 ・親も教育者。コミュニティの活動に関われる。 ・友人ネットワークの構築。

（太字：両国共通・太字かつ斜体：国内共通）

なって思いますね」とプレイセンターのメンバーから精神的に助けられた体験を語っている。

さらに、3人目、4人目が双子だとわかり、医師から絶対安静を申し渡されたM1さん（プレイセンターOG）も、長女の幼稚園の送り迎えをプレイセンターのメンバーに担当してもらった。M1さんは、そのことを家族の危機が乗り越えられた経験として捉えている。上記に示してきた親同士の子育てネットワークは、プレイセンターの活動を継続していくうちに、自然発生的に形成されたものであり、特にニュージーランドではそのシステムが強固に保持されていた。

ある参加者は、「親たちがサービスの受け手としてだけでなく、担い手として循環していくことが大切である」と語り、親が協働するプレイセンターだからこそ可能なシステムなのだと指摘している。このような相互扶助の積み重ねが、ニュージーランドの親たちが述べる「公共心や協働の精神」の源となり、

自分達の住む地域や社会について考えていく力となっていた。

【地域コミュニティ連携した子育てネットワークの確立】
- プレイセンター独自の育児ネットワークができた（妊娠や出産、外出時の相互支援）。
- サポートが必要なときに、メンバーに頼ることのできる関係性。
- 他の施設との連携がとれる点ですばらしい（特に小学校）。
- 小学校内や近隣にプレイセンターがあり、地元との関わりが増えた。

（3） 日本特有のコミュニティに関する語り

　日本で共通していた事項は、「精神的なつながり」や「心がつながっている友人」など、情緒的な絆をプレイセンターで築いたとの指摘であった。このような精神的緊迫感は、ニュージーランドの語りの中では、ほとんど示されていなかったことから、日本独自の子育て環境や親同士の関係性の希薄さからくる問題であるといえよう。

　プレイセンターでは、誰でも参加できる活動であるが、その一方で、参加者の活動に対する貢献も求められている。そこでは、親一人ひとりの力が尊重されており、メンバーの協働活動を通じてプレイセンターの運営が支えられている。こうした活動は、日本の子育て支援現場では、今のところほとんど存在してない。そのため、親たちは、プレイセンターでの活動を通じて、お互いがつながり合えたことを実感していた。さらに、親同士のつながりの重要性に気づいたことで、子育てに対する気負いがなくなり、精神的に楽になったと評価している。

【精神的なつながりを醸成するコミュニティ活動】
- 地域の仲間との精神的なつながりを感じるようになった。
- 心でつながっている地域の友人ができ、情緒面で安定した。
- 孤独な子育てから解放され、気持ちにゆとりができた。
- 自分ひとりで子育てをしているのではないと思えるようになった。

表 4-3-3 コミュニティにおける参加者・日本

「プレイセンター・ピカソ」の調査（東京都）	「恵庭市プレイセンター」の調査（北海道）
・独自の育児支援ネットワークを確立（幼稚園送迎、預け合いなどの互酬システム）。 ・*地域の仲間との精神的なつながりを感じるようになった。* ・**地域親子との交流ができる。** ・プレイセンターは、メンバーとの協働活動を通じて培った親子のコミュニティである。 ・プレイセンター活動を通じて、わが子だけでなく社会全体を見据える視野を持てるようになった。 ・悩みごとなどを率直に話せる親切で温かくていい人たち。	・プレイセンターは、地域のコミュニティそのものだと感じている。 ・お互いの子どもを見守る親同士の関係ができた。 ・**地域親子との交流ができ友人が増えた。** ・心でつながっている*地域の友人ができ情緒面で安定し、気持ちにゆとりが生まれた。* ・友達はたくさんいるので、地域では、ママ友はいらないと思っていたが、今はプレイセンターの親たちを欠けがいのない、よい仲間だと思っている。

（太字：両国共通・太字かつ斜体：国内共通）

第4節 小　　括

　本書では、Powellらが実証した、「親のプレイセンター参加経験がソーシャルキャピタルの蓄積に寄与する」という言説が、日本における子育て支援の文脈においても証明できるかについて解明することを目的に、調査・研究に取り組んできた。本章では、以上の課題を取り組むために、両国の参加者の比較検討を行った。以下、明らかになった知見を示すこととする。

（1） ニュージーランドの参加者
1） 子どもの社会性を育む
　ニュージーランドでは、親が社会との接点としてプレイセンターを選ぶ傾向はほとんど見られず、「子どもの社会化」を試みる最初の場所としてプレイセンターを選んでいた。親たちは、わが子に対し、「プレイセンター内の人間関係を通じて、社会性を身につけてほしい」と期待していた。さらに、親が子どもの教育に関与できる点や家から近いコミュニティ活動としてプレイセンター

に参加していた。

2）親になるための学習

　また、少産少死の時代にあって、幼い子どもと触れ合う機会の少ない現代の母親世代にとって、プレイセンターにおける学習機会は、プレイセンターの理念を確認しながらも、「子ども」について学ぶ「Parenting（親になるための知識・技能の習得）」の機会となっていた。特に、地方都市では、主要都市の参加者ほど学歴が高くなかったため、プレイセンターによる学習機会が無償で受けられることに対し賞賛をしていた。また、その機会は、個人への自信、つまり親自身のエンパワーメントに大きく影響を与えていた。

3）子育て支援ネットワークとしてのプレイセンター

　プレイセンターの参加者は、インフォーマルな相互支援をプレイセンターのネットワークを利用して行っていた。彼らは、子どもの預け合いや食事の提供などを通じて、日常生活の困難さを解消していた。また、その経験が、メンバーのつながりや絆を育て、プレイセンターの運営をより円滑なものへと導いていた。さらに、地元の小学校との連携は、親だけでなく、子どもに対しても安心感を与え、参加者の地域コミュニティに対する愛着感情に深く影響を及ぼしていた。

（2）日本の参加者

1）子育ての居場所

　日本の参加者は、子どもとともに日中を過ごす場所を求め、プレイセンターに参加している親が多かった。そして、プレイセンター内での子育てに関する共通認識が、育児上のトラブルを乗り越えるための力となっていることが示された。現在、日本の子育て支援施設として全国に広がっている「子育て支援センター」や「つどいのひろば」では、専門の保育士やスタッフが中心となり、実施に関する企画・運営が行われている。こうしたことから、現場サイドでは、子育て支援をすればするほど、親の自立を妨げる要因となっている実情が懸念されている。そのため、プレイセンターの参加者の中には、サービスの担い手とサービスの受け手に境があることを危惧し、親自らがサービスの担い

手になるべきであると考え、プレイセンターを選択する者がいた。
2）育児・家事からの解放と語り場としての学習会
　プレイセンターの特徴である親教育について、その効果を以下に示すこととしよう。学習会を通じて、ニュージーランドの親たちは、「親としての自信」や「自分の能力に対する自信」をつけていた。一方、日本のケースでは、学習会において「自分自身について語る」の経験が、子育てに対するゆとりや安心感につながっていた。さらに、親が学習する際に、子どもが一時的に託児される機会は、親にとって「育児・家事からの一時的な解放」となりそこを高く評価する者もいた。

　彼らは、学習を理由にした託児であれば、気持ちよく受け入れられると述べていた。こうした語りから、日本の親たちが「よい母親でいる」ことと「息抜きをしたい」こととのダブルバインドに苦しんでいることが浮き彫りとなる結果となった。

3）精神的な拠り所
　日本の参加者は、プレイセンターを通じた人間関係によって、精神的に安定した経験を指摘した。人と人とのつながりや関係が希薄化しているといわれている現代の日本では、地域の親子がお互いにつながり合う経験を持つことで、心理的なゆとりを作りだすことが本調査から示された。ところが、他の子育て支援施設では、活動理念が共有されていないばかりか、メンバーが固定されていないため、情緒的な絆が得られにくいことがわかった。そのため、関係性のなかで育まれる連携や心のゆとりといったメリットこそがプレイセンター独特のよさであると参加者からは把握されていた。

第5節　結　　論

　本書では、親が子育てネットワークを持つことの重要性を示すため、親同士でつながり合い、学び合う経験によって形成されるソーシャルキャピタル機能とその効果に着目した。これまでのわが国の子育てをめぐるネットワーク研究では、親族・非親族・地域・密度の尺度から、育児ストレスの増減を分析する

ものが多く、実証研究の蓄積が少なかった。つまり、「教育者である親」すなわちソーシャルキャピタルとして親の存在に焦点をあてた研究はほとんどなされてこなかった。大宮（2006）は、親こそ「わが子のエキスパート」であり、親たちが「今ある子どもの生活」を見ることこそが大切であり、そのことが保育の質を支えるのだと指摘している。このような意味でも「子育ての当事者としての親」に着目することが重要になってくる。そのため、本書では、親たちが運営する幼児教育施設としてのプレイセンターを調査の対象とし、そこに参加する日本とニュージーランドの親たちを比較分析してきた。

　既述のとおり、ニュージーランドのプレイセンターでは、政府認可の幼児教育のひとつとしてプレイセンターが選択されていた。そして、プレイセンターは、子どもや子育てを社会化する手段として利用されていた。さらに、ニュージーランドの親たちは、プレイセンターを通じた関わり合いのなかで、互いの信頼感や絆を結び、相互扶助のネットワークを形成していた。そのことはまた、地域コミュニティに対する所属感にもつながっていた。

　日本のプレイセンターにおいては、子育て支援のひとつのサービスとして参加を始める親たちが多かった。また、日本の参加者は、ニュージーランドの参加者ほど、子育てを肯定的に捉えていなかった。しかし、活動の過程で、子育てに対する否定的な感情が和らいでいっていることが確認できた。

　このように、日本とニュージーランドでは、文化はもちろんのこと、親の意識や子育て環境が異なるため、同質のソーシャルキャピタルが蓄積されることはなかった。しかし、どちらのプレイセンターでも、親たちはプレイセンターへの協働運営を通じて、「子どもに対する理解」「親としての自覚」「精神的なつながり」「子育てネットワークの形成」を獲得していることが明示された。

終　章

ソーシャルキャピタル蓄積における
プレイセンターの役割

　本書では、第1章で示した目的と研究課題に基づき、プレイセンターへ親たちが参加することによって形成されるソーシャルキャピタルの機能について、ニュージーランドのプレイセンター（第Ⅰ編第2章）と日本のプレイセンター（第Ⅱ編第4章）を事例として扱い、それらの活動実態を参加者の語りやアンケート調査などをもとに明らかにしてきた。続く、第5章では、日本とニュージーランドの事例を比較分析した。

　本章では、研究結果の要約とともに本書で得られた知見や今後の課題、および提案を行っている。つまり、本書で取り組んできた課題と本書で採用した研究方法を再度、簡略に提示し、プレイセンターの社会的意義を確認していく。あわせて、今後のソーシャルキャピタル研究や子育て支援の諸制度を考える際に、重要となる「子育て当事者としての親」とその主体性や自律性について、その支援のあり方を論じながら示すこととする。

第1節　要　　約

　本書では、現代日本で問題視されている子育ての孤立化やそこから生じる閉塞感や負担感に着目している。研究における目的は、これらの問題に対する打開策として、ニュージーランドのプレイセンター活動を取り上げ、日本の子育て支援現場でそのシステムを活用することにより、親同士の互酬性が高まり、地域におけるソーシャルキャピタルとして機能するのかについて検証すること

であった。

　高度に産業化する以前の日本社会では、家族というものは、小集団からなる「第一義的な福祉追求集団」であった（森岡：1993）。しかし、産業社会になると、家族の規模や機能は縮小し、ゲマインシャフト的な社会関係が希薄になっていき、ゲゼルシャフト的な社会関係が増大していった（渡辺：2000a）。Parsons（2001）は、こうした近代家族（落合：1994）の象徴である、核家族こそが人間社会における基礎組織と捉え、そこに残された機能として、子どもの社会化と成人のパーソナリティーの安定化を指摘した。このような社会を迎えると、子育てを担う者やその役割も変化していった。具体的には、子ども時代における親の教育役割が強化され、主婦が画一化し、母親が子育ての専一的な存在へと変容した。現在では、「脱近代家族」となり、さらに家族の機能が細分化し、親個人の家庭運営に対する裁量権が高まってきている。

　以上のようなことから、高度に産業化した社会では、脱伝統化が加速し、ライフスタイルが個人化（目黒：2007）していくことで、それぞれの選択肢が拡大していった。しかし、その一方で、社会構造の個人に対する制約が加わることとなり、リスク社会へと向かうこととなった（Beck：1986、山田：2004）。このような論理は、子育ての分野においても共通していえる。つまり、親が子育て法を選択する上でもさまざまな制約がなされ、そのことが育児不安や育児ストレスにつながっている。

　現代の子育て環境は、地域コミュニティからの干渉がないがために、「親としてのネットワーク」が狭まり、子育て期の母子が家庭内にカプセル化してしまう仕組みを招いている。近年のわが国の子育てに関する議論では、こうした母親たちの負担感を取り除き、育児ストレスの少ない環境にするために、子育てのネットワークを再編すること（落合：1994）、なかでも緩やかな関係性（松田：2008）を築いていくことが急務だとされている。

　国レベルでは、1994年の「エンゼルプラン」以降、さまざまな子育て支援が取り組まれるようになった。しかし、中谷（2008）は、昨今の子育て支援をめぐる事業について、①「母親役割」に限定した取組み、②行政や支援者が親をお客さんとして招く取組みが中心に進められていることを指摘している。

さらに、中谷は、こうした取組みによる弊害についてを懸念しており、親たちが内発的に発展しあえるような活動が重要であると説いている。

　野々山（2004）は、子どもの育ちにとって本当に必要なものは、しっかりと遊んでくれる親、つまり、子どもの地位を保障する大人の存在であり、行政は、「家族の遊び力」を高めるような支援をしていくべきだと指摘している。このことは、中谷のいう、親の内発的発展論、つまり、子育て世帯へのエンパワーメント支援という点で共通している。

　以上に示したように、わが国の先行研究では、親たちの置かれている子育て環境を危惧し、専門職が親子を支援することでその環境を改善していくとする視点や子育て世帯を支える地域ネットワークの役割と重要性を強調する視点などに集中してきた。しかし、そこでは、親同士のネットワーク構築や親を教育者としてみなすことについては議論がなされていない。むしろ、子育て中の親を、子育て支援の担い手とするより、受益者として捉えているため、親として成長していくプロセスや当事者同士を資源とする点からの実証研究が進んでこなかった。

　そこで、本書では、親である当事者が子育て支援施設に参加することを通じて、①ソーシャルキャピタルを蓄積していくのか、②相互扶助といったお互いの助け合いを経験することになるのか、③また以上があるとすれば、個人や地域に還元されることはどのようなことなのかを解明するため、調査に取り組むこととした。事例研究では、ニュージーランド発祥の親たちによる協働保育活動であるプレイセンターを研究対象とし、日本・ニュージーランドの参加者たちへの調査を行った。

　ニュージーランドの近年の研究では、親は子どもにとっての教育者であるだけでなく、プレイセンターやコミュニティにとって有益なソーシャルキャピタルを創出する担い手であることが実証されている（Powell et al.: 2005）。本書においては、Powell らがプレイセンターの親たちを対象に実施したソーシャルキャピタルの研究を援用し、日本においてもプレイセンターに参加する親たちが、ソーシャルキャピタルの特徴である信頼やつながりを媒介に、相互補完的な働きをしているのか検証を試みている。その結果、親たちは、プレイセン

ターに参加することにより、自らを「教育者」として位置づけ、学習会や協働運営を通じて、参加者同士の絆や信頼関係を構築していることが明らかとなった。本書の分析では、プレイセンターの活動を通じた親たちの変化のプロセスを評価するため、「参加動機」「親教育の効果」「地域コミュニティとの関係性」を研究の概念として設定し、親たちのソーシャルキャピタル性を示してきた。

本書の第Ⅰ編、第Ⅱ編は、実証編とし、日本とニュージーランドのプレイセンターに参加する親たちを対象にインタビュー調査、資料収集、参与観察、アンケート調査を実施した。また、Powellらの先行研究に倣い、主要都市だけでなく、地方都市のプレイセンター参加者にも調査を試みている。日本の場合は、プレイセンターの絶対数が少ないため、東京地区の民間によるプレイセンターと北海道地区の行政によるプレイセンターを調査対象として抽出することとした。

以下では、本書で明らかになった知見を項目ごとに整理して提示することにする。

第2節　まとめと考察：プレイセンターとはいかなる場所か

本節では、日本とニュージーランドの事例研究を通じて、参加者から得られたプレイセンターの社会的特徴を本書の課題となる、①個人への参加効果、②学習会での親に対する教育効果、③地域コミュニティとのつながりに集約し、以下にまとめることとする。

（1）社会のなかで子育てをする場

最初の視点は、プレイセンターを参加する動機を明らかにすることによって、導き出される社会的背景、子育て環境の実態を把握し、個人への参加効果を考察することであった。

ニュージーランドの参加者は、プレイセンター内での子育てネットワークに価値を置いていた。そのため、プレイセンターへの参加を「子育てからの

解放」と位置づけておらず、むしろ「子どもの社会性」を身につけるプライマリー・エージェントとしてプレイセンターを選択していた。さらに、「家庭から近い幼児教育の場」「地元の教育機関との連携」というアクセスの便利さを理由に参加していた。

　日本の場合は、「親子の遊び場」として参加する者が多く、家庭以外の親子が過ごす居場所として選択される傾向にあった。また、親たちは「家事・育児から手抜きできる場所」と語り、普段の役割から解放される場所として活用していた。その結果、参加者は、プレイセンターの活動を通じて「安心感」や「余裕」を感じるようになったと回答した。このことから、日本の母親たちが、いまだに性別役割分業意識に拘束されていることが明らかとなった。つまり、「よい母親」でありながら母親役割だけではない「等身大の自分」になれる場所としてプレイセンターを選ぶ傾向にあったということになる。

　また、プレイセンター以外の「子育て支援センター」や「つどいの広場」などでは、不特定多数の親子を対象にしていることから、親たちは、子ども同士のトラブルを敏感に意識していた。そのため、それらの場所を介して「子どもの社会性」を育み、「親子の過密な関係」を緩和する機会を得るどころか、逆に親子の関係性を強化し、その密着度を高めていた。こうした結果、何人かの親たちは、上記で示した閉鎖的な親子関係に窮屈さを感じ、プレイセンターに移籍することを決めていた。プレイセンターでは、登録したメンバーが、共通の理念を持ちながら子育てをしていくため、その規範が親子関係の拘束を回避し、メンバー全体で子育てをしていくという独自の子育て文化を育んでいた。

（2）親も子も共に成長する子育て支援の場

　これまでの日本の子育て支援事業を振り返ってみると、その特徴として親と子どもを別々に分けて支援する取組みが多いことが挙げられる。そのため、従来の支援施策には、プレイセンターで共有されているような「教育者としての親」や「家族が一緒に成長する」という視点が見られない。さらに、子育て支援を行う際に、親自身を支援していくことの重要性が謳われるようになってきてはいるものの、結果としては、親の「子育て負担の軽減」を最優先してい

る。つまり、そこには、親が子育てを通じて成長しあう機会を提供していくという視点が見当たらない。確かに、緊急を要する家庭に対しては、親の負担を減らし、子育てを代替することで、その親子に対する「健全な家庭生活」を保障していくことが重要となってくる。しかしながら、一般の家庭に対しても「負担感」を除去するだけの子育て支援を行っていけば、それらは、問題への対処にはなるものの、決して問題を予防することや解決することにはつながらない。ニュージーランドであれ、日本であれ、親は未熟な存在である。そして、親というものは経験を重ねながら「親」になっていくのである。このような価値観が浸透するニュージーランド社会では、親たちのありのままを受容し、親が親として成長する機会を提供している。とりわけ、プレイセンターでは、親の成長を支えるだけでなく、親の教育権やケア権（池本：2003c）を尊重しており、安定的な子育て環境を保障する親子の居場所となっている。以上のような土壌もあり、ニュージーランドの参加者たちは、プレイセンターの活動を通じて「親としての自信」を身につけていた。

　日本の場合、プレイセンターの親たちは、「子ども」について経験的に学ぶ機会を得ていた、そして、それらの経験が自らの子育てに役立ったと評価していた。さらに、このような機会は、親たちの子育てサービスに対する依存度を軽減する効果を促していた。

(3) コミュニティへの帰属意識を育て、貢献する場

　両国のプレイセンター参加者は、プレイセンターを介した他の親子との社会的な接触を通じて、自分自身がコミュニティの一部となっていることを実感していた。また、「家族が一緒に成長する」というプレイセンターの理念を共有することは、参加者間の協働精神を育むことに寄与した。その結果、プレイセンターに参加する親たちは、「わが子と同じようによその子も可愛い存在であること」を認識するようになっていった。そして、こうした意識の変化は、親たちのプレイセンターに対する活動意欲を向上させていた。

　日本の親たちは、プレイセンターで活動する前は、「よその子が悪いことをしても、わが子に影響を及ぼさなければ、関与しなかった」ことを告白した。

しかし、プレイセンターで他の親たちと協働運営をするうちに、「わが子とよその子の垣根がなくなった」と指摘した。また、一人の保育者として、子どもの良い行いを褒めるだけではなく、悪い行いに対しても注意を促せるようになったことを言及した。

　調査対象となったほとんどのプレイセンターでは、親同士が学習会や日々のセッションを通じて関わり合うため、相互の子育て観を理解するようになっていた。また、このような理念の擦り合わせは、メンバー間の信頼関係を醸成させ、プレイセンター以外の場所においてもお互いの子育てを支援し合う体制を作りだすための要因となっていた。つまり、彼らは単に子育てに関してだけではなく、家庭生活に関わる物資的、技能的、情緒的な支援を提供しあう関係となっていた。

　プレイセンターの参加者は、卒園後（「恵庭市プレイセンター」は、調査時において発足から間もなかったため該当者なし）についても長期間にわたる社会的なサポート・ネットワーク、つまり互助システムを共有していた。このような経験は、参加家族のプレイセンターやコミュニティに対する帰属意識を育み、また、それぞれの親たちの貢献が、プレイセンター内の物質的、社会的、創造的な資源を増大させていた。

　さらに、蓄積されたプレイセンターでの諸資源は、親たちが参加前に抱えていた個人的、社会的な孤立感に対する解決策にもなっていた。

第3節　日本におけるプレイセンター活動の社会的意義と課題

　日本において、最初に、プレイセンターの活動紹介がなされたのは、2000年のことである。ちょうどこの頃は、少子化対策の一環として地域子育て支援事業が全国各地で盛んに展開されはじめた時期であり、日本における子育て支援活動が飛躍的に展開した時期でもある。それ以前の施策では、専業主婦に対する子育て支援事業は立ち遅れていたが、「子ども・子育て応援プラン」以降は、すべての子育て家庭に対する支援に力が注がれるようになっていった。だ

が、子育て支援の現場において採用されてきた支援の方法は、保育士などの専門スタッフによるトップダウン型の取組みがほとんどであった。その結果、「地域子育て支援センター」や「ひろば」をはじめとする子育て支援の多くの場所では、親たちがサービスを消費するという子育て文化が蔓延していった。

　プレイセンターを日本に導入した池本（2003）は、こうした日本の子育て支援のあり方に疑問を持ち、子育て支援が進めば進むほど、それらが親たちの「子育てを楽しむ権利」や「子どもの教育に関与する権利」を奪っていると指摘し、親たちの潜在能力を引き出す子育て法としてプレイセンターを紹介するに至った。池本の述べるように、プレイセンターでは、親を子どもにとっての教育者とみなしている。そのため、参加する親たちは、活動を通じて学びあい、当事者同士の子育てネットワークを形成することで、その運営に貢献した。

　ニュージーランドの先行研究では、親がプレイセンターに参加することにより、その効果としてソーシャルキャピタルが蓄積されることが実証されている（Powell et al.: 2005）。

　本調査においても、Powellらの研究結果と同様に、調査対象者である両国の親たちは、プレイセンターでの参加経験を通じてソーシャルキャピタルを蓄積していた。とりわけ、親たちは、「子どもに対する理解」「親としての自信」「精神的なつながり」「子育てネットワークの形成」を参加による効果として指摘した。

　これらの回答は、活動の長さにも影響しており、より長い期間、プレイセンターにコミットメントした親は、より豊かなソーシャルキャピタルを蓄積する傾向にあった。このことは、ニュージーランドにおける研究でも、立証されている（Powell et al.: 2005）。

　また、興味深い両国の相違としては、ニュージーランドのプレイセンターが幼稚園や保育所に並ぶ幼児教育施設として認識されているのに対して、日本では、政府が提供している「子育て支援センター」や「つどいのひろば事業」と同類の子育て支援サービスとして把握されていることである。このことは、両国における子ども政策の立脚点が異なることに起因しているのであろう。いず

れにしても、わが国では子どもの居場所と親へのサポート体制が多様化してきていることは事実である。しかしながら、親を教育の供給者として捉えるニュージーランドのような子育て観は、日本ではまだ一般化していない。

　さらに、本書における大きな発見は、ニュージーランドの多くの親たちが、「自分に対する自信や価値の高まり」をプレイセンターで得られた効果と述べていたことに対して、日本の親たちが、「精神的な救い」「仲間との情緒的なつながり」といった精神的または心理的効果を指摘した点にある。このことは、おそらく、プレイセンターでの関わりというよりはむしろ、お互いの国で議論となっている子育て環境をめぐる問題が影響しているのであろう。

　つまり、ニュージーランドでは、幼児教育の質の重要性が強調され、母親は、家庭にとどまるのではなく、社会で働き、子どもを専門的な教育機関に委ねることが推進されている。こうした文脈では、母親が専業主婦としての役割に従事することを、より価値の低いものとして捉える動きが加速してもおかしくない。そのため、働く母親が少数であるプレイセンターでは、プレイセンター活動への貢献が、親にとっての自信を身につける機会となっていた。

　一方、日本においては、少子化の影響を受け、働く母親に対する保育所の拡充を進めるとともに、専業主婦に対する家庭支援にも力を注ぐようになっている。日本における子育てをめぐる議論では、育児ストレスや孤独な子育て環境について懸念されることが多く、子育て支援の充実が子育ての負担感を軽減させる対策になると語られることが多い。その結果、本書においても、プレイセンターに参加することによって「気持ちが楽になっている」と語っているのだと推測できる。

第4節　今後の研究課題・提言

（1）課　題

　以下に、本書に残された課題を4点示したい。
　第1に、本書では、子育てのもうひとりの当事者である父親に対する分析

がなされなかった。次の研究では、一般的に家事・育児の参加率が高いとされるニュージーランドの父親と日本の父親とを比較し、彼らの意識や労働条件などさまざまな視点から分析を進めたい。そのことは、また、父親におけるソーシャルキャピタルの可能性を探ることにもつながるであろう。さらに、こうした成果は、プレイセンター活動の発展に寄与するだけでなく、わが国における子育て支援事業を推進していくための重要な示唆を提供してくれるに違いない。

第2に、筆者の調査は、Powellらが実施した大学機関の研究チームによる全国調査に対し、非常に狭く、スケールの小さな調査であるため、参加者の属性や地域性、文化的相違に対して十分配慮した分析には至らなかった。特に、地域の違いは、ニュージーランドと比較すると、日本の場合は、際立った差異は生じていなかった。

第3に、ニュージーランドのプレイセンターは、歴史ある政府認可の幼児教育機関であり、また社会全体に成人教育や生涯学習の習慣が浸透している。そのため、プレイセンターにおいても、親に対する学習体系がしっかりと確立されており、親の学習態度も能動的であった。しかしながら、日本の場合は、「親が子育て中に学習する」という文化を持ち合わせておらず、親の学習参加に対する賛同が得られにくい環境となっていた。したがって、日本においても「子どもと一緒に成長する」という内発的な発展機会を誰もが持てるように検討を進めていくことが求められる。

第4に、日本では親たちが子育てをする際、どうしても専門家の意見やマニュアルを重要視する傾向が強く、このことが課題となっている。つまり、わが国では、「親が保育のプロ」になることへのコンセンサスが得られにくい状態にある。もちろん、ニュージーランドにおいても同様の見解を示す親は存在するが、日本ほどは強くない。以上のように、一定の形式に固執しがちなわれわれの国民性を問うことも、今後の課題として視野に入れておくべきであろう。そのためには、日本の事例についての調査研究を継続していき、その成果を蓄積していくことが求められる。

(2) 提　言

　次に、日本におけるプレイセンター活動の普及をめぐる提言をいくつか示しておくことにしよう。

　日本の場合、プレイセンターの歴史も浅く、乳幼児を持つ「親を教育者」とする視点が世論にない。そのため、親がプレイセンター内で、スーパーバイザーの役割を果たすことが現実的に困難となっている。それゆえ、わが国では、プレイセンターの活動を行う際に中心となるスーパーバイザーの役割を親たちだけで担える体制を整えていくことが将来的な目標となる。それまでの代案として、今後日本で新たなプレイセンターを発足させる場合には、スーパーバイザーを外部委託し、活動を始めていくことを提案したい。ニュージーランドにおいても、1940年代の活動初期には、スーパーバイザーを幼稚園教諭に委託して活動を行ってきた経緯がある、さらに、このような習慣は、「有償のスーパーバイザー」を雇う形で、現在でもニュージーランド・南島のプレイセンターを中心にして残っている。

　一方、わが国においては、プレイセンター活動がいまだ導入期にあるセンターが多いため、まずは、親の養成に関しては、ニュージーランド・南島のスタイルを採用していくことが望ましい。そのような過程を経て、徐々にプレイセンター内でもスーパーバイザーの養成が行えるように移行していけばよいだろう。そうなれば、親たちの過度な負担が避けられ、親が成長しやすい土壌を形成することにつながっていく。とりわけ、わが国では、中高年を中心としたボランティアの人材が多く存在している。このようなボランティアスタッフを通じて子育て支援に関わりたいという人たちを日本プレイセンター協会が提供するスーパーバイザー養成講座に誘導していくことも一案となるであろう。

　加えて、今回の調査では、民間主導と行政主導のふたつの運営方式を日本のプレイセンター事例として取り上げた。その結果、それぞれの特徴はもちろんのこと、課題点についても明確になった。民間組織は、活動の自由度と理念の浸透が早いことで利点となるが、場所や資金の確保が困難となってくる。逆に、行政組織の場合には、場所や資金に恵まれているため、常設のプレイセンターが開設できるだけでなく、物資を豊富に利用できることが利点となってい

る。しかし、その一方で、行政主導であることの拘束感や人事問題、政治的な影響、公共性の問題が出てくる。その結果、プレイセンター独自の保育観や子育て観が親たちに伝わりにくい環境を招いていた。今後は、これらの知見から得た結果を基に、各プレイセンターの性格に応じたバックアップ体制を、日本プレイセンター協会が中心となり確立していくことが求められる。

（3）結　論

　近年、わが国では、少子化対策としてさまざまな子育て支援事業が実現し、子どもを産み育てる環境の整備が進んできた。しかし、それらの取組みは、母親の子育てに対する負担を軽減する支援が中心であった。その結果、子育て支援をすることが、かえって親たちの主体性や子育て力を養成する機会を奪うことにつながっている。

　本来、子育て支援とは、親たち自らが子育てや子どもについて学び、相互に助け合いながら親として成長できるように支援することであり、それがなければ、親たちの子育てサービスに対する依存性をますます高めてしまう。また、子育て支援現場においても支援サービスの供給に追いついていないのが現状である。そのため、今後は、親たちを資源、つまりソーシャルキャピタルとして捉え、当事者間での子育て支援を推進していくことが求められる。

　これまでの先行研究においては、孤立化する母親の育児環境を再整備するため、地縁や血縁の中庸なネットワークを広げていくことが重要であると示されてきた（落合：1994、松田：2008）。また、共働き世帯と専業主婦世帯とを比較すると、後者の方に育児ストレスが高いことが実証されている（牧野：1982）。そのため、専業主婦世帯を対象とする子育て支援事業が活発化していった。昨今では、地域社会が「ルール」「ロール」「ツール」を用いながら子どもの育成に関与していくことが急務であると指摘がなされている（今村・園田・金子：2010）。しかしながら先行研究では、親自身を支援の担い手として捉えた研究にはほとんど着手されていない。そこで、本書では、親である子育ての当事者が、集い、学び合う経験を持つことは、子育て支援事業を活発化させ、地域社会そのものを活性化させることに寄与するのかを究明している。方

法論としては、ソーシャルキャピタル論や子育てネットワーク論を援用することとした。その要因は、親同士のつながりや互酬性が、プレイセンターでの協働を契機に形成されるのだとすれば、その結果として、親の良好な子育て環境を醸成していくと捉えたためである。また、同じ時期に子育てをする親たちが、共に子育ての困難や課題に対処し、そのプロセスを経験することで、仲間との絆や信頼関係を築いていくと考えることができる。しかし、サービスを一方的に受ける状況が続いていけば、親の「自己解決能力」が低下し、他者への依存性が高まっていく。本書の独創性は、親たちを支援の受益者であると同時に提供者であると捉え、彼らの潜在性を浮き彫りにしている点にある。このことは、子育て支援における親の位置づけを捉え直す意味で重要であり、本書の意義にもなっている。

「(1) 課題」で示してきたように、本書には、さまざまな課題が残されている。しかしながら、ニュージーランドの親たちと同様にして、日本の親たちは、プレイセンターへの活動参加を通じて、子育て支援の供給者、つまり、ソーシャルキャピタルの一資源として機能していることを示すことができた点では、当研究に取り組んだ意味があったといえよう。プレイセンターにおける親たちの実践は、彼らを子育てサービスの受益者として捉えてきた、従来のわが国の子育て支援事業に多くの示唆を与えてくれている。

親たちこそ、「子どもの教育者」であり、また、「地域コミュニティの活動者」なのである。以上のように、わが国の子育て支援の文脈のなかで、親の位置づけを捉えなおし、「親こそが人や物をつなぐ資源」、つまり、ソーシャルキャピタルであるとみなしていけば、現在、子育て支援に投入している社会的なコストが削減されるばかりか、日本全体の教育の質を底上げすることにつながっていくであろう。地域コミュニティは、人によって成り立っている。ゆえに、親が成長するということは、地域が成長することなのである。

おわりに

　プレイセンターの研究を始めてから10年という年月が流れた。それ以前にも、私は子育て支援の研究を行ってきたが、プレイセンターに特化して研究を行うようになったのは、ちょうど娘が誕生した2002年の頃からになる。特段、彼女の誕生に合わせたわけではなかったが、私自身も初めての子育てを経験するにあたり、プレイセンターのような居場所を求めていたのであろう。
　子育てという営みは、楽しい反面、親にとっては試練でもある。私自身も子どもが小さいうちは、「母親なのだから育児ができて当然」「母性や父性があるのだから、子どものことが理解できないはずはない」「今の親は、子育てに対するレディネス（準備姿勢）が不足している」といった言葉を何度となく聞き、耳が痛かった。だが、果たして本当にそう言い切れるのであろうか。本書のインタビュー被対象者の中には、「子どもがかわいいと思えなかった」と語る親が存在していた。誰がこの親を責めることができるのだろうか。これらの疑問は、私が子育て支援を再考するきっかけとなった。わが子がかわいいと思えない原因はどこにあるのか。どのようにしたらその親は、子どもをかわいいと思えるようになれるのか。どのような働きかけが親の成長を促すのか。そこを考え支援することこそが本来の子育て支援の役割だと私は考える。親は、初めから完璧な親などひとりもおらず、子育てを通じて親として成長していくものなのである。つまり、子どもという存在が親を親にさせてくれるのだ。
　わが国では、1989年に合計特殊出生率が1.57を記録してから、1994年以降さまざまな子育て支援施策が施行されてきた。2000年頃になると、専業主婦世帯の子育て環境に対して危惧する動きがみられるようになった。そして、その対策としての「子育て支援センター」や「つどいの広場事業」が普及するに至った。このようにして、わが国では、子育て支援施設の拡充といったハード面のインフラ整備が急速に行われてきた。しかしながら、そこでは肝心なソフト面への配慮がなされてこなかった。つまり、「親が主体的に自己の問題と

向き合い、周りのサポートを得ながら子育てを行い成長していく」という視点がどこにも見当たらないのだ。この論点に関しては、ニュージーランドの共同研究者であるスザーン・マニング氏とも長い期間にわたって熱い議論を交わした。その結果、箱ものを作るだけの子育て支援では、親子を密室（われわれは、Cell つまり、核と名付けた）にいる状態からそのまま施設へと空間移動させているだけで、親同士の関係性を紡ぎだすような活動がなされていないことが問題になるであろうという結論に至った。わが国では、子育て支援サービスが浸透すればするほど、親たちは「してもらう子育て支援サービス」に依存しがちとなり、結局はそれら親たちの成長機会をも奪ってしまっている。

　その一方で、プレイセンターでは、親を子どもの教育者であり養育者、そしてひとりの学び手として捉えている。そこでは、当事者同士が協働しながら子育ての居場所づくりを行っている。私は、そのような子育て法があると初めて知った時、こうした場所が日本にも必要であることを確信した。そのため、プレイセンターの親たちが協働活動を継続することで得られる効果を解明するため、それまで一度も訪れたことのないニュージーランドという国へ当時2歳3カ月の娘を連れて移り住むことを決意した。日本の親たちに対し、子育ての方法には、いくつもの選択肢があること、そして、その中にはプレイセンターのようなお互いを重要な人的資源として活用し合い、助け合い、親として成長できる場所もあるのだということをただただ知ってもらいたいという一心であった。

　本書は、私が2011年1月に早稲田大学大学院人間科学研究科へ提出した博士学位論文「プレイセンターにおける親の協働保育運営とソーシャルキャピタル形成に関する実証的研究」を加筆修正したものである。この研究は、2011年12月に公益社団法人・程ヶ谷基金「第2回男女共同参画と少子化に関する顕彰事業」において優秀賞を獲得することができた。本書の意義は、親がサービスの受け手となるだけでなく、担い手として活動し、親同士が協働することで関係性が生まれ、そこから生ずる効果、つまりソーシャルキャピタルを創出していることを明示したことにある。ヒラリークリントンの有名な著書『村中みんなで』においても指摘されているように、ひとりの子どもを育てるには村

中の人の手が必要なのである。現代の日本の親子関係を見てみると、親子間の親密性ばかりが注目されており、他者との関わりや連帯感が持ちにくい環境にある。しかしながら、これまでの歴史を振り返ってみても、現在のように母親が専従で子育てをした時代はどこにも見当たらない。子どもは地域社会のなかで育成されてきたのである。このような意味においても、プレイセンターという共同体のなかで、地域の人々と「困った時はお互いさま」の関係性を築いていくことが重要となってくる。

　この研究が成るにあたって、多くの方々からご指導およびご協力をいただいた。この場を借りて厚くお礼を申し上げる。とりわけ、早稲田大学大学院の博士後期課程でご指導くださった河西宏祐先生には、「自分の足を使い、現場の声を拾う」という実証研究の基本姿勢をお教えいただいた。穏やかな笑顔とともにご指導と励ましをいただいた日々は、私にとって生涯忘れることのできない貴重な宝物となった。河西先生に巡り合えなかったら本書の実現は夢物語に終わっていたと思う。池岡義孝先生には、家族社会学の視点からご指導をいただいた。白百合女子大学の田島信元教授、日本公文教育研究会の佐々木丈夫氏にも有益なアドバイスとプレイセンター活動へのご支援を頂戴した。また、日本ニュージーランド協会元会長、柳弘氏（2011年2月にご逝去）には、「佐藤さんの研究は、絶対日本に必要だぞ！」「あなたは、可愛い私の孫のようなもの。あなたも日本の子どもたちにそんな思いを持って頑張れよ」と激励のお手紙とお電話を何度も何度もいただいた。本書は、柳氏の思いが込められた本でもあることを僭越ながら申し上げておきたい。出版に至る原動力を与えてくれたのは、今は亡き柳氏の力が大きい。

　さらに、出版業界が不況であるなかで、未熟な私の申し出を快く引き受けてくださった大学教育出版の佐藤守社長、および編集の労をとってくださった安田愛氏に深くお礼を申し上げたい。研究者としては、まだまだ初学者な私が、本書を上梓することができたのは、お二人のご尽力があってのことである。

　ニュージーランドの協同研究者であるスザーン・マニング氏との研究機会は、子育てを客観的に深く掘り下げて考え、全体像を捉えていくことのバランス感覚を私に教えてくれた。また、カンタベリー地区プレイセンター協会役員

のスージー・マニュエル氏は、2011年2月22日に起きたクラストチャーチ大地震の後、ご本人も被災されてライフラインが途絶え深刻な状況に置かれているさなか、日本の原発事故を懸念され「純子、何もいわず今すぐニュージーランドへ来なさい。こちらも大変だけど、あなたたち一家が移り住むだけのスペースはあるから、居たいだけこちらに居なさい。私たちは、同じ地球に暮らしている。だからお互いを助け合うことが大切なの」と連絡をくださった。私は、この言葉を聞き、これこそが私のいいたかったソーシャルキャピタルの力なのだと涙ながらに確信した。その他、ニュージーランド・プレイセンター連盟の会長をはじめスタッフの皆さま、インタビュー協力者の方々にもさまざまな面でご協力いただき感謝している。

　本書の出版に至っては、淑徳短期大学から研究出版助成金をいただいた。また、日本プレイセンター協会からも出版助成を受けている。淑徳短期大学の石上善應学長をはじめとする諸先生方、事務局の職員の皆さまにもお礼を申し上げたい。そして、日本プレイセンター協会の役員、関係者の方々とは、たくさん語り合い、支え合い、共にプレイセンターの理念を信じ、活動を推進してきた。皆さんは、私にとって分身のような存在であり、代表としての器がない私を力強くバックアップしてくれたことに対し心から謝意を表したい。また、日本プレイセンター協会創設者である日本総研の池本美香氏には、励ましとともに有益なコメントを頂戴した。子育て中の忙しいさなか、インタビューに応じてくれた親御さんたち、友人たちや研究室の同窓たちにも厚くお礼を申し上げる。

　最後に、私の傍でずっと私を支え続けてくれた私の研究助手ともいえるわが娘、私が研究や調査に没頭する時も「われわれにできることがあれば」と子育てを一緒に行ってくれ、嬉しい時も辛い時も共に分かち合ってくれた両親、家族の皆様には、これまで多大なるご迷惑をおかけしたことを深く詫びると同時に、心より感謝の言葉を申し上げたい。

　2011年3月11日に発生した東日本大震災の後、私たちの国では、「つながり」「絆」「ネットワーク」といった言葉が頻繁に使われるようになったと思う。「子育ては決してひとりじゃない」、地域には、子育ての仲間やたくさんの

サポーターたちが存在している。やはり、人間が、人間を支え、人間を変えていくのである。改めて、人間の力の偉大さを痛感している。子育て支援の現場においても、そのような価値観がさらに広がっていくよう、今後も研究を進め、活動を推進していきたい。

2012年1月
　日本およびニュージーランド大地震の犠牲者の方々への追悼と被災地復興の願いをこめて

佐藤純子

参考文献リスト

赤川学（2005）「人口減少社会における選択の自由と負担の公平―男女共同参画と子育て支援の最適配分をめぐって―」『社会学評論』56（1）、20-37、日本社会学会。

足立隆子・石川あき子・海田みどり（2004）「家族が一緒に成長する『プレイセンター』―プレイセンター・ピカソに集う親子達―」『児童研究』83、139-146、日本児童学会。

池本美香（1997）「ニュージーランドの就学前教育改革」さくら総研調査報告、1997年1月発行、さくら総合研究所。

―――（1998）「教育とその改革」日本ニュージーランド学会編『ニュージーランド入門』151、慶應義塾大学出版会。

―――（1999）「プレイセンター50年の歩みと今後の可能性」『日本ニュージーランド学会誌』6、2-15、日本ニュージーランド学会。

―――（2001）「少子化対策・教育改革における『親』の位置―親の教育・ケア権の保障に向けて」『Japan Research Review』2001年6月号、32-77、日本総合研究所。

―――（2003a）「保育制度を考える―ニュージーランドとスウェーデンの改革を参考に」『Japan Research Review』2003年1月号、77-129、日本総合研究所。

―――（2003b）「ニュージーランドの保育制度」汐見稔幸・大枝佳子編『世界に学ぼう！子育て支援～デンマーク・スウェーデン・ニュージーランド・カナダ・アメリカに見る子育て環境』115-142、フレーベル館。

―――（2003c）『失われる子育ての時間―少子化社会脱却への道』勁草書房。

―――（2006）「諸外国の子育て支援のどこに学ぶか」『法律文化』Vol.267、24-27、LEC東京リーガルマインド。

―――（2009）「プレイセンター活動にかかわる人材育成～日本におけるこれまでの取り組みと今後の課題」『平成20年　内閣府・地方の元気再生事業「恵庭型プレイセンター」社会実験プロジェクト　共同研究報告書：プレイセンターの活動に関する調査』3-19、日本プレイセンター協会。

石原邦雄編（2004）『家族のストレスとサポート』放送大学教育振興会。

稲葉昭英（1992）「ソーシャル・サポート研究の展開と問題」『家族研究年報』No.17、67-78、家族問題研究会。

―――（2004）「ストレス研究の諸概念」石原邦雄編『家族のストレスとサポート』46-71、放送大学教育振興会。

井上清美（2005）「母親は誰の手をかりてきたのか？―育児支援ネットワークの歴史的変化と影響要因」熊谷苑子・大久保孝治（編）『コーホート比較による戦後日本の家族変動の研究：

全国調査「戦後日本の家族の歩み」(NFRJ-S01) 報告書 No.2』127-138、日本家族社会学会全国家族調査委員会。
今村晴彦・園田紫乃・金子郁容（2010）『コミュニティのちから――"遠慮がちな"ソーシャル・キャピタルの発見』慶應義塾大学出版会。
上野勝代（2009）「『育ちあい』の場としてのプレイセンター『ピカソ』」小伊藤亜希子・室崎生子編『子どもが育つ生活習慣をつくる』91-104、かもがわ出版。
恵庭市（2004）『恵庭市子育て支援に関する調査結果報告書』。
―――（2009）『次世代育成行動計画策定のためのアンケート結果概要』。
恵庭市プレイセンター（2009）『『もくぷれ』通信』15号。
大滝まり子・古郡曜子・恵庭市子ども家庭課（2009）『恵庭市プレイセンター社会実験プロジェクト共同研究報告書』北海道文教短期大学部。
大宮勇雄（2006）『保育の質を高める――20世紀の保育観・保育条件・専門性』ひとなる書房。
奥山千鶴子（2006）「子育て支援の拠点整備を」『朝日新聞』（9月8日、14面、東京12版）。
落合恵美子（1989a）「育児援助と育児ネットワーク」『家族研究』創刊号、109-133、兵庫県家庭問題研究所。
―――（1989b）『近代家族とフェミニズム』勁草書房。
―――（1994）『21世紀家族へ――家族の戦後体制の見かた・超えかた――（第3版）』有斐閣。
大日向雅美（2000）『母性愛神話の罠』日本評論社。
―――（2005）『「子育て支援が親をダメにする」なんて言わせない』岩波書店。
垣内国光・東社協保育士会（2007）『保育者の現在――専門性と労働環境』ミネルヴァ書房。
門脇厚司（2003）『親と子の社会力――非社会化時代の子育てと教育』朝日新聞社。
金子勇（2007）『格差不安時代のコミュニティ社会学――ソーシャルキャピタルからの処方箋』ミネルヴァ書房。
亀山幸吉・佐藤純子・細井香（2009）「保育・介護労働の現状と課題」『淑徳短期大学紀要』48、1-20。
河西宏祐（2005）『インタビュー調査への招待』世界思想社。
久保桂子（2001）「働く母親の個人ネットワークからの子育て支援」『家族家政学会誌』52、135-145。
久保田力（2001）「日本版プレイセンター活動の試みを通して考える」『保育と実践の研究』6(3)、54-67。
久保田力・小林恵子（2005）『ささえあい、まなびあう子育てをめざして』三重県教育委員会。
小伊藤亜希子・室崎生子編（2009）『子どもが育つ生活習慣をつくる』かもがわ出版。
厚生省（1998）『厚生白書――少子社会を考える――子どもを産み育てることに「夢」を持てる社会を（平成10年度版）』。
厚生労働省雇用均等・児童家庭局編（2002）『女性労働白書（平成13年版）』、21世紀職業財団。

こども未来財団（2010）「ベストショット　地域での育児支援：恵庭市プレイセンター」『こども未来』2-4。
小松隆二（1996）『ニュージーランド社会誌―理想郷の過去・現在・未来』論創社。
佐藤純子（2005）「NZ のプレイセンターを活動モデルとして―日本のプレイセンター・ピカソの試み―」『日本ニュージーランド学会誌』12、37-47。
―――（2006a）「親子共育の現場から―Jane Symes のプレイセンターに対する貢献―」『日本ニュージーランド学会誌』13、75-79、日本ニュージーランド学会。
―――（2006b）「ニュージーランドの保育・子育てをめぐる最近動向―プレイセンター活動を中心にして」『家族研究年報』14、60-66、家族問題研究学会。
―――（2006c）「ニュージーランドスティで学んだ早寝の習慣『アイム・ボス』」『子育て応援総合情報誌　グープ』13（9）、9、生活共同組合連合会グリーンコープ連合。
―――（2007）「日本とニュージーランドの家族：プレイセンター参加親子の国際比較を基にして」『日本ニュージーランド学会誌』14、52-67、日本ニュージーランド学会。
―――（2007）「普段使いのテ・ファリキ」『現代と保育』69、38-53、ひとなる書房。
―――ほか（2009a）『平成20年度　内閣府・地方の元気再生事業『恵庭型プレイセンター』社会実験プロジェクト・プレイセンター活動に関する調査　共同研究報告書』日本プレイセンター協会。
―――（2009b）「戦後ニュージーランドのジェンダー観の変容とプレイセンターにおける育児　―1960年代と1970年代の参加者の語りから―」16、27-40、日本ニュージーランド学会。
―――（2010）「日本およびニュージーランドにおけるプレイセンターのソーシャルキャピタル効果に関する事例研究：参加する親たちの精神性や行動特性を手がかりにして」『海外社会保障研究』173、16-27、国立社会保障・人口問題研究所。
汐見稔幸・大枝佳子編（2003）『世界に学ぼう！子育て支援～デンマーク・スウェーデン・ニュージーランド・カナダ・アメリカに見る子育て環境』フレーベル館。
白波瀬佐和子（2007）「論点」『読売新聞』（2007年2月21日、13面、東京13版）。
鈴木佐喜子（2008）「『テ・ファリキ』に基づきすすむ改革」泉千勢・一見真理子・汐見稔幸編『世界の幼児教育・行政改革と学力』154-174、明石書店。
関井友子・斧出節子・松田智子・山根真理（1991）「働く母親の性別役割分業観と育児援助ネットワーク」『家族社会学研究』3、72-84。
全国保育団体連絡会・保育研究所編（2005）『保育白書2005』ひとなる書房。
総務省統計局編（2005）『労働力調査年報』平成16年版、日本統計協会。
髙橋重宏（2002）「子ども家庭福祉の理念」髙橋重弘・山縣文治・才村純『子ども家庭福祉とソーシャルワーク』1-29、有斐閣。
武石恵美子（2006）『雇用システムと女性のキャリア』勁草書房。

筒井淳也（2007）「ソーシャル・キャピタル理論の理論的位置づけ：効率性と公平性の観点から」『立命館産業社会論集』42（4）、123-135。

─── (2008)『親密性の社会学：縮小する家族のゆくえ』世界思想社。

天童睦子編（2004）『育児戦略の社会学─育児雑誌の変容と再生産』世界思想社。

中谷奈津子（2006）「子どもの遊び場と母親の育児不安─母親の育児ネットワークと定位家族体験に着目して」『保育学研究』44（1）、50-62。

─── (2008)『地域子育て支援と母親のエンパワーメント』大学教育出版。

中野由美子（2002）「親子の関係性の変貌と子育て支援の方向性」『家庭教育研究所紀要』24、28-39、小平記念日立教育振興財団日立家庭教育研究所。

中村紀代子（2000）『家庭福祉の課題─高齢者介護と育児の社会化』筒井書房。

内閣府（2006）『男女共同参画白書（平成18年度版）』ぎょうせい。

─── (2006)『国民生活白書─多様な可能性に挑める社会に向けて（平成18年度版）』時事画報社。

─── (2010)『子ども・子育て白書（平成22年度版）』佐伯印刷株式会社。

七木田敦（2003）「ニュージーランドにおけるプレイセンター運動の展開 ─理論と保育内容を中心に─」『広島大学大学院教育学研究科紀要』第三部、第52号、317-323。

日本プレイセンター協会（2001）『プレイセンターへようこそ』日本プレイセンター協会。

─── (2006)『プレイ・ドゥ通信』第2号。

野沢慎司（2001）「核家族の連帯性とパーソナル・ネットワーク─夫婦・親子間の紐帯の小構造分析」『季刊家計経済研究』49、25-35。

───編（2006）『リーディングス ネットワーク論：家族・コミュニティ・社会関係資本』勁草書房。

─── (2009)『ネットワーク論に何ができるか「家族・コミュニティ問題」を解く』勁草書房。

野々山久也（1976）「現代家族と子供の社会化」『桃山学院大学社会学論集』10（1）、1-45、桃山学院大学。

─── (2003)『家族の「遊び力」─変わりゆく家族と子育てのはなし』ミネルヴァ書房。

馬場四郎（1962）『教育社会学』誠文堂新光社。

原田正文（2002）『子育て支援とNPO：親を運転席に！支援者を助手席に！』朱鷺書房。

─── (2006)『子育ての変貌と次世代育成支援』名古屋大学出版会。

原田真見（2004）「メディアと女性─1960年代ニュージーランドの『揺れる』女性像」『歴史学研究』No.794、119-126、青木書店。

日高幸男編（1973）『現代家族教育概論』同文書院。

広井良典（2006）『持続可能な福祉社会─「もうひとつの日本」の構想』筑摩書房。

藤本頼生（2009）「神社神道と社会貢献の関わりを考える」稲場圭信・櫻井義秀編『社会貢献す

る宗教』83-105、世界思想社。
北海道市町村振興協会（2010）「自治体の重点政策 vol.1: 地域と連携した子育て環境づくり　自治体初の取り組みに、全国が注目・恵庭市」『プラクティス』2010 Winter、第二号、28-31。
本田由紀（2005）『多元化する「能力」と日本社会—ハイパー・メリトクラシー化のなかで』NTT出版。
古郡鞆子（2003）「日本、韓国、ニュージーランドにみる女性労働と育児問題」『季刊家計経済研究』No.59、47-55、家計経済研究所。
前田尚子（2004）「パーソナル・ネットワークの構造がサポートとストレーンに及ぼす効果：育児期の女性の場合」『家族社会学研究』16 (1)、21-31。
─── (2007)「育児期女性におけるパーソナル・ネットワークの構成と家族意識」『岐阜聖徳学園大学短期大学部紀要』39、37-45。
前田正子（2003）『子育ては、いま—変わる保育園、これからの子育て支援』岩波書店。
牧野（佐藤）カツコ（1970）「家族における子どもの社会化に関する一考察—ベールズの相互作用分析による親子関係の分析—」『教育社会学研究』25、146-160。
─── (1980)「現代家族の教育機能」望月嵩・本村汎『現代家族の危機—新しいライフスタイルの設計』有斐閣。
─── (1982)「乳幼児をもつ母親の生活と〈育児不安〉」『家族教育研究所紀要』3、34-56。
─── (1988)「〈育児不安〉の概念とその影響要因についての再検討」『家族教育研究所』10、23-31。
─── (2005)『子育てに不安を感じる親たちへ』ミネルヴァ書房。
松川由紀子（1998）「ニュージーランドのプレイセンター運動について—子育ての支えあいと成人教育の結合—」『山口県立大学社会福祉学部紀要』4、41-55。
─── (2000)『ニュージーランドの保育と子育ての支え合い』渓水社。
─── (2004)『ニュージーランドの子育てに学ぶ—親に優しいスロー保育の伝統と現状—』小学館。
前原寛（2008）『子育て支援の危機—外注化の波を防げるか』創成社。
松田茂樹（2001）「育児ネットワーク構造と母親の Well-being」『社会学評論』52 (1)、33-49。
─── (2004)「社会的ネットワークの構造と力—育児におけるネットワークのサポート効果に関する実証的研究」『慶応義塾大学大学院社会学研究科紀要』57、74-77。
─── (2008)『何が育児を支えるのか：中庸なネットワークの強さ』勁草書房。
松田茂樹・汐見和恵・品田知美・末松慶（2010）『揺らぐ子育て基盤：少子化社会の現状と困難』勁草書房。
松原治郎（1969）『核家族時代』NHKブックス。
目黒依子（2007）『家族社会学のパラダイム』勁草書房。

望月嵩・本村汎（1980）『現代家族の危機―新しいライフスタイルの設計』有斐閣。
森岡清美（1993）『現代家族変動論』ミネルヴァ書房。
─── （1998）「家族社会学のパラダイム転換をめざして」『家族社会学研究』10、139-144。
森田明美（2001）「少子化時代の子どもの育ち・子育て支援施策」『都市問題研究』53（6）、59-73。
森田ゆり（1998）『エンパワメントと人権―こころの力のみなもとへ』解放出版社。
渡辺秀樹（1980）「社会化とライフサイクル」青井和夫・庄司興吉編『家族と地域の社会学』25-50、東京大学出版会。
─── （1988）「子どもの社会化」正岡寛司・望月嵩編『現代家族論』76-101、有斐閣。
─── （1994）「現代の親子関係の社会学的分析―育児社会論序説」社会保障研究所編『現代家族と社会保障　結婚・出産・育児』71-88、東京大学出版会。
─── （1999）「変容する社会における家族の課題」渡辺秀樹編『変容する家族と子ども―家族は子どもにとっての資源か』174-191、教育出版。
─── （2000a）「変化する社会のなかの親と子」『家族研究』Vol.3: 13-26。
─── （2000b）「発達社会学から見た親子関係」藤崎宏子編『親と子　交錯するライフコース』42-58、ミネルヴァ書房。
安田雪（2011）『パーソナルネットワーク：人のつながりがもたらすもの』新曜社。
山縣文治（2000）「子育を見る目は変わったか―子育て支援サービスの課題と方向（特集 子育て支援はどこへ向かうか）」『発達』21（84）、68-71、ミネルヴァ書房。
山田昌弘（2004）『希望各社社会』筑摩書房。
山村賢明（1964）「親子関係と子どもの社会化　―文化の観点から―」『教育社会学研究』19、164-174。
横山文野（2002）『戦後日本の女性政策』勁草書房。

Aries Philippe. 1960. *L'Enfant et la Vie familiale sous l'Ancien Regime*, Paris: Plon. 杉山光信・杉山恵美子訳（1980）『〈子供〉の誕生：アンシァン・レジーム期の子供と家族生活』みすず書房。

Beck, U., A. Giddens, & s. Lash, 1994. *Reflective Modernization: Politics, Tradition and Aethetics in the Modern Social Order*, Cambridge: Policy Press. 松尾精文・小幡正敏・叶堂隆三訳（1997）『再帰的近代化：近現代における政治、伝統、美的原理』而立書房。

Boissevain, J., 1974. *Friends of Friends: Networks, Manipulators and Coalitions*, Basil Blackwell and Mott. 岩上真珠・池岡義孝訳（1986）『友達の友達：ネットワーク、操作者、コアリッション』未來社。

Burt, R. 1992. *Structural Holes: The Social Structure of Competition*, Cambridge: Harvard

University Press. 安田雪訳（2006）『競争の社会的構造：構造的空隙の理論』新曜社。

Coleman, James S. 1988. Social Capital in the creation of Human capital, *American Journal of Sociology* 94, 95-120.

Clinton, R., C. 1996. It takes A Village: And Other Lessons Children Teach US, New York: Simon & Schuster. 繁多進・向田久美子訳（1996）『村中みんなで　子どもたちから学ぶ教訓』あすなろ書房。

Davies, L. and Jackson N. 1993. *Women's labour force participation in New Zealand*, Wellington: Social Policy Agency.

De Bruin, A. 1993. Implication of the Welfare State and Its Restructuring for New Zealand Women: A Feminist Critique. Scott C (ed.), *Women and Taxation*, Institute of Policy Studies, Victoria University of Wellington. 古郡鞆子訳（1999）『女性と税制：ジェンダーにみる福祉国家の再構築』東洋経済新報社。

Densem, A. Chapman B. 2000. *Learning together: the Playcenre way*, Auckland: Playcentre Publications.

Department of Labour. 2005. *work INSIDHT*. Wellington: The Department of Labour.

Statistic New Zealand. 2004. *Demographic trends*. Wellington: Department of Statistics.

Gibbons, P. 2004. *Learning through participation in a Playcetre routine*. Unpublished MEd thesis, Massey University, Palmerston North, New Zealand.

Granovetter, M. 1973. The Strength of Weak Ties. *American Journal of Sociology*, 78, 1360-1380. 大岡栄美訳「小さな世界問題」野沢慎司編・監訳（2006）『リーディングス　ネットワーク論―家族・コミュニティ・社会関係資本』97-117、勁草書房。

Halpern, D. 2005. *Social Capital*. Cambridge: Polity.

Johnston, G. 2005. *Women's participation in the labour force*, Wellington: New Zealand Treasury.

Jordan, B. 1993. *Improving a Playcentre science programme through action research*. Unpublished MEd thesis, Massey University, Palmerston North, New Zealand.

Lin, N. 2002. *Social Capital: A Theory of Social Structure and Action*, Cambridge: Cambridge University Press. 筒井淳也・石田光規・桜井政成・三輪哲・土岐智賀子訳（2008）『ソーシャル・キャピタル　社会構造と行為の理論』ミネルヴァ書房。

Manning, S. 2008. *Playcentre parents as educators: Links between background experiences and teaching practice*, Wellington: Victoria University.

Manning, S and Loveridge J. 2009. Parents as educators at Playcentre: Understanding the constraints and Enablers of teaching practice, Porirua: *New Zealand in Early Childhood Education Journal*, Vol. 12, 155-169.

May, H. 1992. *Minding Children Managing Men*, Wellington: Bridget Williams Books Limited.

―――2001. *Politics in the Playground: the world of childhood in postwar New Zealand*, Wellington:

Bridget Williams Books Limited.

McDonald. 1982. *Working and Learning: A participationary project on parent-helping in the New Zealand playcentre*. Wellington: *New Zealand Council for Educational Research*.

McKinlay, R. 1983. *Where would we be without them: Motherhood and self-definition in New Zealand*. PhD thesis, Wellington: Victoria university of Wellington.

McPherson, M. 2006. New Zealand cultural norms of parenting and childcare and how these relate to labour force participation decisions and requirements. Blue Skies report No.14/06. Families Commission. Retrieved from http//:www.nzfamilies.org.nz

New Zealand Federation of University Women. 1976. *Women at Home: A New Zealand Survey*, Dunedin: New Zealand federation of University Women (Inc).

New Zealand Playcentre and Grven Somerset. 1990. *Introductory Booklets-How Playcentre Works*, Auckland: New Zealand Playcentre Federation. 佐藤純子訳（2011）『プレイセンターの運営』日本プレイセンター協会。

New Zealand Playcentre Federation. 2011. *Playcentre Annual Report of the New Zealand Playcentre Federation*, Ngaruawahia: New Zealand Playcentre Federation.

OECD. 2002. *Starting Strong: Early Childhood Education and Care*, Paris: OECD

Parsons, T. & Bales, R. F. 1955. *Family, Socialization and Interaction Process*: Routledge and K. P. 橋爪貞雄他訳『核家族と子どもの社会化』黎明書房（1981）

Podmore, V. N. 1991. *A Collaborative Pilot Study of Children Aged under Two and Half Years from Two Regional Playcentre Associations in New Zealand*, Wellington: New Zealand Council for Educationl Research.

Powell et al. 2005. *The effect of adult Playcentre participation on the creation of social capital in the local communities: A report to the New Zealand Playcentre Federation submitted by Massey University College of Education research team in collaboration with Children's Isssues Centre*. Palmerston North: New Zealand Playcentre Federation.

Putnam, R. D. 1993. *Making democracy work: Civic traditions in modern Italy*. Princeton, NJ: Princeton University Press. 河田潤一訳（2001）『哲学する民主主義：伝統と改革の市民的構造』NTT出版。

―――. 2000. *Bowling Alone: The callapse and revival of American community*, Siomn & Schuster. 柴内康文訳（2006）『孤独なボウリング』柏書房。

Richards, I. 2005. 坂井隆・竹下幸男訳「『プロヴィンシャル』であることについて」『都市のフィクションと現実』159-164、都市文化研究センター。

Roberts, Glenda S. 2002. *Family and Social Policy in Japan*, Cambridge University Press.

Rutter, Michael. 1972. *Maternal Depression Reassessed*, Harmondsworth: Penguin. 北見芳雄他訳（1979）『母親剥奪理論の功罪 マターナル・デプリベーションの再検討』誠信書房。

Satoh, Junko & Suzanne Manning. 2010. Breaking out of the Child-rearing Cell: Parental Outcomes from Participation in Japanese Playcentres, Porirua: *NZ Research in Early Childhood Education Journal*, Vol.13, 17-28.

Somerset, Gwen. 1972. *Sunshine and Shadow*, Auckland: New Zealand Playcentre Federation Press.

Statistics New Zealand, 1998. *Demographic Trends 1997*, Wellington: Statistics New Zealand.

――――2003. *2001 Census of population and dwellings*: National summery, Wellington: Statistics New Zealand.

――――2004. *Demographic Trends*, Wellington: Department of Statistics.

――――2006. *Demographic Trends 2005*, Wellington: Statistics New Zealand.

――――2006. *New Zealand Offical Yearbook 2006*, Wellington: Stastics New Zealand.

Stover, S. (ed.), 2003. *Good clean fun: New Zealand Playcentre movement*, Auckland: Playcentre publications.

The New Zealand Federation of Volunteer Welfare Organizations, 2004. *Counting for something: value added by voluntary agencies The VAVA Project*, NZFVWO.

Ulrich, Beck. 1986. *Risikogesellshaft: Auf dem Weg in eine andere Moderne*, Frankfult: Suhrkamp. 東廉・伊藤美登里訳（1998）『危険社会──新しい近代への道』法政大学出版社。

Ulrich, Beck., Scott Lash, and Anthony Giddens. 1994. *Reflexive Modernization; Politica, Tradition and Aesthetics in the Modern Social Order*, Polity. 松尾精文・叶堂隆三・小幡正敏訳（1997）『再帰的近代化──近現代における政治、伝統、美的原理』而立書房。

Wijk et al. 2006. *Transforming learning at Wilton Playcentre*, Wellington: New Zealand Council for Educational Research.

Wylie, C., Thompson J and Hendricks A. 1996. *Competent Children at 5: Families and Early Education*, New Zealand Council for Education Research.

Yamaoka, Tei, 2003, *Survey on Child-rearing Anxieties and Information*, 129-130.

（その他）

「恵庭市プレイセンター」 http://www.city.eniwa.hokkaido.jp/www/contents/1211531543649/index.html
　最終確認日：2011 年 10 月 25 日

日本プレイセンター協会　http://www.playcentre.jp/
　最終確認日：2011 年 10 月 25 日

ニュージーランド・プレイセンター連盟　http://www.playcentre.org.nz/index.php
　最終確認日：2011 年 10 月 18 日

ニュージーランド教育省　http://www.minedu.govt.nz/

最終確認日：2010年3月20日
ニュージーランド教育評価局（Education Review office）　http://www.ero.govt.nz/
　最終確認日：2010年2月25日
「プレイセンター・ピカソ」　http://www.geocities.jp/pica_beans/
　最終確認日：2010年11月24日

■著者紹介

佐藤　純子　（さとう　じゅんこ）　本名　和田　純子

1973年東京都生まれ
淑徳短期大学こども学科准教授
日本プレイセンター協会代表
早稲田大学大学院人間科学研究科博士課程単位取得退学
博士（人間科学）
公益社団法人程ヶ谷基金「第2回男女共同参画・少子化に関する顕彰事業」優秀賞受賞（2011年12月）
主な著書・論文
『プレイセンターの運営』（日本プレイセンター協会、2011年、訳書）、「普段使いのテ・ファリキ」（ひとなる書房『現代と保育』69号、2007年）「日本およびニュージーランドにおけるプレイセンターのソーシャルキャピタル効果に関する事例研究　参加する親たちの精神性や行動特性を手がかりにして―」（国立社会保障・人口問題研究所編『海外社会保障研究』第173号、2010年）

親こそがソーシャルキャピタル
　　―プレイセンターにおける協働が紡ぎだすもの―

2012年3月30日　初版第1刷発行

■著　　者───佐藤純子
■発 行 者───佐藤　守
■発 行 所───株式会社　大学教育出版
　　　　　　　〒700-0953　岡山市南区西市855-4
　　　　　　　電話（086）244-1268　FAX（086）246-0294
■印刷製本───サンコー印刷㈱

© Junko Satoh 2012, Printed in Japan
検印省略　　落丁・乱丁本はお取り替えいたします。
本書のコピー・スキャン・デジタル化等の無断複製は著作権法上での例外を除き禁じられています。本書を代行業者等の第三者に依頼してスキャンやデジタル化することは、たとえ個人や家庭内での利用でも著作権法違反です。
ISBN978-4-86429-132-3